古代歷史文化研究輯刊

十 編

王明蓀 主編

第 16 冊

五代史研究（中）

曾國富 著

國家圖書館出版品預行編目資料

五代史研究（中）／曾國富 著 — 初版 — 新北市：花木蘭文
化出版社，2013〔民 102〕
目 2+202 面；19×26 公分
（古代歷史文化研究輯刊 十編；第 16 冊）
ISBN：978-986-322-344-3（精裝）
1. 五代史
618   102014412

ISBN-978-986-322-344-3

古代歷史文化研究輯刊
十 編 第十六冊   ISBN：978-986-322-344-3

五代史研究（中）

作　　者　曾國富
主　　編　王明蓀
總 編 輯　杜潔祥
出　　版　花木蘭文化出版社
發 行 所　花木蘭文化出版社
發 行 人　高小娟
聯絡地址　235 新北市中和區中安街七二號十三樓
　　　　　電話：02-2923-1455／傳眞：02-2923-1452
網　　址　http://www.huamulan.tw 信箱 sut81518@gmail.com
印　　刷　普羅文化出版廣告事業
初　　版　2013 年 9 月
定　　價　十編 35 冊（精裝）新台幣 62,000 元

五代史研究（中）

曾國富　著

目

次

十四、五代時期南漢與後唐宦官擅權之比較

南漢是唐末宋初存在於嶺南地區的一個割據政權，歷時半個多世紀（917～971），都城在廣州（當時稱「興王府」）。最初國號爲「大越」，以嶺南爲古越人居地故也；後因建國者姓劉氏，故冒稱兩漢劉氏後裔，改國號「漢」，史稱「南漢」。南漢傳四主：高祖劉龑（又名巖、陟等）在位 25 年；殤帝劉玢在位僅 1 年，中宗劉晟在位 15 年；後主劉鋹在位 14 年，共 55 年。如從劉隱、劉龑兄弟任清海軍（唐末以嶺南東道節度使改名，治所在今廣州市）節度使，割據嶺南算起，則爲 67 年。轄境包括今廣東全省、廣西東部，勢力最強盛時「盡有嶺南之地」。〔註1〕

後唐則是唐朝滅亡後，先後統治中原地區的五個朝代（史稱「五代」）之一，存在時間爲 923～936 年，共 13 年。主要統治者是莊宗李存勗（在位 3 年）、明宗李嗣源（在位 7 年多），均爲北方沙陀族人氏，建都洛陽。後唐建國初期，南漢統治者曾遣使入貢。使者還，言後唐莊宗驕奢淫逸，寵信伶人、宦官，必定好景不長，南漢於是停止遣使入貢，與後唐分庭抗禮。

南漢國半個世紀的割據統治嶺南期間，一個突出的、令人關注的問題是宦官專權預政。〔註2〕後唐的一個突出的、令人關注的問題，同樣是宦官專權問題。卞孝萱、鄭學檬著《五代史話》曾指出：「在恢復封建制度中，（後唐）

〔註 1〕 《十國春秋》卷 59，《南漢二·中宗本紀》。
〔註 2〕 參見曾國富：《論南漢宦官專政》，載《廣東史志》1995 年 1～2 期。余華青《中國宦官制度史》（上海人民出版社，1993 年版）也有專題論及「南漢政權的宦官與宦官制度」。

也有嚴重的弊端，如宦官制度的恢復即大有害於政治的清明。」〔註3〕唐代的宦官專權造成了嚴重的社會、政治危機，是唐朝走向衰亡的原因之一；近在咫尺的歷史為什麼沒能引起南漢及後唐兩朝統治者的重視，未能從中吸取歷史教訓，而是重蹈了歷史的覆轍，正如歐陽修在《新五代史》卷 38《宦者列傳第二十六》中所說，「求已覆之車，躬駕而覆其轍」？南漢與後唐的宦官擅權亂政，有何共同點與不同點？其成因是什麼？這些問題在學術界都還未引起過學者的關注，都值得我們探索、思考。本文擬對五代時期南漢與後唐宦官擅權問題作一比較研究，並試探其根源。謬誤之處，懇請方家指正。

一、南漢與後唐宦官擅權的異同

（一）南漢與後唐宦官擅權專政的共性

1、宦官勢力發展迅速，待遇優厚，執掌機務

南漢宦官勢力發展肇始於高祖劉龑，興盛於中宗劉晟，至後主劉鋹時發展達於鼎盛。《十國春秋》卷 66 史臣曰：「先是，高祖雖寵任中宦（宦官），其數裁（才）三百餘，位不過掖庭諸局令丞而已。中宗時益增廣至千餘人，略增內常侍、謁者之稱。逮後主，信任宦者，凡群臣有才能及進士狀頭或僧道可與談者，皆先下蠶室，然後得進，亦有自宮以求用者，亦有免死而宮者，由是奄人（宦臣）漸十倍於乾和時，諸使名不翅（只）二百，有三師、三公等官，稍加內字以別之，因謂士人為門外人。」「乾和」為中宗年號，中宗時宦官人數已「增廣至千餘人」，後主時「十倍於乾和時」，由此可知，《資治通鑒》所云南漢宦官人數近二萬，並非誇張之說。「就宦官的絕對數量而言，南漢大約只遜於明代。就宦官在社會總人口中所佔的比例而言，南漢則開創了前朝後代所絕無僅有的特例，堪稱中國歷史之最。」〔註4〕不學無術的宦官人數眾多，受統治者寵幸信任；而知書識禮有政治才幹的士人反被架空，成了「門外人」，南漢國的政治狀況如何，可想而知。

南漢宦官不僅人數眾多，而且待遇優渥，品秩地位崇高，大權在握。如，林延遇是高祖劉龑在位時的宦官，「高祖賜以大第，稟賜甚厚」。〔註5〕中宗時，甘泉宮使林延遇已「頗預政事」；林延遇死後，其所推薦的宦官龔澄樞即日擢

〔註3〕卞孝萱、鄭學檬《五代史話》，第3頁，北京出版社，1985年版。
〔註4〕余華青：《中國宦官制度史》，第303頁。上海人民出版社，1993年。
〔註5〕《十國春秋》卷66，《林延遇傳》。

知承宣院、兼內侍省。後主嗣位，「謂群臣多自有家室，顧子孫，惟宦者親近足任，遂委其政於澄樞輩，加澄樞特進、開府儀同三司、萬華宮使、驃騎大將軍、改上將軍、左龍虎軍觀軍容使、內太師，軍國之務，一出澄樞」。〔註6〕李託，因「納二養女於後主，長為貴妃，次為美人，政事皆訪（李）託而後行。加特進、開府儀同三司、甘泉宮使、兼六軍觀軍容使、行內中尉，遷驃騎上將軍、內太師」。〔註7〕薛崇譽，「後主嗣位，遷內中尉、特進、開府儀同三司、簽書點檢司事」。〔註8〕許彥真，「既讒殺尚書左丞鍾允章，與龔澄樞用事國中」。〔註9〕

這樣，宦官執掌了南漢國的軍政大權，朝中官員成了擺設，正如《十國春秋》卷60《南漢三‧後主本紀》所言，後主「委政於宦官龔澄樞、陳延壽及才人盧瓊仙等，臺省官僅充員而已，機密事多不與」。南漢宦官已成「無冕之王」。北宋滅南漢後，南漢後主被俘至汴京（河南開封），面對宋太祖的責問，後主劉鋹說：「臣年十六僭偽位，（龔）澄樞等皆先臣舊人，每事臣不得專，在國時臣是臣下，澄樞是國主」。〔註10〕這番話雖有推諉罪責之嫌，但也在一定程度上反映了南漢末年宦官擅權，凌架於朝廷文武甚至國主之上的政治現實。

比照後唐，情況極相似，宦官勢力的發展也很迅速，地位崇高，掌握大權。後唐立國前，宦官人數有限，無權干政；立國後，後唐莊宗一方面留用了被滅的後梁王朝的宦官，另一方面傳詔各地，搜羅散在各處的唐朝宦官，令地方官將他們送至京師候用。「時在上左右者已五百人，至是殆及千人，皆給贍優厚，委之事任，以為腹心。內諸司使自天祐以來以士人代之，至是復用宦者，浸干政事。既而復置諸道監軍，節度使出征或留闕下，軍府之政皆監軍決之，陵忽主帥，怙勢爭權，由是藩鎮皆憤怒。」〔註11〕以後，後唐宦官人數發展至七千。若莊宗在位時間延長，後唐宦官也當數以萬計！莊宗也給予宦官崇高的地位與特權。如，莊宗立國後，首先重用的宦官是張居翰。張居翰原是唐朝宦官，唐昭宗時任范陽軍監軍，與節度使劉仁恭相善。唐末大誅宦官時，張居翰被劉仁恭藏匿得免。其後，晉（後唐前身）滅劉仁恭，張居翰轉而歸附李存勗，為昭

〔註6〕《十國春秋》卷66，《龔澄樞傳》。
〔註7〕《十國春秋》卷66，《李託傳》。
〔註8〕《十國春秋》卷66，《薛崇譽傳》。
〔註9〕《十國春秋》卷66，《許彥真傳》。
〔註10〕《宋史》卷481，《南漢世家》。
〔註11〕《資治通鑒》卷273，《後唐紀二》。

義監軍。後唐建國，張居翰與郭崇韜並爲樞密使。樞密使，唐時以宦官爲之，其職甚微；至後唐，樞密使位尊權重，「與宰相權任鈞（均）矣。」〔註12〕這表明了莊宗對宦官的重視與倚重。宦官雖無功無才，但僅憑君主的寵幸，即可出任地方官，如同光二年（924），莊宗以教坊使陳俊爲景州刺史；內園栽接使儲德源爲憲州刺史。故史家謂：「莊宗滅（後）梁而驕，宦官因以用事」。〔註13〕莊宗之後，個別宦官仍得到尊崇，如後唐明宗時，宦官孟漢瓊「爲左衛大將軍、知內侍省事、宣徽北院使。」〔註14〕

2、嚴刑峻法，殘害忠良，排斥異己

宦官擅權，胡作非爲，必然招致朝中大臣的反對。爲了威懾臣民，宦官常採用殘酷的嚴刑峻法手段打擊、清除反對派或異己者。如南漢中宗時「宦者林延遇、宮人盧瓊仙，內外專恣爲殺戮，（劉）晟（中宗）不復省（檢查、察看）」。〔註15〕《十國春秋》卷66《龔澄樞傳》亦謂：「澄樞因與李託、薛崇譽置酷法之具，以震國中，民甚苦之」。反對宦官擅權者，宦官必定要置之死地而後快，南漢重臣鍾允章被族誅即爲典型一例。

鍾允章，其先邕州（今廣西南寧）人，後徙家番禺（廣州），博學贍文辭，爲人侃直，不畏強禦。鍾允章在南漢開國之初以進士及第，累遷至中書舍人，尤爲中宗所知，凡誥敕碑記多命允章草擬。鍾允章還運籌帷幄，建議南漢國主乘楚國內亂出兵伐之，「中宗毅然發兵，攻拔賀、昭等州，所至克捷，實允章一言力也。」這樣一位才兼文武，且頗受君主寵幸的賢能之臣，最終卻成爲宦官誣告陷害的對象，慘遭族誅！據載，「允章素疾宦官用事，且性戇不善作隱語，至是直請誅亂法者數人，以正綱紀，後主不從，而宦官輩已人人切齒矣。」大寶（958～971）初，會後主將祀圜丘，前三日，鍾允章與禮官登壇，指麾布置，預設神位。內侍監（宦官）許彥眞馳告鍾允章「謀反」。後主起初不信，宦官龔澄樞、李託等「共證以爲然」。後主乃下允章獄，遣宦官與禮部尙書薛用丕雜治之，遂族誅允章。南漢「國人以允章素忠鯁，皆爲掩涕」。鍾允章「素忠鯁」，既「尤爲中宗所知」，又得後主「頗加敬禮」，沒有謀反的思想基礎；又不掌握軍權，沒有謀反的「資本」。此事之荒謬，

〔註12〕《新五代史》卷5，《（後）唐本紀第五・莊宗下》注。
〔註13〕《新五代史》卷38，《張居翰傳》。
〔註14〕《冊府元龜》卷665。
〔註15〕《新五代史》卷65，《南漢世家第五》。

後主不可能不知；然而，後主卻默許宦官對鍾允章實施迫害以至族誅，實際上是要「殺雞儆猴」，讓南漢國的臣民們明白：只要是膽敢謀反，那怕是像鍾允章這樣有才幹有地位握大權者，也絕沒有好下場！以此威懾臣民，讓臣民們俯首帖耳服從其統治。鍾允章死後，「自是宦官益橫，而（南漢）國亦因以亡」。〔註16〕

不僅是反對宦官專權亂政的朝廷大臣遭受誅戮，即使是沒有反宦官，只要有軍政才能者，都在陷害、排擠之列。如潘崇徹，雖亦為宦官，但「頗讀兵書，立戰功」，有將帥之才。乾和中，取郴州（今湖南郴縣）有功。後主時，以潘崇徹為西北面都統，然而對他又不能放心任用，而是心生疑寶，遣另一宦官薛崇譽「使其軍以察之」。薛崇譽回來後，誣告潘崇徹「日以伶人八百餘，衣錦繡，吹玉笛，為長夜之飲，不恤軍政」。結果，後主怒，召歸，奪其兵柄。潘崇徹「自是居常快快」。經此打擊，潘崇徹已改變了對南漢國的忠誠，已失去積極進取之志。後來宋師南伐，邊防告急，後主應眾大臣的請求，復召潘崇徹領兵 5 萬戍賀江。「崇徹不為效命，擁眾自保而已」，最終降於宋軍。〔註17〕

對南漢國史稍有瞭解者，都知道，自中宗始，至後主世，宗室諸王都遭到了殘酷殺戮。雖說封建時代，統治者為了爭權奪利，父子、兄弟同室操戈，喪盡天良之事可謂司空見慣，然而，像南漢國統治者這樣，為了保持既得權位而迫不及待地將兄弟斬盡殺絕並將其妻女沒入後宮以供淫樂，如此喪盡天良之事則屬罕見。而這一切，正是宦官們的主意。中宗朝，甘泉宮使林延遇受寵，「延遇陰險多篝，帝（中宗）誅滅諸弟皆出延遇之謀」。〔註18〕後主劉鋹誅殺兄弟，同樣是宦官教唆的結果：「先是，（宦官）陳延壽進謀曰：『先帝所以得傳陛下者，由盡殺群弟也。』帝（後主）頷之，由是（弟桂王）璇興死，上下咸怨，而紀綱大壞」。〔註19〕之後，諸弟陸續被殺害。宦官不僅是誅戮大臣、宗室的陰謀策劃者，同時也是執行者，如中宗時，高王弘邈被人誣告謀作亂，中宗遣甘泉宮使林延遇酖殺之。

在後唐，宦官同樣是倚恃君主的寵幸，「誣殺大臣，黷貨賂，專威福，以取怨於天下。」〔註20〕如，河南縣令羅貫是個正直的地方官，因為不對宦官

〔註16〕《十國春秋》卷 64，《鍾允章傳》。
〔註17〕《十國春秋》卷 65，《潘崇徹傳》。
〔註18〕《十國春秋》卷 59，《南漢三‧中宗本紀》。
〔註19〕《十國春秋》卷 60，《南漢三‧後主本紀》。
〔註20〕《新五代史》卷 38，《宦官傳第二十六》。

趨炎附勢，不依宦官請求辦事，被宦官挑唆莊宗殺害，暴屍府門外。別說一介地方小官，就是將相大臣，只要敢於反對宦官擅權，只要對宦官的無休止的索賄敢於拒絕，都在迫害甚至誅殺之列！如宦官楊希朗，其叔父爲唐末權勢煊赫的宦官楊復恭，倚著莊宗對宦官的寵任，楊希朗欲恢復楊復恭舊業田宅。宰相趙光裔對此堅決反對，結果被楊希朗逼迫至「危不自安，病疽而薨」。〔註21〕後唐名臣郭崇韜及大將朱友謙，都是在宦官的聯合構陷之下被族滅的。郭崇韜因爲助李存勗運籌帷幄，滅後梁，建後唐，功勳顯赫，後唐立國後任樞密使，權行中書事，併兼領鎮州、冀州節度使，位極人臣，專典機務，享有崇高威望。郭崇韜對於宦官倚仗莊宗及劉皇后的支持胡作非爲極憤慨，曾表示要嚴肅整治專權作惡的宦官。宦官也因屢有請託、干政均遭郭崇韜的反對阻撓而對他恨之入骨，時刻陰謀置之死地。終於，宦官等到了時機。同光三年（925），郭崇韜任招討使，奉命率領後唐軍征討前蜀國，僅兩月多即取得滅蜀戰爭的勝利。此時，莊宗依靠宦官與前線軍隊取得聯繫。宦官誣告郭崇韜把大量蜀國錢財沒入私囊，並有割據之志，且要殺害莊宗之子魏王李繼岌（時隨軍在蜀）。劉皇后信以爲眞，傳教繼岌，令他與宦官配合，先發制人，族誅了郭崇韜！被族誅的還有後唐大將朱友謙。宦官多次向朱友謙索賄，要求未能滿足，於是懷恨在心，藉郭崇韜被族誅之機，宦官誣陷朱友謙與郭崇韜串通謀反，亦將朱友謙連同其屬將族誅。其中朱友謙家族即有百餘人被殺。在宦官的誣告下，莊宗之弟、郭崇韜女婿李存乂也未能幸免於難。

　　南漢及後唐的宦官們都是倚仗君主的撐腰，揮舞著血淋淋的屠刀，誅除反對派、異己者、賢能者，以此鞏固既得權位的。

3、誘使君主沉湎聲色，大興土木，勞民傷財

　　這是古代社會宦官爲達到攬權專制目的而慣用的伎倆之一，也是宦官蠹國害民的罪惡表現。君主熱衷於土木工程，他們便可中飽私囊；君主沉迷聲色，便無心理政，他們便可藉此弄權。唐代權閹仇士良曾對其他宦官傳授過弄君攬權的「秘訣」：「天子不可令閒暇，暇必觀書，見儒臣，則又納諫，智深慮遠，減玩好，省遊幸，吾屬恩且薄而權輕矣。爲諸君計，莫若殖財貨，盛鷹馬，日以毬獵聲色蠱其（君主）心，極侈靡，使悅不知息，則必斥經術，暗外事，萬機在我，恩澤權力欲焉往哉。」〔註22〕南漢及後唐宦官顯然也深諳此道。

〔註21〕《冊府元龜》卷669。
〔註22〕《新唐書》卷207，《仇士良傳》。

南漢四主都熱衷於土木工程，都竭力追求聲色之樂。這其中，宦官的鼓吹、推動作用不可小覷。如《十國春秋》卷 66《陳延壽傳》云：宦官陳延壽「與龔澄樞輩朋比弄法，作諸淫好，日費數萬金，以蠱惑後主心。」南漢國統治者奢侈生活作風在五代諸政權統治者中，都是最突出的。所興宮殿不僅數目驚人，以千百計，而且每一宮殿都極盡奢靡之能事，以金、銀、珠、玉、玳瑁等昂貴物品爲裝飾。工程的主持興建都由宦官負責。宦官還時時陪伴君主遊幸玩樂，如後主「命宮人鬥花內殿，帝向晨時先啓後苑，集眾採擇，俄教局戶，還宮膳訖，角勝於殿中。令宦官抱關置樓羅歷，以驗宮人出入，法制甚嚴，號曰「花禁」，負者獻耍金耍銀買燕（晏）」。〔註23〕

後唐莊宗之性，一是貪婪，二是好色。宦官們即「阿意順旨，以希恩寵」。爲迎合莊宗及劉皇后對錢財的欲求，宦官們勸莊宗分天下財賦爲內外庫：州縣上供者入外庫，充經費；方鎮貢獻者入內府，充宴遊及給賜左右。莊宗依照而行。結果，外庫常虛竭而內府山積。內府廣積錢財，既支持了莊宗的奢侈生活，又使宦官們可以通過取寵賞賜收穫不菲。爲了迎合莊宗的淫欲，宦官們又慫恿莊宗廣納美女塡充掖庭。《新五代史》卷 37《伶官傳第二十五》云：「莊宗初入洛陽，居唐故宮室，而嬪御未備。宦官希旨，多言宮中夜見鬼物，相驚恐，莊宗問所以禳之者，因曰：『故唐時，後宮萬人，今空宮多怪，當實以人乃息。』莊宗欣然。其後幸鄴（都），乃遣（景）進等採鄴女千人以充後宮。」在宦官、伶人的四出搜羅之下，數以千計的民女以及諸營兵卒妻、女被強行擄入後宮，以供莊宗淫樂。在國家初建，百廢待興，災害不斷，民不聊生之際，宦官們又慫恿莊宗大興土木建豪華高樓以避暑，「日役萬人，所費鉅萬」。〔註24〕

統治者廣建宮殿，充實後宮，沉迷聲色，不僅勞民傷財，激化了社會矛盾，又使君主喪失勵精圖治之志，將各項事權託付宦官。南漢及後唐宦官正是以此取寵固權的。

（二）南漢與後唐宦官擅權的差異

余華青先生在《中國宦官制度史》一書「南漢政權的宦官與宦官制度」一節中，指出：「在中國宦官制度發展史上，南漢堪稱爲一個獨特的宦官王國。南漢政權的宦官制度，不僅有別於同一時期的其他割據政權，而且在前朝後

〔註23〕《十國春秋》卷 60，《南漢三·後主本紀》。
〔註24〕《資治通鑒》卷 273，《後唐紀二》。

世的歷代封建王朝中也是極為罕見的。」〔註25〕的確，南漢宦官制度有不少
特點，即使與同時期的後唐王朝相比較，兩朝宦官制度、宦官擅權狀況亦有
一些不同點。這是由兩朝特定的歷史所決定的。

　　一是時間長短不同。後唐宦官專權及危害都歷時短暫，僅在莊宗在位的
三年間，可謂倏興倏滅。明宗繼位後，吸取了莊宗信用宦官而招致軍民怨憤、
將臣離心的教訓，大刀闊斧地誅殺、裁減宦官。雖在明宗朝仍有個別宦官（如
孟漢瓊等）受到重用，但畢竟再沒有出現像莊宗朝那樣，宦官可以肆無忌憚
地插手政治，敲詐勒索大臣，甚至可以隨意地置朝廷官員於死地的情況。而
南漢國則不同。自高祖劉龑建國伊始，即開始放手任用宦官，直至南漢被北
宋所滅，歷時半個世紀，幾乎與南漢國同興同滅。究其原因，莊宗雖具有軍
事之才，但卻不具備政治才幹，也無勵精圖治之志，只縱情聲色，故委政於
宦官、伶人；而繼位的明宗卻是個較有作為之君，他甫即位，即誅殺禍國殃
民的宦官，大減後宮嬪妃及宦官，僅留宦官三十人以供灑掃庭院，並且不賦
予宦官干預政治的權力。南漢四主則皆為昏庸者，都熱衷於大興土木，營造
無數宮殿，豢養眾多嬪妃，終日沉湎聲色，故長期供養數以千萬計的宦官，
並賦予他們軍、政等大權，欲借助宦官維持其割據統治。歐陽修說：「自古宦
（官）、（宮）女之禍深矣！明者未形而知懼，暗者患及而猶安焉」。〔註26〕依
此而言，南漢四主及後唐莊宗均屬「患及而猶安」的「暗者」；而後唐明宗則
屬「未形而知懼」的「明者」。

　　二是在南漢，宦官執掌兵柄是較普遍的現象；而類似情況在後唐則罕見。

　　南漢在對北方楚國爭城掠地的戰爭及宋師南下，邊防危急之時，多見宦
官為將領兵出征或赴敵者。余華青先生《中國宦官制度史》中，也論及：南
漢「宦官直接出任軍職的現象十分普遍。唐代宦官預軍，主要是通過專典禁
軍和出任監軍使的渠道，宦官直接就任方面軍隊主帥者尚不多見。南漢情況
則不同。是時，宦官不僅可以依舊擔任監軍、內中尉、觀軍容使等類職務，
而且多有直接出任方面軍隊主帥者。」〔註27〕事實正是這樣。如，南漢中宗
時，即委任內常侍吳懷恩與巨象指揮使吳珣聯合，將兵擊楚，攻拔賀州，乘
勝陷昭州。乾和九年（951）十一月，乘南唐入侵楚國之機，南漢又以吳懷

〔註25〕余華青：《中國宦官制度史》，第302頁。上海人民出版社，1993年。
〔註26〕《新五代史》38，《宦官傳第二十六》。
〔註27〕余華青：《中國宦官制度史》，第303頁。上海人民出版社，1993年。

恩爲西北招討使，進取楚國蒙州（今廣西蒙山縣）、桂州（今廣西桂林市），「懷恩以方略定宜、連、梧、嚴、富、昭、柳、龔、象等州，始盡有嶺南之地」。同年十二月，中宗遣內侍省丞、宦官潘崇徹將兵攻郴州。南唐將邊鎬發兵來援。潘崇徹敗南唐兵於義章，遂取郴州。乾和十年十二月，湖南將王逵將兵及洞蠻五萬寇郴州，潘崇徹帥師拯救，於壕石擊敗楚軍，「伏屍八十里」。〔註28〕南漢末年，宋師南征，南漢國邊防危機凸現，後主主要是依靠宦官，倉猝率軍赴救，如命龔澄樞守賀州，郭崇岳赴桂州，李託往韶州，「畫守禦之策」。但宦官爲將，倉猝應戰，並不能挽救南漢國滅亡的命運。其原因，一是宦官缺乏作戰經驗，多不具備軍事才能，難以指揮軍隊克敵制勝；二是南漢後期宦官擅權，政治黑暗，舉國民怨沸騰，官吏離心，士卒消極，南漢軍隊實際上戰鬥力不強；三是宦官執掌軍事，從來沒把武備放在心上，致使武備設施廢馳，邊防空虛。史謂「自中宗（以）來，耽於遊宴，城壁壕隍大半飾爲宮館池沼，樓艦兵器多所毀敗」。在這樣的情形之下，「至是聞有宋師，內外震恐」便是必然之事了。〔註29〕那麼，南漢統治者爲什麼要讓宦官執掌軍權呢？依筆者之見，其因有二：一是南漢君主對朝中大臣不信任，認爲朝臣有家室，有子孫，不會盡忠於劉氏割據政權，故在以宦官執掌政權的同時，也以宦官取代將領，控制軍權；二是長期的宦官擅權，有才幹的將帥多被陷害，排擠，以至南漢後期已無將可任，只得以宦官充任，正如史書所云：「時舊將多以讒構誅死，宗室剪滅殆盡，掌兵者惟宦官數輩」。〔註30〕

後唐莊宗在位時，宦官雖仗勢囂張，頤指氣使，凌辱朝臣，也有宦官監軍（明宗繼位後，下令撤罷諸道監軍使）干預軍事者，但直接以宦官爲將，統兵作戰則罕見，究其原因，建立後唐的李存勗以唐朝繼承者自居，並不滿足於統治中原地區，而是立志消除割據局面，恢復唐朝統一局面。莊宗在位時發動滅前蜀之戰，明宗在位時發動對荊南及割據川蜀的孟知祥、董璋之戰，都是後唐統治者實現統一志向的表露。換言之，後唐建國後，軍隊的使命依然艱巨，將領肩上的擔子依然沉重，不似南漢立國後，推行「弭兵息民」政策，〔註31〕苟安一隅，將領失去了重要性，失去了君主的依賴。因此，雖然

〔註28〕《十國春秋》卷59，《南漢二‧中宗本紀》。

〔註29〕《十國春秋》卷60，《南漢三‧後主本紀》。

〔註30〕《十國春秋》卷60，《南漢三‧後主本紀》。

〔註31〕參見曾國富：《五代時期南漢國「弭兵息民」政策探析》，載《廣東史志視窗》2008年第6期。

莊宗寵信宦官，放縱宦官弄權，但卻沒有讓宦官取代能征慣戰的將領，自弱
軍事力量。

二、南漢與後唐宦官擅權原因之分析

通過以上比較，我們對南漢及後唐兩朝宦官擅權的狀況及其異同有了初
步的瞭解，接著引發我們進一步思考的問題是，東漢及唐兩朝都是宦官擅權，
為害甚烈的朝代，兩朝的衰亡與此不無關係；然而，以漢朝及唐朝繼承者自
居的南漢劉氏及後唐李氏統治者，為什麼未能從中吸取歷史教訓，而是重蹈
了歷史的覆轍？難道只是兩朝統治者的鼠目寸光，對歷史視若無睹的結果？

筆者認為，宦官擅權是封建專制體制的必然結果，當然也與在位統治者
的素質有關；前者是宦官專權的「溫床」，後者是宦官亂政的「催化劑」。

在封建時代，按封建禮制，最高統治者可以建三宮六院，可以擁有眾多
嬪妃為其生活服務。而三宮六院眾多女性的生活，則需要宦官為其服務。因
此，任何一個封建王朝，宦官都是不可缺少的。唐末大軍閥朱溫對宦官大肆
殺戮，但朱溫建立後梁王朝後，仍然要使用宦官，只是朱溫鑒於宦官掌權對
唐朝政治造成的嚴重危害，對宦官採取了抑制政策，使宦官未能擅權。南漢
四主及後唐莊宗都沉湎聲色，後宮嬪妃如雲，自然也需要眾多宦官。唐代的
宦官制度也被南漢及後唐所沿用，如兩朝都在中央設內侍省，為宦官總官機
構，宦官監軍制度也沿用不廢。南漢以宦官為將也是仿唐制而行，並非其首
創。如唐開元年間，國內發生多起軍事叛亂。深受唐玄宗倚重的宦官楊思勗
即多次奉命出任招討使，直接以主帥身份率兵數萬至十數萬進行征討，先後
平息了變亂。宦官在皇帝身邊效勞，為皇帝出謀獻計，極易受君主寵幸，因
而得以加官晉爵。

另外，專制主義政策體制之下，最高統治者集權欲望強烈，對協助他打
天下的文臣武將不能信任，總將他們看作是封建王朝潛在的危險因素，因而
對他們充滿疑忌。西漢、明代君主對功臣的殺戮，東漢、北宋君主對功臣的
架空，正是這種疑忌的體現。南漢及後唐統治者也不例外。如南漢高祖劉龑
建國後，即由原來倚賴文士武將，態度突變，「尤猜忌，以士人多為子孫計，
故專任宦官，由是其國中宦官大盛。」〔註32〕中宗繼位，「諸臣皆被猜疑，獨

〔註32〕《資治通鑒》卷 283，《後晉紀四》。

倚其所嬖宦官、宮婢」；〔註33〕「宗室勳舊，誅戮殆盡，惟宦官林延遇等用事」。〔註34〕中宗子、後主劉鋹即位後，也認為「群臣皆自有家室，顧子孫，不能盡忠，惟宦者親近可任，遂委其政於宦者龔澄樞、陳延壽等。」〔註35〕南漢四主的共同點都是疑忌將領、大臣、宗室，而對宦官則寵任不衰（也許他們見歷史上將臣篡權者多有之，而宦官篡權稱帝者則未見？），使宦官人數不斷增多，宦官專權局面愈演愈烈。在後唐，郭崇韜在戰爭期間，為晉王李存勗運籌帷幄，克敵制勝，功勳顯赫；但立國之初，莊宗卻以郭崇韜與宦官張居翰同為樞密使，實為以宦官監視、牽制郭崇韜，並在許多方面壓制郭崇韜，拒絕接受其包括裁抑宦官擅權在內的合理建議。李嗣源為李存勗打天下立下了汗馬功勞，建國後也受莊宗百般猜忌。這些事例都說明了莊宗對朝中文臣武將同樣不信任。既不信任朝廷官員，欲把權力完全集中於自己手中，而自己又無三頭六臂，只能將權力託付宦官，不僅讓他們決定軍國大事，還讓他們監視朝中文武官員。南漢、後唐兩朝宦官擅權正是這樣形成的。

　　結黨自固是歷代宦官鞏固既得地位，擴充權益的慣用伎倆。宦官深知自己不學無術，根基淺陋，寵辱利害全由君主喜怒決定，並不保險；為此，他們都極力與權臣、後宮受寵女性串通勾結，甚至引用其他可以蠱惑君心的妖巫為援，使他們的擅權有了更牢固的根基。

　　南漢統治者沉迷聲色，後宮女性多有得寵者。這些女性恃寵干政，成為宦官爭相結納的對象。如「麗姬李氏，中宗之幸姬也。與內侍監許彥眞表裏用事」；〔註36〕又如盧瓊仙，中宗宮人，乾和（943～958）中，與黃瓊芝並為女侍中，朝服冠帶，參決政事。後主嗣位，進瓊仙秩為才人，復以朝政決於瓊仙，「凡後主詳覽可否，皆瓊仙指之。瓊仙與女巫樊胡子、宦官龔澄樞等，內外為奸，朝臣備位而已」。〔註37〕女巫樊胡子是宦官陳延壽為了牢牢保持權位，引入宮殿的，旨在以妖言邪說迷惑君主。陳延壽利用後主的迷信心理，宣稱玉皇降附胡子身。後主於是「於內殿設帳幄，陳寶貝，胡子冠遠遊冠，衣紫霞裾，坐帳中，宣禍福，呼帝（後主）為『太子皇帝』，國事多叩於胡子。

〔註33〕　《南漢書‧中宗紀》。
〔註34〕　《資治通鑒》卷283，《後晉紀四》。
〔註35〕　《新五代史》卷65，《南漢世家第五》。
〔註36〕　《十國春秋》卷61，《中宗麗姬李氏傳》。
〔註37〕　《十國春秋》卷61，《盧瓊仙傳》。

盧瓊仙及澄樞等爭附之。胡子乃詐言瓊仙、澄樞、延壽皆上天使來輔太子，不可輕加以罪」。〔註38〕

後唐宦官亦然。莊宗善音律，豢養寵幸了大批能歌善舞的伶人，並對劉皇后極寵幸。伶人、劉皇后因而得以干政，故成為宦官結附的對象。《舊五代史》載，「是時伶人景進用事，閹官競進，故重臣憂懼，拜章請退。」〔註39〕明宗朝，宦官孟漢瓊亦「挾王淑妃勢，傾心事之，及朱（弘昭）、馮（贇）用事，又與之締結。」〔註40〕

宦官們正是通過結納這些受君主寵幸者，取得並維持權勢，言成禍福的。許多朝臣畏於宦官的煊赫權勢，都曲意與之交接，成為其附庸。

南漢及後唐的宦官之中，雖亦有善良正直能幹者，如南漢宦官吳懷恩、邵廷琄都在南漢國軍事、國防上有所貢獻；後唐的張居翰（後唐滅前蜀，蜀後主舉族遷徙入京，途中遇後唐發生內亂，莊宗傳詔誅戮蜀後主「王衍一行」，張居翰將「行」字改為「家」字，使千餘人幸免於難），雖官居高位，卻無弄權表現，「有仁者之心」。〔註41〕但從總體而言，宦官之中還是擅權、作惡者多。《十國春秋》卷66史家就評論說：「自古禍人國者，惟宦官為甚。其結主也，以善柔而惰，常昵於不可解；其毒人也，以險鷙而患，每發於有所忽。粵漢（南漢）及唐，其較著者也。劉氏自乾和以後，奄寺（宦官）至七千餘人，而舞法擅政者，若（林）廷遇之陰狡善謀，（龔）澄樞之險詐亂國，（許）彥真之殘忍妒賢，（陳）延壽之淫巧惑上，（李）託則納女以操國柄，（薛）崇譽則握算以竊主權，議出多門，內外朋比，君既不恤，國亦隨之。雖昔伊戾禍宋，豎刁亂齊，未有若此之烈也。」後唐莊宗在位僅三年，國內即發生變亂，莊宗也在內亂中被弒。為什麼發生內亂？就因為宦官擅權，胡作非為，擅殺大臣將帥，造成人人危懼，握兵將領於是相率稱兵叛亂！在數以千萬計的宦官中，受君主寵幸而得以干政的宦官，從人數上說只是少數，但其毒害政治，擾亂社會的能量卻不可小覤。

宦官擅權是封建專制主義制度的產物，是南漢及後唐兩朝政治敗壞，招致動亂亡國的重要根源。只有徹底廢除封建專制主義政治體制，宦官專權亂政的痼疾才有根除的可能。

〔註38〕 《十國春秋》卷60，《南漢三·後主本紀》。
〔註39〕 《舊五代史》卷31，《莊宗紀第五》。
〔註40〕 《舊五代史》卷72，《孟漢瓊傳》。
〔註41〕 《舊五代史》卷72，《張居翰傳》。

十五、五代時期契丹南侵的促動與制約因素

摘　要

　　唐末五代時期，中原大地軍閥割據混戰，天下陷於大亂。北方契丹族迅速發展壯大，頻頻叩關南犯。中原地區連綿不斷的內戰，中原地區反叛勢力及割據政權的勾結引誘，中原封建王朝的挑釁，是契丹頻繁南侵的促動因素；而中原王朝邊防的鞏固，給予入犯的契丹軍以沉重的打擊，和約的訂立與友好關係的維持，則是契丹南侵的制約因素。

關鍵詞：五代；契丹；寇掠

　　唐末五代時期，統一強盛的唐王朝走向衰弱、瓦解，代之而起的是農民起義、軍閥割據混戰，天下陷於大亂。生活於我國北方，曾臣屬、朝貢於唐朝的契丹族藉此時機，接連征服周邊各少數民族、部族、迅速發展壯大。「契丹國家建立後，成為北方一支強大的政治勢力。阿保機和一切奴隸主貴族的政治代表一樣，更加積極地向外發展，瘋狂地推行向鄰近諸族的戰爭掠奪政策。」〔註1〕契丹不僅寇掠北方各民族、氏族，而且頻頻叩關南犯，對中原漢族封建王朝的邊防構成了莫大的壓力，對五代王朝的北部邊疆民眾的生活、生產以致生命財產構成了極大的摧殘。探索這一時期契丹南寇的促動與制約因素，不僅可以加深我們對於唐末五代歷史的認識，而且對於當今我們思考如何構建多民族的和諧社會、一統國家，都有啓迪意義。

一

　　這一時期契丹軍隊的頻繁南下寇掠絕非偶然的歷史現象，而是特定歷史條件下的產物。具體而言，它是由契丹族勢力發展蒸蒸日上而漢族封建王朝趨於瓦解，陷於連綿混戰這內、外兩方面的條件綜合作用而促成的。

（一）中原地區連綿不斷的內戰為契丹頻頻南下創造了可乘之機

　　縱觀我國古代民族關係史，一般而言，當中原地區在一統而強大的中央集權王朝的統治下，周邊各少數民族便臣屬、朝貢於中原封建王朝，便極少南侵、擄掠現象；反之，一統王朝瓦解，中原地區陷於內戰，邊疆一些勢力強盛的少數民族便乘虛而入，大肆寇掠。如春秋時期中原地區大國爭霸，便有「犬戎交侵」；魏晉南北朝時期，國家四分五裂，便有「五胡亂華」。這可謂我國古代民族關係發展的一條必然性規律。自唐末始而終於五代，中原地區長期處於戰亂之中，這就為強盛的契丹族南侵創造了可乘之機。史載，「光啓（885～888）中，其（契丹）王欽德，乘中原多故，北邊無備，遂蠶食諸郡，達靼、奚、室韋之屬，咸被驅役，族帳浸盛，有時入寇。」〔註2〕之後，中原地區是汴梁朱氏與河東李氏兩大軍事集團長達十餘年的激烈戰爭，史稱「汴晉爭衡」。這一時期，契丹主耶律阿保機多次統率數以十萬計的契丹軍大舉南犯。後梁、後唐、後晉、後漢、後周五個王朝統治中原地區的半個世紀中，內戰仍然沒有停息。當內戰緊張進行之際，吸引了幾乎全部的軍事力量

〔註1〕楊樹森《遼史簡編》，遼寧人民出版社1984年版，第29頁。
〔註2〕《舊五代史》卷137，《外國列傳第一》。

投入戰爭，邊防空虛，契丹軍便如決堤之洪水，洶湧而入。如後漢立國不久，發生「三叛連衡」，叛亂與平叛吸引了後漢朝的主要軍力，嚴重削弱了後漢朝國力，契丹便乘機南寇；乾祐三年（950）十一月，肩負禦邊重任的大將郭威稱兵向闕以奪權，邊防空虛，契丹主又將數萬騎入寇，攻內丘（今河北內丘縣）；在後周調集重兵征討南唐，欲結束南方割據狀態之時，契丹軍亦曾乘虛大舉南下。

（二）中原地區反叛勢力及割據政權的勾結引誘，是契丹南侵的「催化劑」

在無休無止的中原軍閥的戰爭中，勢力弱小的一方，常常「臨急抱佛腳」，勾結、引誘北方強盛的契丹南下以分敵方軍勢，助己圖存；南方一些割據政權如南唐、吳越、北方的北漢等，為著自身政治、軍事利益，也常常勾結引誘契丹南寇，以損害、削弱中原王朝的利益與勢力，可謂「引狼入室」。總觀五代時期契丹的南侵，大多數都並非主動興兵，而是「樹欲靜而風不止」，是在漢族軍閥或政權的不住煽動、勾引之下才回應出兵的。

早在唐末天祐二年（905），晉王李克用為著軍事鬥爭的需要，就援引契丹入寇：時「契丹阿保機始盛，武皇（李克用）召之，阿保機領部族三十萬至雲州，與武皇會於雲州之東，握手甚歡，結為兄弟，旬日而去……期以冬初大舉渡河。」〔註3〕與此同時，朱梁勢力也在招引契丹為援：朱溫「復遣司農卿渾特賜以手詔，約共滅沙陀（晉），乃行封冊。」〔註4〕李克用死後，其子李存勗繼承其父聯結契丹的策略，時「晉王（李存勗）方經營河北，欲結契丹為援，常以叔父事阿保機，以叔母事述律后」。〔註5〕晉軍在與後梁的戰爭中，為壯大勢力，亦極力聯結包括契丹族在內的北方各民族，借用他們的軍事力量。如後梁貞明四年（918），晉王謀大舉進攻後梁，北部邊境「諸部落奚、契丹、室韋、吐谷渾，皆以兵會之。」〔註6〕割據幽州（今北京）的劉守文在內爭以及與汴梁朱氏、晉李氏的軍事鬥爭中勢力消耗殆盡，也不得不向契丹乞求援助。契丹發契丹、吐渾兵合劉守文軍四萬戰於雞蘇，其兄劉守光兵敗。晉將盧文進與主帥生怨反叛，投奔契丹。「自其奔契丹也，數引契丹攻掠幽、薊之間，虜其人民，

〔註3〕 《舊五代史》卷26，《武皇紀下》。
〔註4〕 《資治通鑒》卷266，開平二年五月己丑。
〔註5〕 《資治通鑒》卷269，貞明二年十二月。
〔註6〕 《資治通鑒》卷270，貞明四年七月。

教契丹以中國織紝工作無不備，契丹由此益強。（後唐）同光（923～926）中，契丹以奚騎出入塞上，攻掠燕、趙，人無寧歲。（後）唐兵屯涿州，歲時饋運，自瓦橋關至幽州，嚴兵斥候，常苦抄奪，為唐患者十餘年，皆文進為之也。」〔註7〕將契丹連年入寇之責完全歸為盧文進的招引也許不盡符合歷史實際，但盧文進的招引是其中重要原因之一，則是可以肯定的。後梁龍德元年（921）二月，鎮州發生張文禮之亂，張殺趙王王鎔，向晉王求節鉞。張文禮雖受晉命，內不自安，復遣間使通過盧文進求援於契丹，又引後梁為援。晉發兵討之。義武節度使（治定州）王處直擔心晉克取鎮州對自己構成威脅，也勾結契丹為援。他「以新州地鄰契丹，乃潛遣人語（王）郁（王處直子），使略契丹，召令犯塞，務以解鎮州之圍。」「契丹主既許盧文進出兵，王郁又說之曰：『鎮州美女如雲，金帛如山，天皇王（契丹主）速往，則皆己物也，不然，為晉王所有矣。』契丹主以為然，悉發所有之眾而南。」〔註8〕契丹自後梁貞明三年（917）三月入寇幽州被晉軍打敗，四年多時間未敢再入犯；如果不是王郁等人「鎮州美女如雲，金帛如山」的引誘，契丹未必會貿然入犯。入犯契丹軍不僅未能獲得如雲美女，如山金帛，反而被打得大敗，落荒逃歸。契丹主斥責王郁欺騙，摯之以歸，自是不聽其謀。

後唐初年，契丹數犯塞。後唐諸軍多屯戍幽、易之間，大將往來。這使心懷叵測的定州鎮帥王都心懷疑懼。王都雖與後唐莊宗結為兒女親家，頗受寵幸，賞賜鉅萬，卻在背地裏積蓄發展個人勢力，圖謀割據。後唐加強邊防，王都以為是朝廷尋藉口沖著自己來的，暗中勾結鄰藩共同反叛。後唐削奪王都在身官爵，調兵征討。「（王）都急與王郁謀，引契丹為援。洎王師攻城，契丹將禿餒率騎萬人來援，（王）都與契丹合兵大戰於嘉山，為王師所敗，唯禿餒以二千騎奔入定州。」〔註9〕契丹自後梁龍德元年（921）十一月入犯被晉軍大敗於望都後，六年多沒有再大舉入犯；若不是王郁以重賂乞援，契丹亦未必會主動入寇。後唐末年，明宗殂後，統治集團陷入對皇權的爭奪之中。禦邊大將石敬瑭因為擁有雄厚的軍事力量，也覬覦帝位。這對在位的清泰帝李從珂（明宗養子）構成了嚴重威脅。天福元年（936）五月，李從珂企圖通過移徙石敬瑭的辦法以「調虎離山」，解除威脅。石敬瑭不願就範，決意反叛。

〔註7〕《新五代史》卷48，《盧文進傳》。
〔註8〕《資治通鑑》卷271，龍德元年十一月。
〔註9〕《舊五代史》卷54，《王都傳》。

河東掌書記桑維翰建議石敬瑭勾結近在咫尺（雲州、應州）的契丹爲援，謂：
「公誠能推心屈事之，萬一有急，朝呼夕至，何患無成！」石敬瑭依計而行。
當後唐發兵征討石敬瑭，石即以割讓土地另加歲輸鉅額金帛爲條件，乞求契
丹發兵援助。契丹主欣然應允，「許俟仲秋傾國赴援」。九月，「契丹主將五萬
騎，號三十萬，自楊武谷而南，旌旗不絕五十餘里」。〔註10〕石敬瑭與契丹軍
聯合，終於戰勝後唐官軍。後唐亡。石敬瑭被契丹主冊立爲帝，建立後晉王
朝，以「父」事契丹。

　　後晉末年契丹傾國南犯，終亡後晉王朝，固然是後晉統治集團挑釁契丹
的結果，但同時又與後晉反叛將帥的勾結引誘有關。後晉出帝（石重貴）繼
位，破壞了與契丹的和好關係，令兩國矛盾激化。在此情勢之下，契丹盧龍
節度使趙延壽（後唐末年叛附契丹）欲代後晉稱帝於中原，「屢說遼（契丹國
於西元938年改國號爲遼）帝擊（後）晉，遼帝頗然之」；後晉平盧節度使楊
光遠亦「密告遼，以晉境大饑，乘此攻之，一舉可取……遼帝乃集兵五萬，
使延壽將之，經略中國。」〔註11〕

　　周邊的一些割據政權，亦以契丹爲依靠，藉此騷擾、削弱中原王朝社會
秩序與國力，以爲圖存之計。後周立國的當年，廣順元年（951），劉崇（後
改名旻）在晉陽建立北漢。甫立國，北漢主即遣使於契丹，乞兵爲援。九月，
又遣使如契丹，賀契丹新主（述律）即位，且請契丹發兵以擊後周晉州。十
月，契丹即遣彰國節度使蕭禹厥將奚、契丹兵五萬會北漢兵進犯後周。顯德
元年（954）正月，後周太祖郭威殂，世宗柴榮繼位。北漢主謀大舉入寇，企
圖恢復劉氏（後）漢家王朝統治，遣使請兵於契丹。二月，契丹即遣其武定
節度使、政事令楊袞將萬餘騎如晉陽，與北漢兵匯合，自團柏南趨潞州入犯。
南方的吳（後改國名「唐」，史稱南唐）、吳越也曾勾引契丹進犯中原王朝。
後梁貞明三年（917），吳王遣使遺契丹主以「猛火油」，對契丹主說：「攻城，
以此油然（燃）火焚樓櫓，敵以水沃之，火愈熾。」契丹主大喜，即選三萬
騎欲攻幽州。述律后表示反對，契丹主才中止入犯行動。〔註12〕

（三）中原封建王朝的挑釁

　　俗語云，「冤家宜解不宜結」。矛盾化解，可化干戈爲玉帛；而矛盾激化，

〔註10〕《資治通鑑》卷280，天福元年五月至九月。
〔註11〕《契丹國志》卷2，《太宗嗣聖皇帝上》。
〔註12〕《資治通鑑》卷269；貞明三年二月。

劍拔弩張，戰爭便是必然的結果。五代時期，一些別具野心的軍閥、將帥企圖通過挑釁而引發中原王朝與契丹的戰爭，以便自己混水摸魚，從中漁利；也有某此中原王朝企圖通過挑釁契丹的方式以顯自己的強大，擺脫「屈辱」的地位，求得自主自立。這是引起契丹入寇的一個重要原因。

　　史載後晉朝「成德節度使安重榮恥臣契丹，見契丹使者，必箕踞慢罵，使（者）過其境，或潛遣人殺之。」又「執契丹使拽刺，遣騎掠幽州（後晉時幽州已割讓契丹）南境，軍於博野」。安重榮一方面以殺使者、入境抄掠方式挑釁契丹，欲令其出兵南侵；另一方面又挑動後晉高祖石敬瑭，稱吐谷渾、兩突厥、渾、契苾、沙陀等部族苦於受契丹壓迫，有歸附後晉王朝之志，欲與後晉聯合以共擊契丹。石敬瑭沒有上當，屢敕其「承奉契丹，勿自起釁端」。〔註13〕其實，安重榮「恥臣契丹」是假，欲挑起後晉與契丹的戰爭，以便自己乘亂奪取後晉政權做皇帝才是真。安重榮曾對人說：「天子寧有種邪？兵強馬壯者則為之爾！」其作「天子」之志昭然若揭。安重榮的挑釁曾使契丹統治者發怒，遣使至後晉「責以使者死狀」。後晉朝及時遣使至契丹說明情況，化解了誤會，緩和了兩國之間的緊張關係，沒有釀成戰爭。

　　而後晉王朝對契丹的挑釁則導致了契丹的傾國入寇，並最終滅了後晉王朝。後晉高祖石敬瑭死後，其養子石重貴繼位，是為後晉出帝。出帝在景延廣的鼓動之下，妄自尊大，撕毀與契丹的和約，一改其父「父」事契丹的政策，極力挑釁契丹，企圖以此擺脫與契丹的「父子」關係，取得獨立地位。據史載，出帝即位之初，「大臣議奉表稱臣，告哀於遼（契丹），景延廣請致書稱孫而不稱臣」。宰相李崧說：「陛下如此，他日必躬擐甲冑與遼戰，於時悔無益矣。」李崧意識到挑釁契丹的嚴重後果，認為忍辱負重，只要能維持兩國和平關係，稱臣未為恥辱。但「延廣固爭」，堅持己見。出帝「卒從延廣議」。結果，契丹主大怒，遣使來責讓；「延廣復以不遜語答之」。兩國關係趨於緊張。不僅如此，景延廣還教唆後晉出帝殺害在境內從事貿易的契丹商人，籍沒其資財：「先是河陽牙將喬榮從趙延壽入遼，遼帝以為回圖使，往來販易於晉，置邸大梁。至是景延廣說晉帝囚（喬）榮於獄。凡遼國販易在晉境者，皆殺之，奪其貨。喬榮被遣返契丹時，景延廣又「大言曰：『歸語而（爾）主，先帝為北朝（契丹）所立，故稱臣奉表。今上乃中國所立，所以降志於北朝者，正以不敢忘先帝盟約故耳。為鄰稱孫，足矣，無稱臣之理。翁（契丹主）怒則來戰，孫有十萬橫磨

〔註13〕《資治通鑒》卷282，天福六年四月。

劍，足以相待。他日爲孫所敗，取笑天下，毋悔也。」喬榮讓景延廣將所言書寫在紙，以向契丹主報告。「延廣命吏書其語以授之，榮俱以白遼帝。遼帝大怒，入攻之志始決。」〔註14〕在景延廣極力挑釁契丹之際，後晉不少大臣堅決反對；但景延廣有定策之功（扶立出帝），又總宿衛兵，故寵冠群臣，眾臣莫能與之爭。一些將領如河東節度使劉知遠，「知延廣必致寇」，暗地裏增益兵馬，以備契丹入寇。後晉開運元年（944）正月，契丹發兵五萬入寇，逼貝州。太原、恒、邢、滄各州皆奏契丹入寇。契丹共發兵 30 萬，前後歷經三年苦戰，至開運三年（946）十二月，終將後晉王朝推翻。

吸取歷史教訓，後周朝，在加強邊防的同時，朝廷敕告邊將，只可積極防禦，不可擅入契丹境抄掠，不可挑釁契丹，以求保持邊境的和平安寧。

二

唐末五代時期，契丹雖然勢力強盛，中原地區雖然正處於戰爭狀態，國力嚴重削弱，但面臨契丹軍隊的頻頻南寇，中原王朝統治者還是積極尋求對策、採取各種政治的、軍事的措施以阻擋契丹軍隊的入犯，營造和平安定的邊境。這使得契丹的入寇常常不能得志，使異族入侵所造成的破壞性得到相對的控制。

（一）中原王朝邊防的鞏固，築起了防禦契丹入寇的堅固堤防

中原王朝統治者對於契丹入寇的危害性都有著深刻的認識，因而都把鞏固邊防作爲治國安邦的當務之急。不論如何百廢待興，不論內亂如何嚴重，都精選將領，嚴密防邊。這使契丹軍常常只能在邊境線之外逡巡而不敢輕易入犯。

後梁時期，汴晉爭衡，邊防幾近虛設，故契丹得以輕易入犯。晉王李存勗建立後唐王朝後，立即將邊防工作提上議事日程。同光元年（923），幽州奏契丹入寇，至瓦橋。後唐即以天平軍節度使李嗣源爲北面行營都招討使，陝州留後霍彥威副之，將兵救幽州。契丹出塞。後唐命泰寧節度使李紹欽、澤州刺史董璋戍瓦橋。同光二年三月，鎮州馳報契丹將犯塞。莊宗詔橫海節度使李紹斌、北京左廂馬軍指揮使李從珂帥騎兵分道備之；又詔天平節度使李嗣源屯邢州。八月至十月，幽州、易定、蔚州屢言契丹入寇，邊防形勢緊

〔註14〕《契丹國志》卷 2，《太宗嗣聖皇帝上》。

張。後唐命大將、宣武軍節度使李嗣源將宿衛兵三萬七千人赴汴州，遂如幽州防禦契丹入犯。同光三年二月，又以橫海節度使趙德鈞（又名李紹斌）爲盧龍節度使。莊宗曾以契丹屢屢入寇爲憂，與樞密使郭崇韜謀議，以威名宿將零落殆盡，趙德鈞名位聲望素輕，欲徙李嗣源鎮眞定，爲趙德鈞聲援。郭崇韜深以爲便。於是徙李嗣源爲成德軍節度使（治眞定）。此前，契丹軍「寇掠盧龍諸州皆遍，幽州城門之外，虜（契丹軍）騎充斥。自涿州運糧入幽州，虜多伏兵於閻溝，掠取之」。趙德鈞爲盧龍節度使後，「城潞縣而戍之，爲良鄉縣，糧道稍通。幽州東十里之外，人不敢樵牧；德鈞於州東五十里城潞縣而戍之，近州之民始得稼穡。至是，又於州東北百餘里城三河縣以通薊州運路，虜騎來爭，德鈞擊卻之。九月，庚辰朔，奏城三河畢。邊人賴之。」〔註15〕由於幽州防備嚴密，契丹寇掠不得志，只得西徙橫帳，屯掠剌泊，出寇雲州、朔州之間。後唐明宗朝，以契丹寇邊迫在眉睫，議定以石敬瑭爲北京留守、河東節度使，兼大同、振武、彰國、威塞等軍蕃漢馬步總管。其中，大同節度使張敬達聚兵要害。「契丹竟不敢南下而還」。〔註16〕後唐莊宗、明宗對邊防極重視，所選邊將李存審、李存賢、李嗣源、石敬瑭等均爲後唐久經沙場能征慣戰的名將。他們都能不負朝廷重託，克盡職守，如李存賢，「時契丹強盛，城門之外，烽塵交警，一日數戰。存賢必忠謹周慎，晝夜戒嚴，不遑寢食」。〔註17〕邊軍也是包括禁軍在內的精銳之師。由於邊防鞏固，因此，後唐朝，契丹屢次出兵寇掠幽州、易定、蔚州、嵐州、涿州，但均未能如願。

後周在立國當年，即廣順元年（951），就注重對契丹入寇的防禦。「帝（郭威）以鄴都鎮撫河北，控制契丹，欲以腹心處之。乙亥，以寧江節度使、侍衛親軍都指揮使王殷爲鄴都留守、天雄軍節度使、同平章事，領軍如故，仍以侍衛司從赴鎮。」〔註18〕廣順二年（952）九月，契丹將高謨翰以葦筏渡胡盧河入寇，至冀州。成德節度使何福進遣龍捷都指揮使劉誠誨屯貝州以拒之。契丹聞之，遽引兵北還。契丹自後晉、後漢以來，屢寇河北，輕騎深入，如無藩籬之限，郊野之民每被殺掠。有人建議疏濬橫亙於深州與冀州之間數百里的胡盧河以防契丹軍奔突。顯德二年（955）正月，後周朝廷詔忠武節度使

〔註15〕《資治通鑑》卷278，長興三年八月、九月。
〔註16〕《資治通鑑》卷278，長興三年十一月。
〔註17〕《舊五代史》卷53《李存賢傳》。
〔註18〕《資治通鑑》卷290，廣順元年正月。

王彥超、彰信節度使韓通將兵夫疏濬胡盧河，並築城於李晏口，留兵戍之。周世宗還採納德州刺史張藏英的建議，列置戍兵，募邊人驍勇者，厚其稟給，以張藏英爲沿邊巡檢招收都指揮使以統領之，隨便宜討擊。「自是契丹不敢涉胡盧河，河南之民始得休息」。〔註19〕

（二）給予入犯的契丹軍以沉重的打擊

五代時期，中原戰亂不休，兵力有限，而邊境線綿長廣闊，契丹軍又善於遊動，因此，邊防難以做到無懈可擊，滴水不漏。契丹軍有時候還是可以大舉進犯。對於入犯的契丹軍給予其沉重的軍事打擊，使之鎩羽而歸，心有餘悸，可以有效地遏止其不斷的入境寇掠。

唐末，已經發展強大的契丹族就已對陷於刀光劍影的中原大地虎視眈眈，發兵入寇，但被鎮守幽州的軍閥劉仁恭打敗，劉仁恭率軍奮起擊之，擒舍利王子入城，「（契丹主）欽德乞盟納賂以求之，自是十餘年不能犯塞。」〔註20〕

後梁貞明三年（917）三月，契丹軍在漢族叛將盧文進的引誘之下入寇，克新州，圍幽州，聲言有眾百萬，氈車毳幕彌漫山澤。幽州城中軍民堅守城池，穴地燃膏以邀之，日殺千計。晉王李存勗雖正指揮晉軍與後梁軍鏖戰正酣，但在關鍵時刻，仍分遣李嗣源、閻寶、李存審三將統領步騎七萬迎擊來犯的契丹軍。晉軍避開對契丹騎兵作戰有利的平原，選擇山地急行軍，在距幽州六十里時與契丹軍遭遇，「契丹驚卻」；至山口，兩軍交戰，晉軍斬契丹酋長一人，「契丹人馬死傷塞路」；將至幽州，兩軍再戰，「契丹大敗，席卷其眾自北山去，委棄車帳鎧仗羊馬滿野，晉兵追之，俘斬萬計。」〔註21〕此後四年多，契丹不敢輕易入寇。龍德元年（921）十一月，契丹大舉南犯，攻幽州、定州，拔涿州，來勢兇猛，對晉軍構成了極大的心理壓力。晉「將士皆失色，士卒有亡去者，主將斬之不能止。」部分晉將主張採取退避之策。晉王李存勗最終採納郭崇韜的建議，堅決迎擊，決不妥協退讓以長契丹囂張氣焰。晉王「乃自帥鐵騎五千先進，至新城北，半出桑林，契丹萬餘騎見之，驚走。晉王分軍爲二逐之，行數十里，獲契丹主之子。時沙河橋狹冰薄，契丹陷溺死者甚眾。」望都之戰，「契丹大敗，逐北至易州，會大雪彌旬，平地

〔註19〕《資治通鑑》卷292，顯德二年正月。
〔註20〕《舊五代史》卷137，《外國列傳第一》。
〔註21〕《資治通鑑》卷269、卷270，貞明三年三月至八月。

數尺，契丹人馬無食，死者相屬於道……乃北歸。」〔註22〕此後近七年，契丹不敢輕易大舉入寇。

後唐明宗天成三年（928）五月，契丹發奚軍萬騎入犯，以援據定州反叛的王都。王都與契丹軍聯合，與後唐軍戰於曲陽（今河北曲陽縣）。後唐軍「奮檛揮劍，直衝其陣，大破之，僵屍蔽野，契丹死者過半，餘眾北走，（王）都與禿餒得數騎，僅免。盧龍節度使趙德鈞邀擊契丹，北走者殆無子遺。」七月壬戌，「契丹復遣其西長惕隱將七千騎救定州，王晏球逆戰於唐河北，大破之，甲子，追至易州。時久雨水漲，契丹為（後）唐所俘斬及陷溺死者，不可勝數」；「契丹北走，道路泥濘，人馬饑疲，入幽州境。八月，壬戌，趙德鈞遣牙將武從諫將精騎邀擊之，分兵扼險要，生擒惕隱等數百人；餘眾散投村落，村民以白梃擊之，其得脫歸國者不過數十人。」禿餒及契丹軍二千人於次年二月定州城破被殲，禿餒被送至大梁（河南開封），斬於市。「自是契丹沮氣，不敢輕犯塞。」〔註23〕這一戰大壯中原王朝軍威，大挫契丹入寇野心。《新五代史》評論說：「契丹自中國（中原）多故，強於北方，北方諸夷無（論）大小皆畏伏，而中國之兵遭契丹者，未嘗少得志。自晏球擊敗禿餒，又走惕隱，其餘眾奔潰投村落，村落之人以鋤耰白梃所在擊殺之，無復遺類。惕隱與數十騎走至幽州西，為趙德鈞擒送京師。明宗下詔責誚契丹。契丹後數遣使至中國，求歸惕隱等，辭甚卑遜，（後唐）輒斬其使以絕之。於是時，中國之威幾於大震，而契丹少衰伏矣。」〔註24〕此後多年，契丹不但不敢輕犯塞，還遣使入貢。

後唐時契丹雖屢次犯邊，但多淺嘗輒止，沒有深入為寇，其故何在？史書將此歸功於投奔契丹並得到契丹主重用，以為謀主的幽州人韓延徽。韓延徽曾致書晉王，以老母為託，並說「延徽在此，契丹必不南牧。」其實，契丹不敢深入為寇的真正原因是晉（後唐）兵力強盛，曾多次給予入寇的契丹軍以沉重的打擊，令其有來無回，使之心有餘悸，故只能乘虛而入，知難而退。史評家胡三省也認為：「莊宗之世，契丹圍周德威，救張文禮，曷嘗不欲深入為寇哉！晉之兵力方強，能折其鋒耳，豈延徽之力邪！」〔註25〕

〔註22〕《資治通鑒》卷271，龍德元年十月、十一月；龍德二年正月。
〔註23〕《資治通鑒》卷276，天成三年五月至八月。
〔註24〕《新五代史》卷46，《王晏球傳》。
〔註25〕《資治通鑒》卷269，貞明二年十二月，胡三省注。

後周朝，契丹多次寇邊，都受到堅決有力的打擊。廣順三年（953）正月，契丹寇定州，圍義豐軍。定和都指揮使楊弘裕「夜擊其營，大獲，契丹遁去。又寇鎮州，本道兵擊走了。」〔註26〕因此，儘管後周軍隊展開對南唐的大規模的軍事征討，契丹軍亦欲乘虛而入，但終不敢深入寇掠。

（三）和約的訂立與友好關係的維持

以支付一定數量的錢物為物質條件，與邊疆（主要是北方）民族締結和約，維持友好關係，亦即所謂「和親」，常常是制約邊疆民族入犯的有效辦法。漢與匈奴，唐與吐蕃的「和親」及其後宋與遼的「澶淵之盟」，均是例證。雖然「和親」和盟誓不可能完全消弭邊疆強盛民族的入寇，但卻可以在很大程度上制約其南下。畢竟，邊疆民族也講求信用，如沙陀貴族李克用曾說，「失信於部落」是「自亡之道」，〔註27〕同時也貪圖中原王朝的物質利益，不願入犯冒風險而失去既得豐厚利益。

後唐末年，清泰帝李從珂在位。他擔心邊將石敬瑭會利用雄厚的兵力反叛奪其皇權，曾問計於大臣。呂琦認為，河東石敬瑭如有異志，必結契丹為援；契丹因為耶律倍（阿保機長子，時任契丹主耶律德光之兄，因繼位不成投奔後唐）在後唐朝任職，加之不少契丹酋長被俘羈留於後唐，故有與後唐「和親」之意，建議將被俘的萷剌等遣返，與契丹訂立和約，歲以禮幣約值十餘萬遺之，契丹必歡然承命。如此，則石敬瑭雖欲反叛，契丹也未必會出兵相助。端明殿學士、給事中李崧、計相（三司使）張延朗也贊同此策，認為依此而行，可省邊防費用十分之九，計無便於此者。清泰帝起初亦以為然，後受樞密直學士薛文遇的影響，以為「以天子之尊，屈身奉夷狄，不亦辱乎！又，虜若循故事求尚公主，何以拒之？」改變了主意。呂、李等主張「和親」之臣受到斥責貶逐，「自是群臣不敢復言和親之策。」〔註28〕其實，如果清泰帝當時真的與契丹訂立和約，也許歷史將會被改寫。

後晉立國後，「以德光有援助之力，歃血為盟，結為父子，約歲輸絹十三萬匹（按，諸史多記為三十萬匹），割雁門已（以）北及幽州所屬縣並隸番（契丹）界。」〔註29〕與契丹訂立了和約，約定以「父子」關係作為處理兩國關

〔註26〕《資治通鑑》卷291，廣順三年正月。
〔註27〕《舊五代史》卷137，《外國列傳第一》。
〔註28〕《資治通鑑》卷280，天福元年三月。
〔註29〕《五代會要》卷29，「契丹」條。

係的準則。從此，「子」承「父」命，「父」不犯「子」，和睦共處。終後晉高祖石敬瑭在位的七年間，契丹基本上遵守和約，沒有大舉寇邊記錄，即使後晉收容契丹的一些反叛分子或民族、部落，惹怒了契丹，契丹也只是遣使責讓，沒有興師動眾入犯；割據一隅的南唐等國企圖以刺殺入後晉境的契丹使者以挑動後晉與契丹的對立，以及安重榮等節度使殺害契丹使者以激化後晉與契丹的矛盾，從而激發契丹入寇，也沒能如願。

後晉與契丹訂立和約，以「父」事之，在史學界曾受到一些學者的詬病，認為有失民族氣節，有損民族尊嚴。如果我們不是歷史地看問題，確實容易支持這種觀點，將後晉與契丹的和約視為「屈辱」之約，有損尊嚴，但歷史地看，歷經唐末五代多年的戰爭，中原王朝已極度虛弱；反之，契丹族卻正處於鼎盛時期，士馬精強，吞噬四鄰，戰必勝，攻必取，割中原之土地，擄漢族之民眾；其君智勇過人，其臣上下輯睦，牛羊蕃息，國無天災；而且，自遼天顯元年（926）滅渤海國後，契丹「得地五千里，兵數十萬」，〔註30〕實力更加雄厚了。在「敵」強我弱的形勢之下，後晉沒有與契丹抗衡的資本，用胡三省（文定公）的話說，後晉「公卿不同謀，將帥有異志，君德荒穢，民力困竭，乃與虜鬥，何能善終？」〔註31〕既然如此，雖付出一定代價，與之訂立和約，友好相處，使雙方邊境之民得以休息，猶勝於與之敵對而又不能使之屈服，徒受其喪師失地、勞民傷財無窮之害。這是後晉統治者堅持與契丹媾和的重要原因。和約換來了多年的和平。

後周建國後，為了集中軍力統一南方，也曾考慮通過與契丹訂立和約使其不致南寇，遣使至契丹，「約歲輸錢十萬緡」，〔註32〕以為雙方弭兵條件。遺憾遭到北漢王朝的破壞。

學術界有一種觀點，認為中國古代邊疆少數民族的南下寇掠是由自然原因造成的，即諸如嚴寒、牲畜瘟疫等自然災害，破壞了邊疆民族生存的基本條件，迫使邊疆民族鋌而走險，進入中原地區寇掠。但筆者考察唐末五代半個多世紀契丹族的頻頻南下寇掠，卻絲毫找不到自然因素的影響。在當時，契丹國「牛羊蕃息，國無天災」；後梁龍德元年（921）十一月，鎮州、定州反叛，勾引契丹入寇。述律后表示反對出兵，她說：「吾有西樓羊馬之富，其

〔註30〕《遼史》卷38，《地理志二》。
〔註31〕《契丹國志》卷2，《太宗嗣聖皇帝上》。
〔註32〕《資治通鑑》卷290，廣順元年四月。

樂不可勝窮也，何必勞師遠出以乘危徼利乎？」〔註 33〕顯然，自然災害不是契丹頻頻南寇的原因。

唯物史觀告訴我們，事物的發展變化是由其內因與外因綜合作用的結果，外因是變化的條件，內因是變化的依據。本文所述五代時期中原連綿的內戰、漢族軍閥、將領的招引、中原王朝的挑釁等等，都只是契丹入寇的表層因素，即外因；契丹頻繁南寇，還有更深刻的內因，即經濟因素。

唐末五代時期，契丹族在耶律阿保機的統治之下，剛由原始部落制過渡到奴隸制（同時受到漢族封建制的影響，迅速向封建制轉化），建立了國家，農業經濟也由於大量漢人爲躲避戰亂流入契丹境內而獲得發展。在這樣的歷史背景下，契丹統治者渴求土地、人口及物質財富。「這表明，契丹內部生產得到發展，狩獵和畜牧所提供的單純產品，已不能滿足他們的需要，因而用交易和掠奪兩手來得到內地的農產品和手工業產品，以滿足其生活、生產的需求。」〔註 34〕而寇掠又可比貿易更容易更快捷地滿足欲望。這是契丹主頻頻發兵南寇的眞正動因。後唐朝，契丹統治者就向後唐使者索要「大河之北」，作爲不發兵南侵的條件；〔註 35〕石敬瑭爲求得契丹的軍事援助，以割讓十六州土地（連同土地上的人口）及輸送鉅額歲幣爲代價，也是迎合了契丹統治者的欲求；契丹軍南犯，不僅擄掠財物，也驅使大量漢族人口及各類牲畜北去。但僅有這一內因，而沒有中原漢族封建政權衰弱，國家分裂，內戰不休這樣的外因，契丹軍南寇也未必會成爲現實。

由此可見，維護統一，防止分裂，建設繁榮富強的國家，努力提高國民的生活水平，搞好各民族的團結，鞏固國防，是邊境安寧、社會和諧，人民安居樂業的重要保證。

〔註 33〕《契丹國志》卷 1，《太祖大聖皇帝》。
〔註 34〕陶懋炳：《五代史略》，人民出版社 1985 年版，第 206～207 頁。
〔註 35〕《契丹國志》卷 1，《太祖大聖皇帝》。

十六、五代時期統治者奢侈生活述論

摘　要

　　奢侈是五代時期統治階級生活作風上的一大特色。他們熱衷於營建豪華的殿堂居室，裝飾令人眩目的生活環境，追求別致的服飾、飲食，沉迷於靡麗的聲色娛樂，此外還有多方面的奢侈揮霍。對封建帝王奢侈生活方式的向往與傚仿；南方相對安定的局勢及富裕的經濟；統治者生長於富貴環境，不知稼穡之艱苦及最高統治者的「示範」及慫恿，是這時期統治階級奢侈之風熾盛的主要原因。五代時期統治者的奢侈生活造成了多方面的惡劣影響，不僅是政治腐敗的根源，還是一些政權或民族衰亡的誘因。

關鍵詞：五代；統治者；奢侈；影響

　　五代是一個戰亂頻繁，社會動盪，經濟凋敝，民不聊生的時期；亦是統治者在激烈爭奪，殘酷殺戮的同時過著極端奢侈的生活的時期。對未爲學者關注的五代時期統治者的奢侈生活略作考察，探尋其奢侈生活的成因及其影響，對於我們深入認識五代時期的歷史，彌補學術界在這方面研究的不足，都是有意義的。

一、五代時期統治者奢侈生活的表現

　　五代時期統治者的奢侈生活表現在眾多方面：

　　1、營造豪華的殿堂居室。大興土木，廣建離宮別館，是五代時期統治者，尤其是周邊割據政權統治者常見的奢侈行爲，多見於各政權的「守成者」。他們不像開基創業的父祖那樣忙於征戰，急於凝聚人心；在軍事活動減少，政局暫時穩定之後，在將領、大臣、親信們的簇擁、吹捧之中，以帝王自居的這些「守成」者們，便大多把注意力聚焦於離宮別館上。他們不僅徵調大量農夫，勞民傷財，廣事興建；而且極力追求宮殿的豪華氣派，數量眾多。《十國春秋》載：閩國第一代君主王審知在位時，還是「府舍皆庳陋」；然而，自第二代君主嗣王王延翰始，「眾建離宮別館」，「跨城西西湖築室十餘里，號曰水晶宮」。〔註1〕閩惠宗依然無志於政治而熱衷於興建。他先作寶皇宮，「極土木之盛」；他寵幸宮人李春燕，爲之築東華宮，「以珊瑚爲梲楡，琉璃爲櫺瓦，檀楠爲梁棟，眞（珍）珠爲簾幕，範金爲柱礎」，〔註2〕一宮之作即動用民夫萬人。總之，他在位十年中，「大作宮殿，所費不貲」。〔註3〕閩康宗王繼鵬在位，「作紫微宮，飾以水晶，土木之盛倍於寶皇宮」；〔註4〕他依然寵幸李春燕，且立爲皇后，「別造紫微宮爲皇后遊幸之所，土木之盛逾於東華（宮）」。〔註5〕閩國最後一位統治者天德帝王延政雖在位時間不過3年，也是「宮室臺榭，崇飾無度」。〔註6〕楚國文昭王馬希範在位，「大興土木，建天策府於長沙城西北，作天策、光政等一十六樓，天策、勤政等五堂，極棟宇之盛，欄檻皆飾以金玉，塗壁率用丹砂，凡數十萬斤；地衣，春

〔註1〕《十國春秋》，第1321～1322頁。
〔註2〕《十國春秋》第1361頁，注引《金鳳外傳》。
〔註3〕《十國春秋》，第1325～1326頁。
〔註4〕《資治通鑒》，第9172頁。
〔註5〕《十國春秋》，第1361頁。
〔註6〕《十國春秋》，第1386頁。

夏以角簟，秋多以木棉爲之」；又「作九龍殿，刻沉香爲人龍，飾以金寶；各長百尺，抱柱相向，作趨捧之勢」；「又建會春園嘉宴堂、金華殿，其費鉅萬」。〔註7〕前蜀後主在建築宮殿的數量及豪華程度上毫不遜色於閩、楚兩國之君。據載：後主王衍「命宣華苑內延袤十里，構重光、太清、延昌、會眞之殿，清和、迎仙之宮，降眞、蓬萊、丹霞、怡神之亭，飛鸞之閣，瑞獸之門，土木之功窮極奢巧」。〔註8〕在割據政權中，宮殿建築之奢華程度最令人咋舌的，大約當數割據於嶺南的南漢國。南漢國幾位君主都致力於土木工程，所建宮殿不僅數量眾多，而且每一構件都力求華美而所費不惜。史載南漢高祖劉龑「暴政之外，惟以治宮殿爲務。故作昭陽諸殿、秀華諸宮，皆極環麗。昭陽殿以金爲仰陽，銀爲地面，簷楹榱桷亦皆飾之以銀，殿下設水渠，浸以珍珠。又琢水晶、琥珀爲日月，列於東西二樓之上，……其餘宮室殿宇悉同之」；〔註9〕史又載他「晚年作南薰殿，柱皆通透刻鏤，礎石各置爐燃香，有氣無形」。〔註10〕南漢中宗劉晟「作離宮千餘間，飾以珠寶」。〔註11〕建有千餘宮殿或許有些誇張，但爲數不少當爲事實。後主劉鋹「又踵父之奢縱，立萬政殿，飾一柱凡用銀三千兩。又以銀爲殿衣，間以雲母，無名之費日有千萬」。〔註12〕

受最高統治者的影響，許多大臣也極力追求家室住宅的豪華。南唐大臣江文蔚在給皇帝的彈劾奏疏中就指斥權臣魏岑「營建大第，廣役農夫，孽子之居，過於內殿，亭觀之侈，逾於上林」。〔註13〕毫無戰功、僅憑家世而得拜大將軍（神衛統軍都指揮使）的皇甫繼勳，「名園甲第，冠絕金陵」。〔註14〕吳越國杜昭達也「盛治第宅」。〔註15〕

2、裝飾眩目的生活環境。統治者除把大量勞動力及錢財花費在土木建築方面外，還把無數錢財耗費在生活環境的裝飾上，力求把人間點綴成「天堂」。如閩惠宗「謁（太后）黃氏家廟，田鋪緹錦，木被彩繪，因名里曰錦

〔註7〕 《十國春秋》，第955～956頁。
〔註8〕 《十國春秋》，第537頁。
〔註9〕 《五國故事》（下）。
〔註10〕 《十國春秋》，第847～849頁。
〔註11〕 《資治通鑒》，第9376頁。
〔註12〕 《五國故事》（下）。
〔註13〕 《十國春秋》，第352頁。
〔註14〕 《十國春秋》，第340頁。
〔註15〕 《十國春秋》，第1228頁。

里，驛曰錦田，居曰錦第，溪曰錦溪，墓院曰錦溪院。」〔註16〕吳越國統治者在五代時期割據政權統治者中是相對較有作爲，生活作風較廉潔的，但有時候也有奢侈表現，把大量錢財花費在山水的點綴之上。究其主觀原因，一是炫耀富豪，二是安慰權位之爭的失意宗親。如吳越國王錢鏐，「親巡衣錦營，大會賓客，山林樹木，皆覆以錦幄」。〔註17〕錢俶繼位後，爲安慰被軍將兵變廢黜的兄長、原吳越國王錢弘倧，錢俶「繕園圃亭苑，花卉山石以娛之，歲時供饋甚厚」，〔註18〕希望以此換取兄長對權位的放棄。前蜀國後主王衍曾「以繒彩數萬段結爲彩樓，山上立宮殿、臺閣，一如居常棟宇之制」；「又別立二彩亭於山前，列以金銀錡釜之屬，謂之『當面廚』。彩山之前，復穿一渠以通其宮中，使宮人乘畫船，倒執蠟炬千餘條逆照水面，以迎其船……彩樓山遇風雨霜雪所損，乃重易之，無所愛惜」。〔註19〕後蜀國開國之主孟知祥晚年也專務奢侈，「寢室常設畫屛七十張，關百紐而合之，號曰幱宮。又有煌明帳，色淺紅，類鮫綃，於縐文中具十洲三島之象，夜則燦爛如金箔，施之大小床皆稱」。〔註20〕後主孟昶也受其父奢侈作派的薰染，「中歲稍稍以侈靡爲樂，常命一梳織成錦被，凡三幅帛，上鏤二穴，名曰鴛衾。又以芙蓉花遍染繒爲帳幔，名曰芙蓉帳。至溺器皆以七寶裝之。每臘日，內官各獻羅體圈金花樹，所費不貲」；〔註21〕又「常於羅城上遍植芙蓉，每至秋間，四十里盡鋪錦繡，高下相照」。〔註22〕一些宗室大臣雖限於財力，無能力大範圍點綴環境，但對某些生活設施的奢侈裝飾也時有所見。如，吳越國外戚孫承祐，身居要職，受寵無比，「用龍腦煎酥製小樣驪山，復千金市石綠一枚，製爲博山香爐峰，尖上作一暗竅出煙，呼曰『不二山』。」〔註23〕楚國功臣、都軍判官高郁，頗尚奢侈，「常以所居井不甚清澈，思所以澄汰之，乃用銀葉護其四方，自內至外皆然，謂之『拓襄』」。〔註24〕

3、追求別致的服飾飲食。史載閩國宗室王延彬「性豪華，巾櫛冠履必日一

〔註16〕《十國春秋》，第 1358 頁。
〔註17〕《十國春秋》，第 1068 頁。
〔註18〕《十國春秋》，第 1151 頁。
〔註19〕《五國故事》（上）。
〔註20〕《十國春秋》，第 741 頁。
〔註21〕《十國春秋》，第 742 頁。
〔註22〕《十國春秋》，第 818 頁。
〔註23〕《十國春秋》，第 1263 頁。
〔註24〕《五代史補》卷 2，《馬希範殺高郁》條。

易，解衣後輒以龍腦數器覆之」；〔註25〕南唐大臣韓熙載「衣冠常製新格，爲當時風流之冠」；〔註26〕又載，後蜀高祖孟知祥在位時，「尙食掌食典至百卷，中有賜緋羊酒骨槽等名」。〔註27〕御廚按自古流傳下來的飲食菜譜爲其製作膳食。閩國惠宗立陳金鳳爲皇后，築長春宮居之，「數於其中爲長夜之飲」。〔註28〕大臣中不惜耗費追求飲食奢侈排場的例子更多：前蜀國趙雄武，「累典名郡，豪侈爲一時之冠，飲食不用膳夫，六局之中，各有二婢子執役，當廚者十餘輩，皆鮮衣窄袖，每延客，必水陸畢具，率以爲常」；〔註29〕吳越國大臣孫承祐「在浙日，憑藉親寵，恣爲奢侈，每一燕（宴）會，殺物命千數，家食亦數十器方下箸，設十銀鑊，構火以次薦之。常饌客，指其盤曰：『今日，南之蚱蜢，北之紅羊，東之蝦魚，西之嘉粟，無不畢備，可云富有小四海矣。』」〔註30〕孫晟是南唐宰相，對南唐政權忠貞不二，但生活卻極奢侈。「（孫）晟事烈祖二十餘年，家益豪富，每食不設几案，使眾伎各執一器，環立而侍，號『肉臺盤』，江南貴人多傚之。」〔註31〕孫晟對於南唐社會的奢靡風氣起了點火煽風的作用。在五代時期各政權中，君臣頻頻設置豪華宴席大會賓客是常見之事。

4、沉迷於靡麗的聲色娛樂。統治者，尤其是南方各國統治者，由於戰爭較少，局勢相比於中原王朝，較爲穩定，他們不是勵精求治，安邦理民，而是把心思主要集中在聲色巡遊方面，追求耳目之悅，身心之樂。後唐永平軍節度使張籛「居洛陽，擁其貲，以酒色聲伎自娛足者十餘年，人謂之『地仙』。」〔註32〕後漢王朝立國之初即遇「三叛連衡」，然而在這樣多事之秋，後漢隱帝依然「日與嬖寵於禁中嬉戲，珍玩不離側」。〔註33〕閩惠宗常與皇后宮中宴飲聚會，「每宴輒燃金龍燭數百枝環左右，光明如晝，敕宮婢數十，擎杯盤，多金玉、瑪瑙、琥珀、玻璃之屬，以次遞進，不設几筵，酒酣，裸逐嬉笑以爲樂。」〔註34〕前蜀國統治者更是惟聲色遊樂是求的典型。史載，前蜀後主不僅大建宮殿亭閣，時與諸狎客婦人嬉戲其中，爲長夜之飲；還「創爲流星輦，

〔註25〕《十國春秋》，第 1363 頁。
〔註26〕《十國春秋》，第 399 頁。
〔註27〕《十國春秋》，第 741 頁。
〔註28〕《十國春秋》，第 1360 頁。
〔註29〕《十國春秋》，第 626 頁。
〔註30〕《十國春秋》，第 1263 頁。
〔註31〕《十國春秋》，第 382 頁。
〔註32〕《新五代史》，第 522 頁。
〔註33〕《資治通鑒》，第 9456 頁。
〔註34〕《十國春秋》，第 1360 頁。

凡二十輪，以牽駿馬。又雅好蹴踘，引錦步障以翼之，往往擊毬其中，漸至街市而不知。……或樂飲繪山，陟旬不下。山前穿渠通禁中，間乘船夜歸，令宮女秉蠟炬千餘照之，水面如畫」；即使外出巡遊，也是終日宴飲，車、船裝飾極其豪奢，連隨從僕役、車船夫也「皆衣錦繡」。〔註35〕後主在位8年，就是在這樣奢侈的聲色遊幸中度過的。南唐元宗李璟，「初嗣位，春秋鼎盛，留心內寵，宴私擊鞠，略無虛日」。〔註36〕不少割據政權統治者不惟平日裏歌舞巡遊，在居喪期間也違禮越制，大事遊樂。如淮南忠武王楊行密死，其子楊渥繼位，「驕侈益甚」，居喪期間，「晝夜酣飲作樂，然（燃）十圍之燭以擊毬，一燭費錢數萬。」〔註37〕

大臣中，追求聲色園圃之樂以求大飽眼耳之福者也大有人在。吳越國宗室錢文奉，大治莊園，寄情山水，「於郡中建南園東莊，爲吳中之勝，奇卉異木，及其身見，皆成合抱。又累土爲山，亦成巖谷，延接賓旅，任其所適」；〔註38〕南唐大臣韓熙載，「後房妓妾數十人」，〔註39〕又「好聲伎，專爲夜飲，賓客猱雜，無復拘制」。後主李煜「欲見其尊俎燈燭間觥籌交錯之態度」，密遣畫家顧閎中至其第窺之，目識心記，畫下了傳世的《韓熙載夜宴圖》。〔註40〕南唐德昌宮使劉承勳，「畜伎數十百人，每置一伎，價盈數十萬，教以藝，又費數十萬，而服飾、珠犀、寶翠稱之」。〔註41〕蕭懷武仕前蜀爲小院使，「積金鉅萬，第宅伎樂爲一時冠」；〔註42〕李昊「前後仕蜀五十年，後主之世，位兼將相，秉利權，資貨歲入無算，奢侈尤甚，後堂伎妾羅綺者數百人。」〔註43〕

5、其他方面的奢侈揮霍。五代統治者不僅在上述方面大肆勞民傷財以逞己欲，在其他許多方面還恣意鋪張浪費，對錢財毫無吝嗇之意。閩主王審知死時，陵冢「悉用金玉珍寶器」。〔註44〕南唐最高統治者酷信佛教，並爲此大事花費：「元宗、後主皆佞佛，而後主尤信之，莊嚴施捨，齋設持誦，月無虛

〔註35〕《十國春秋》，第535～536頁。
〔註36〕《十國春秋》，第459頁。
〔註37〕《資治通鑒》，第8667頁。
〔註38〕《十國春秋》，第1198頁。
〔註39〕《新五代史》，第778頁。
〔註40〕《十國春秋》，第453頁。
〔註41〕《十國春秋》，第443頁。
〔註42〕《十國春秋》，第631頁。
〔註43〕《十國春秋》，第774頁。
〔註44〕《十國春秋》，第1314頁。

日。宮中造寺十餘，都城建塔創寺幾滿，廣出金錢，募民為僧，所供養逾萬人，悉取於縣官（朝廷），不計耗竭。上下狂惑，國是日非」。〔註45〕趙王王鎔不僅「治府第園沼，極一時之盛」，還「好事佛及求仙，專講佛經，受符籙，廣齋醮，合煉仙丹，盛飾館宇於西山，每往遊之，登山臨水，數月方歸，將佐士卒陪從者常不下萬人，往來供頓，軍民苦之。」〔註46〕酷信佛教並且為建造佛寺為供奉僧侶而不惜花費的，還有閩、吳越、南漢等國統治者。

　　應該指出，五代時期統治者中的奢侈並非個別現象，而是具有一定的普遍性。如史家曾指出：「時湖南（馬氏楚國）豪靡侈汰，上下成風」；〔註47〕南唐烈祖李昇在位時，朝中大臣皆「以豪侈相尚，利於廣聲色」。〔註48〕前蜀國在王建統治的時期，「臣僚尚權勢，侈敖無節」；〔註49〕至後主王衍繼位後，上有所好，下更甚焉，所謂「諸王、功臣已（以）下，皆各置林亭，異果名花充溢其中」。〔註50〕《新五代史》亦謂「是時，（前）蜀之君臣皆庸暗，而恃險自安，窮極奢僭」。〔註51〕後蜀時，也是「君臣務為奢侈以自娛，至於溺器，皆以七寶裝之」。〔註52〕

二、五代時期統治者奢侈生活的成因

　　何以在五代這樣一個戰爭頻仍，社會動蕩，經濟衰敗的時代，統治者不是注重開源節流，採取有效措施恢復發展生產，與民休息，卻競相奢侈揮霍，勞民傷財，過著醉生夢死一般的靡爛生活？這是一個值得思考的問題。依筆者愚見，造成五代時期統治者生活奢侈腐化的主要原因是：

（一）割據統治者對封建帝王生活方式的極力仿傚

　　封建帝王擁有至高無上的地位與權力，也擁有用之不竭的錢財。因而，除少數勵精圖治者尚能保持較廉潔樸素的生活作風外，大多追求奢侈的生活方式，一方面是為了滿足其難填欲壑；另一方面則是以此炫耀富豪和無窮的

〔註45〕《十國春秋》，第 357 頁。
〔註46〕《資治通鑒》，第 8859 頁。
〔註47〕《十國春秋》，第 1009 頁。
〔註48〕《十國春秋》，第 347 頁。
〔註49〕《十國春秋》，第 621 頁。
〔註50〕《十國春秋》，第 719～720 頁，引《野人閒話》。
〔註51〕《新五代史》，第 284 頁。
〔註52〕《新五代史》，第 805～806 頁。

權威。如，禮制規定，宮殿爲帝王所居，成爲帝王身份的象徵，也是權力的標誌。故廣建豪華宮殿是許多帝王的共同特徵之一；又如，禮制賦予皇帝擁有眾多妻妾嬪御的特權，因而，帝王掖庭之中美女如雲又是歷史上許多帝王的常見現象。五代時期，天下大亂。許多軍閥擁有一定勢力之後，便割據一方，稱王稱帝起來。既已稱帝王，就必然要仿傚歷史上帝王的生活作風，大興土木，營建宮殿，廣搜民女以充掖庭。五代初期，劉仁恭只是盧龍節度使，卻不能安於本份，朝思暮想要仿傚篡唐建立後梁王朝做了皇帝住上了宮殿擁有了千百嬪妃的後梁太祖朱全忠，也稱帝於燕京（今北京）一隅。他「驕侈貪暴，……其揀宇壯麗，擬於帝者。選美女實其中。與方士煉丹藥，求不死」。〔註53〕南漢統治者就將其奢侈生活與隋煬帝相比照，認爲自己在奢侈生活上超越了隋煬帝，因而充滿了「自豪感」。史載，南漢高祖劉龑「性好奢侈……顧左右曰：『隋煬帝論車燒沉水，卻成麤疏，爭似我二十四具藏用僊人，縱不及堯、舜、禹、湯，亦不失作風流天子。』」〔註54〕馬楚衡陽王馬希聲繼位後，「常聞（後）梁太祖嗜食雞膜，私心慕之，命庖人日烹五十雞以供膳」。〔註55〕帶著大臣、嬪妃四出巡幸遊覽是歷史上許多帝王的生活方式之一。五代時期的不少割據統治者也極力仿傚之，尤其是前蜀後主最具典型，常常遊宴於貴臣之家，或周覽近郡名勝，如丈人觀、金華觀、三學山諸地，並飲酒賦詩，所費不貲。總之，各國統治者一旦稱帝，便一切仿傚歷史上的帝王所爲，從年號的使用、君臣的稱謂、居室的形制、服飾飲食等等，一無例外。如閩國嗣王王延翰，於後唐同光四年（926）十月「自稱大閩國王，立宮殿，置百官，威儀文物皆擬天子制，群下稱之曰殿下」，又「多取民間女充後庭，採擇不已」，〔註56〕處處可見對封建帝王生活方式的模仿與追求。當時，在不少割據政權中，都有一些正直、廉潔的大臣批評其主奢侈逾制，與禮制所規定的王侯身份不符，規勸他們遵守禮制規範，但大多不被重視，原因就在於這些被中原王朝冊封爲「王」的割據者，實際上並不滿足於「王」的禮制規定的待遇，而一切向至高無上的「天子」看齊。像楚大臣徐仲雅就「語及公府制度，奢僭太過，引典故以規正之，文昭王爲首肯，而卒不能用」。〔註57〕又據《資治

〔註53〕《資治通鑒》，第 8671 頁。
〔註54〕《十國春秋》，第 849～850 頁。
〔註55〕《十國春秋》，第 949 頁。
〔註56〕《十國春秋》，第 1321～1322 頁。
〔註57〕《十國春秋》，第 1009～1010 頁。

通鑑》記載，楚王馬希範好奢靡，遊談者共誇其盛。荊南國主高從誨十分嚮往，對僚佐說：「如馬王可謂大丈夫矣。」大臣孫光憲進諫說：「天子諸侯，禮有等差。彼乳臭子驕侈僭忕（奢），取快一時，不爲遠慮，危亡無日，又足慕乎！」高從誨聞之覺悟，說：「公言是也。」〔註58〕可見，禮制的約束，使他在滑向奢侈的道路上懸崖勒馬；然而，五代時期，許多割據者（包括部分將帥）已不把禮制放在眼裏，如後唐將領毛璋，「累歷藩鎮，又在華州得魏王繼岌伐蜀餘貲，既富而驕，益爲淫侈。嘗服赭袍飲酒，使其所得蜀妓爲王衍宮中之戲於前」，汲汲然要過把「皇帝癮」。〔註59〕也正因爲如此，故一些割據統治者，原來生活作風儉樸，但到晚年，當他們以「皇帝」自居時，便變得生活奢侈起來（像孟知祥、王審知、王建均如此）；而另一些割據政權統治者，在私下裏生活極儉樸，而在大庭廣眾之下又講排場，求奢侈（像吳越國王錢鏐），其「奧妙」即在此。這是五代時期統治者生活奢侈的主觀因素。

（二）相對安定的局勢，富裕的經濟

這是五代時期統治者生活奢侈的客觀因素。

總觀此時期統治者的生活狀況，中原地區統治者生活奢侈者較少，而周邊割據政權統治者多。何故？其故與政治形勢與經濟狀況相關。中原地區，自唐中後期始，歷整個五代，一直處於連綿不斷的戰爭之中，局勢極度動蕩，統治者爲軍政之事忙得焦頭爛額，精神之弦繃得緊緊的，時刻憂慮地位、權力不保。正因爲局勢極動蕩，因此，中原五個朝代祚運都不長，或十餘年，或三四年。另外，無休止的戰爭嚴重破壞了中原地區的經濟，大量青壯年得從軍作戰，或戰死沙場，大片田地荒蕪，國家財政收入困難，常常不得不對百姓進行敲骨吸髓的盤剝。儘管如此，財政困難仍然是困撓中原王朝統治者的重大問題。許多時候，官吏需要減俸，將士得不到應有的賞賜，以至一些君主的統治無法維持下去（像後唐莊宗失去皇位及性命，就由於經濟困難導致將士不滿而嘩變）。在這樣的政治、經濟形勢之下，統治者難以追求奢侈的生活；即使偶見奢侈者，也是在局勢稍定之時。如後晉出帝自陽城之捷給予契丹軍隊重創，使之南侵囂張氣焰稍斂之後，「謂天下無虞，驕侈益甚。四方貢獻珍奇，皆歸內府；多造器玩，廣宮室，崇飾後庭，近朝莫之及；作織綿樓以織地衣，用織工數百，期年

乃成」，並且對優伶大事賞賜。〔註60〕局勢稍定，加之四方的貢獻，使統治者奢
侈生活有了可能。相比較中原王朝而言，周邊割據政權統治地區，戰爭較少，
雖然像南漢、閩、楚等國都不時發生內亂，但歷時短，旋踵而定，故局勢較安
定。許多割據政權，儘管其君庸劣，也多維持數十年以至半個世紀的存在。此
外，各割據政權由於局勢較安定，經濟得到了發展，統治者搜刮了鉅額的財富。
例如，史載，南漢建國之後，「（趙）光裔為相二十餘年，府庫完實」。〔註61〕
南漢國主劉龑就喜歡炫耀其國之富有，「嶺北商賈至南海者，多召之，使升宮殿，
示以珠玉之富」。〔註62〕馬楚政權重視發展工商業，採取「關市無徵」的利商政
策，使四方商旅聞風輻湊；又自鑄鐵錢，流行境內，使「商旅出境，無所用錢，
輒易他貨去，故能以本土所餘物，易天下百貨，國以富饒」；還「令輸稅者以帛
代錢」，使原來「不事桑蠶」的湖南地區「由是機杼大盛」；〔註63〕「馬氏富強，
雄於列國」；〔註64〕南唐「自楊氏建國，撫有江淮，比他國最為富饒，山澤之利，
歲入不貲」；加之南唐烈祖李昪勵以節儉，一金寸物不妄費，故「其積如山」。
〔註65〕南唐大臣史虛白也曾說：「中原方橫流，獨江淮豐阜，兵食俱足」。〔註66〕
閩國自王潮（王審知兄）入閩，即注重招集流移，發展生產，在泉洲「招懷離
散，均賦繕兵，吏民樂之」；略定閩地後，又「還流亡，定租稅，勸課農桑，交
好鄰道，保境息民，人皆安焉」。〔註67〕王潮死後，弟王審知「寬刑薄稅，公私
富實，境內以安」；又「大濬候官縣西湖，廣至四十里，灌民田無筭」；〔註68〕
又「招來海中蠻裔商賈，資用以饒」。〔註69〕宋人錢昱在《忠懿王廟碑》文中稱
王審知治閩期間（近 30 年），「贍水陸之產，通南北之商。鑄銅於蜀山，積粟於
洛口者，不足言其富也；連臨淄之袂，投汨河之篲者，不足言其庶也」，〔註70〕
雖有誇張，但閩國的富庶當非虛構。蜀地在和平安定局勢下，經濟發展水平更

〔註60〕《資治通鑒》，第 9296 頁。
〔註61〕《十國春秋》，第 888 頁。
〔註62〕《新五代史》，第 812 頁。
〔註63〕《十國春秋》，第 942～943 頁。
〔註64〕《十國春秋》，第 971 頁。
〔註65〕《十國春秋》，第 442～443 頁。
〔註66〕《十國春秋》，第 417 頁。
〔註67〕《十國春秋》，第 1299～1300 頁。
〔註68〕《十國春秋》，第 1310 頁。
〔註69〕《十國春秋》，第 1319 頁。
〔註70〕《十國春秋》卷 90 注引，第 1317 頁。

高，「時百姓饒富」，「斗米三錢，國都子弟不識菽麥之苗，金幣充實，弦管歌誦盈於閭巷，合筵社會晝夜相接」。〔註71〕由於朝廷府庫充實，君主對大臣也就格外慷慨，如王昭遠時任通奏使、知樞密院事，「府庫金帛恣其所取不問」。〔註72〕

在局勢相對安定，經濟發展，府庫充實，而各國又勢均力敵，統一不可能實現的客觀形勢下，許多割據統治者失去了其父、祖勵精圖治之志，成為欲望的「俘虜」，沉湎於奢侈生活之中而迷途不返。

（三）生長於富貴環境，不知民眾之疾苦、稼穡之艱難

縱觀五代歷史，我們發現，各政權的開國之主大多能勵精求治，生活作風較儉樸，極少生活奢侈者；追求奢侈放蕩生活方式的，多是他們的後裔。何故？這是因為，各政權開國之主大多自社會底層崛起，備嘗艱苦，深知民眾生活之不易，因而多能保持節儉本色。如後周開國之主郭威就曾對大臣說：「朕起於寒微，備嘗艱苦，遭時喪亂，一旦為帝王，豈敢厚自奉養以病下民乎！」對四方所貢獻之珍美食物「下詔悉罷之」。為表示其戒絕奢侈之決心，他還「悉出（後）漢宮中寶玉器數十，碎之於庭」；「仍戒左右，自今珍玩悅目之物，無得入宮」。〔註73〕閩國開國之主王審知亦然。他「起盜賊，而為人儉約，常衣紬袴（褲）敗，乃取酒醋袋而補之。一日，有使南方回者，以玻璃瓶為獻，太祖（王審知）視玩久之，自擲於地，謂左右曰：『好奇尚異，乃奢侈之本，今沮之，俾（使）後代無為漸也。』」〔註74〕但事與願違，無論這些開國之主本身如何節儉，如何告誡後裔、大臣切戒奢侈，然而，生長於富貴環境之中，不知民生艱苦、財富來之不易的後繼統治者，面對搜刮自民眾的鉅額錢財，他們還是無可挽救地滑向奢侈的深淵。

前蜀後主王衍一改乃父王建廉潔作風，恣為奢侈，大事揮霍。有大臣上書勸諫，一針見血地指出：「先帝（王建）艱難創業，欲傳之萬世。陛下少長富貴，荒色惑酒……」〔註75〕五代一詩僧曾作《公子行》一詩譏諷這種現象：「錦衣鮮華手擎鶻，閒行氣貌多輕忽。稼穡艱難總不知，五帝三皇為何物？」既生長於富貴環境，又對歷史上的有為之君一無所知，其胸無大志，

〔註71〕《十國春秋》，第718～719頁。
〔註72〕《十國春秋》，第828頁。
〔註73〕《資治通鑒》，第9454～9456頁。
〔註74〕《十國春秋》，第1319頁。
〔註75〕《資治通鑒》，第8938頁。

追求生活之奢侈實屬必然。事實正是如此。如成德節度使、趙王王鎔,「自恃累世鎮成德,得趙人心,生長富貴,雍容自逸,治府第園沼,極一時之盛,多事嬉遊,不親政事」。〔註76〕吳越國功臣杜建徽歷仕四主,「子孫兄弟朱紫盈門」,其本人性尚儉素,導從不過數人,財物多散鄉里親族;然而至其孫杜昭達為內牙都指揮使時,則「盛治第宅」,使家風由儉轉奢。杜建徽憂慮地說:「乳臭子,不諳事乃爾!」。其後杜昭達果以罪被誅。〔註77〕岐王李茂貞之子李從昶,「生於紈綺,少習華侈,以逸遊讌(宴)樂為務」。〔註78〕皆屬此類。

(四)最高統治者的「示範」及慫恿

五代時期的統治者,由於多屬「僭偽」割據,其王位帝位多是憑武力爭奪而得,因此,他們稱王稱帝後,一方面自身過著驕奢淫逸的腐朽生活,另一方面為了取得大臣、將領的認可和支持,必然也默許甚至慫恿他們的奢侈生活。例如,廣政二十二年(959),後蜀後主以宰相李昊領武信軍節度使。右補闕李起言:宰相無領方鎮之制。後主說:「昊家多冗費,以厚祿優之耳。」〔註79〕後主打破慣例,讓宰相兼領節度使,領取雙份俸祿,目的在於使寵臣奢侈生活有保障。又如吳越國大臣孫承祐,忠懿王錢俶「納其女為妃,因擢處要職,累遷浙江東道鹽鐵副使、鎮海鎮東兩軍節度副使、知靜海軍節度事」,後又為中吳軍節度使,不僅一身數職,且所任多為「肥缺」,還把大量奢侈品賞賜於他,故史籍指出孫承祐是「憑籍親寵,恣為奢侈」。〔註80〕更離奇的是,南唐烈祖李昇竟「召文武官觀內藏,命隨意取金帛以去,百官重載歸」。〔註81〕在五代歷史上,因為「專恣」即損害皇(王)權而受處罰打擊者有之,而因生活「奢豪」而受處罰打擊者則極罕見。

再從心理角度分析考察,一些將相大臣雖然也來自社會底層,習知民間疾苦與艱辛;但他們乘時際會,躋身統治階層,根本目的就是要脫離貧窮,追尋「富貴」。因此,一旦地位、權利到手,錢財來之容易,又缺乏約束機制,他們便以奢侈生活滿足其潛藏既久的「富貴」之欲。如前蜀王建在位末年,「臣

〔註76〕《資治通鑒》,第8859頁。
〔註77〕《十國春秋》,第1228頁。
〔註78〕《舊五代史》,第1743頁。
〔註79〕《十國春秋》,第729頁。
〔註80〕《十國春秋》,第1263頁。
〔註81〕《十國春秋》,第327頁。

僚多尚權勢，侈敖（遊玩）無節」。〔註82〕

由於最高統治者的「示範」及慫恿，官僚隊伍的「豪奢相尚」，故使奢侈之風不僅風靡統治階層，在一些割據政權，奢侈還成爲一種較普遍的社會現象。如蜀地在前蜀國時，「時百姓饒富，夾江皆創亭榭，都人士女傾城遊玩，珠翠羅綺，名花異卉，馥鬱十里，望者有若神仙之境」；「每春三月，夏四月，多有遊花院及錦浦者，歌樂掀天，珠翠塡咽。貴門公子，華軒彩舫，共賞百花潭上。」〔註83〕

三、五代時期統治者奢侈生活的影響

五代時期統治者的奢侈生活，其危害是嚴重的。

首先，君主的奢侈導致統治者對民眾剝削的加重及對鄰國的攻掠。

吳越國王錢俶曾與大臣討論民眾勞逸問題，認爲「民之勞逸都由人君奢儉」。統治者無止境的奢侈生活，耗費了鉅額的民力和財富，而這一切，都得由民眾負擔。因此，統治者生活最奢侈的割據政權，其民眾所受的剝削也最重，其毗鄰之國也常受擄掠戰爭之摧殘。南漢統治者主要通過以下途徑獲取財富，以滿足奢侈生活所需：一是加重對境內勞動人民的剝削。史載該國「賦斂煩重，邑（州）民入城者，人輸一錢。瓊州斗米稅五錢。置媚川都於合浦縣，定其課，令入海五百尺採珠」；〔註84〕又加重對「豪民」的搜刮：史載「中官（宦官）陳延壽作諸淫巧，動糜斗金，離宮數十，帝不時遊幸，常至月餘或旬日，率以豪民爲課戶，供千人饌。」〔註85〕二是對外擴張、擄掠。如大有三年（930），交州亂，南漢命將梁克貞征之，梁克貞在攻陷交州後，「又攻佔城，掠其寶貨而回」。〔註86〕南漢統治者還把貪婪的目光轉向海上航行的中外商賈，以擄掠維持其奢侈的開支。如南漢中宗劉晟「遣巨艦指揮使暨彥贇以兵入海，掠商人金帛作離宮遊獵」。〔註87〕南漢還多次與毗鄰的楚國爭戰，目的在於擴張領土，擴大財稅來源。閩國在王潮、王審知兄弟的治理下，招集流散，發展生產，鼓勵通商，在五代時期成爲一個殷實之國；

〔註82〕《十國春秋》，第560頁。
〔註83〕《十國春秋》，第718、719頁注引。
〔註84〕《十國春秋》，第864頁。
〔註85〕《十國春秋》，第864頁。
〔註86〕《新五代史》，第813頁。
〔註87〕《新五代史》，第816頁。

但經過嗣王、惠宗、康宗的奢侈揮霍之後，國家財政困難，不得不以「納賂除官」、「以空名堂牒鬻官」等辦法來緩解財政困難的燃眉之急。又規定：「民有隱年者杖背，隱口者死，逃亡者族。果菜雞豚皆重徵之」；以至「諸州各計日籌錢，謂之身丁錢……凡江湖陂塘皆有賦」。〔註88〕吳越國同樣存在賦稅繁重，民眾負擔重的問題：「其田賦市租山林川澤之稅，悉加故額數倍」，「民苦苛斂久矣」。〔註89〕除貢奉、軍費開支外，統治者講排場，建宮殿、寺廟，亦當是其中部分。《十國春秋》在敘述了楚國文昭王的奢侈作風后接著記錄：「……用度不足，因加賦國中。王每遣使者行田，以增頃畝為功，民不勝租賦而逃。……已而命營田使鄧懿文籍逃田，募民耕藝，民舍故從新，僅能自存，自西徂東，各失其業。又聽人入財拜官，以財多少為官高卑之差，富商大賈布列在位。外官遷者，必責以貢獻為殿最。民有罪，富者輸財，強者為兵，受刑惟貧弱者而已。又置函於府門，使人投匿名書互相告詰。復用孔目官周陟議，令常稅外，大縣貢米三千斛，中縣千斛，小縣七百斛，無米輸帛以抵之。」〔註90〕

總之，由於統治者的奢侈揮霍，耗盡了財富，只得對民眾苛徵暴斂，以至賣官鬻爵，教民告訐以索賄。各割據政權一度出現的富庶景象，隨著這些奢侈之主的揮霍而好景不再。

其次，官吏的奢侈導致了政治的腐敗。

官吏的俸祿有限，而奢侈生活的開支無度。如何解決入不敷出的問題？自然是以權謀私謀利。五代歷史上，貪官眾多，正是統治者生活奢侈的必然結果。輒舉若干例即可窺見全豹：後梁末帝時，趙巖任戶部尚書、租庸使，「巖飲食必費萬錢」；與此相關聯的是，趙巖「乃占天下良田大宅，襃刻商旅，其門如市，租庸之物，半入其私」。〔註91〕後唐泰寧軍節度使、東平王房知溫，「出入以聲伎，遊嬉不恤政事」；與此同時，「知溫在鎮，常厚斂其民，積貨鉅萬」。〔註92〕後晉出帝在位期間，「君臣窮極奢侈」。出帝為養子石延熙娶晉昌軍節度使趙在禮女，「以聘幣一百五十床迎於其第」。趙在禮也謂人曰：「吾此一婚，其費十萬」。晉出帝曾幸大年莊還，置酒馬步軍都指揮使景延廣第。

〔註88〕《十國春秋》，第 1330～1331 頁。
〔註89〕《十國春秋》，第 1265 頁。
〔註90〕《十國春秋》，第 956 頁。
〔註91〕《新五代史》，第 462 頁。
〔註92〕《新五代史》，第 508 頁。

「延廣所進器服、鞍馬、茶床、椅榻皆裹金銀，飾以龍鳳」，還拿出許多帛、綿、玉鞍、犀玉、金帶等請賜從官；出帝「亦賜延廣及其母、妻、從事、押衙、孔目官等稱是」。〔註93〕君臣的奢侈，必然是政治的敗壞，民眾的遭殃。史載開運三年，「是時，河北用兵，天下旱蝗，民饑死者百萬計，而諸鎮爭爲聚斂，趙在禮所積鉅萬，爲諸侯王最。」〔註94〕景延廣任職期間也大肆以權謀私，中飽私囊。前述南唐德昌宮使劉承勳，只是一個掌管「內帑別藏」的小官吏，靠什麼「畜伎數百人」，每伎「價盈數十萬」？原來，「德昌宮簿煩委，不克盡勾校，承勳獨任其事，資用無筭。保大後貢奉日繁，愈得以爲奸利」。〔註95〕原來靠的是監守自盜，化公爲私。一些官吏則是仗權依勢強買強賣，放高利貸，私設刑獄以索取錢財，如後蜀司空兼中書侍郎、同平章事張業，「性豪侈，強市人田宅，藏匿亡命於私第，置獄，繫負債者，或歷年至有瘐死者」。〔註96〕後蜀後主在位時，「是時諸將多高祖（孟知祥）故人，事後主益驕蹇不法，務廣第宅，奪人良田，發其墳墓」。〔註97〕有些官吏的奢侈生活更是建立在公然殺人越貨的基礎之上，後唐永平軍節度使張籛即爲典型之例。〔註98〕

總之，奢侈是壞人心術的萌蘗，它使官吏貪污苛斂，使勢家豪強重索強奪，使民不聊生，社會動蕩。

此外，一些官吏爲了迎合君主的奢侈嗜好，在其職權範圍內大肆搜刮以奉上，求取個人的政治利益。如閩國福建中軍使薛文傑「性巧佞，（王）璘喜奢侈，文傑以聚斂求媚，璘以爲國計使，親任之。文傑陰求富民之罪，籍沒其財，被榜捶者胸背分受，仍以銅斗火熨之。建州土豪吳光入朝，文傑利其財，求其罪，將治之，（吳）光怨怒，帥其眾且萬人叛奔吳。」〔註99〕又如閩國禮部侍郎陳匡範，「增筭商賈數倍，務以聚斂得上心，人不堪其苦」。〔註100〕總之，只要是爲君主的奢侈生活服務，中央和地方官吏的一切胡作非爲都是允許的。楚王馬希範同樣搜刮民財以奉中原王朝統治者奢侈之欲求；他「知

〔註93〕《新五代史》，第322～323頁。
〔註94〕《新五代史》，第186頁。
〔註95〕《十國春秋》，第443頁。
〔註96〕《資治通鑒》，第9394頁。
〔註97〕《十國春秋》，第758頁。
〔註98〕《新五代史》，第522頁。
〔註99〕《資治通鑒》，第9086頁。
〔註100〕《十國春秋》，第1404頁。

帝（後晉出帝）好奢靡，屢以珍玩為獻，求都元帥」，果然心想事成。〔註101〕各割據政權為滿足君主奢侈欲求賣官鬻爵，又把一大批無能、奸詐、貪婪之徒扶上政治舞臺，弄得政治腐敗至極。在閩國，史家評論說：「閩季官匪（非）其人，任職者率寡廉鮮恥，不足道」。〔註102〕在前蜀國，賣官鬻爵也「造就」了遍地貪官，成都布衣蒲禹卿在制科對策中就直言當時「衣朱紫者咸盜跖之輩，在郡縣者悉狼虎之人。姦佞滿朝，貪淫如市」。〔註103〕南唐國，史載「時國家用事者多貪墨」。〔註104〕

再次，奢侈導致統治集團內爭加劇以至政權或民族的滅亡。

最高統治者的奢侈生活：居住豪華宮殿，擁有如雲妃嬪，享盡水陸之珍，終日歌舞遊幸，助長了統治者對於皇（王）位與權力的覬覦與爭奪。這是五代時期南漢、馬楚、閩、吳越、南唐等國內爭激烈，時見宮廷喋血的一個原因。因此，當時一些有遠見卓識的大臣就將奢侈與滅亡劃上了等號。詩人戴偓針對文昭王的「務窮侈靡」，作《漁父》詩諷之，其中有句云：「總把咽喉吞世界，盡因奢侈致危亡」。事情的發展果然不出詩人所預見，楚國由於內爭激烈，人心離散，被南唐所滅。乘亂割據一隅的武平軍（治朗州，今湖南常德市）節度使周行逢吸取馬氏亡國的教訓，「勵精為治」，「自奉甚薄」。他曾說：「馬氏父子窮奢極靡，不恤百姓，今子孫乞食於人，尚足效乎？」。〔註105〕後唐立國不久，獲悉前蜀後主生活奢侈，政治腐敗，知人心離散，果斷出兵，輕易就滅了前蜀國。另外，當國家面臨戰爭之際，在奢侈中消磨了意志，只迷戀醉生夢死生活的將領、大臣，根本不可能負擔保家衛國的重任，甚至為了保持「富貴」而不惜出賣國家利益，背叛君主。一個典型的例子是：太平時代，南唐將領皇甫繼勳過著「名園甲第，冠絕金陵。多畜聲伎，厚自奉養，珠翠環列，儗於王者」的奢侈生活；當北宋出兵征南唐時，「繼勳保惜富貴，無效死之意，第欲後主亟降。聞諸軍敗績，則怡愉竊喜。偏裨有募死士謀夜出奮擊者，輒鞭而囚之」，一心賣國求榮，最後被士卒殺死，「臠割之，頃刻而盡」。〔註106〕一個統軍主帥不是為國捐軀，戰死沙場，而是被士卒「臠割」

〔註101〕《資治通鑑》，第9310頁。
〔註102〕《十國春秋》，第1395頁。
〔註103〕《十國春秋》，第632頁。
〔註104〕《十國春秋》，第319頁。
〔註105〕《十國春秋》，第977頁。
〔註106〕《十國春秋》，第340頁。

而死，將門出犬子，「保惜富貴，無效死之意」是主要的原因。

　　奢侈還是一些民族滅亡的誘因。如史載吐谷渾首領白承福家甚富，飼馬用銀槽，後晉將領劉知遠想收其財貨以贍軍，於是密表朝廷，請將吐谷渾人遷至內地，掠取其羊馬；又誘殺白承福等五族四百餘口，籍沒其家資，「吐谷渾由是遂微」。〔註107〕

　　「成由勤儉敗由奢」，蓋此之謂也。

引用文獻

〔1〕吳任臣，《十國春秋》〔M〕，北京：中華書局，1983年。

〔2〕司馬光，《資治通鑑》〔M〕，北京：中華書局，1956年。

〔3〕《五國故事》〔M〕，文淵閣四庫全書本。

〔4〕陶岳，《五代史補》〔M〕，文淵閣四庫全書本。

〔5〕歐陽修，《新五代史》〔M〕，北京：中華書局，1974年。

〔6〕薛居正，《舊五代史》〔M〕，北京：中華書局，1976年。

〔註107〕《資治通鑑》，第9306～9307頁。

十七、五代時期統治者對忠義思想的倡導

摘 要

　　五代時期，叛亂頻仍，局勢動蕩，民不聊生。其中重要原因之一是將相、大臣忠義觀念的淡薄缺失，動輒興兵反叛或引誘異族入犯。爲穩定社會，鞏固封建統治，五代統治者通過尊崇孔子、推崇儒學、嘉獎忠義者、嚴懲反叛者等途徑，大力倡揚忠義思想，使忠義思想深入人心。

關鍵詞：五代；統治者；忠義思想

　　忠義思想是儒家關於君臣關係及社會道德的重要思想與主張。儒家認為，忠義既是以臣事君的最基本準則，也是為人處世的美德之一。這一點，孔子在《論語》中已早有明確的論述。《論語‧八佾》載：「定公問：『君使臣，臣事君，如之何？』孔子對曰：『君使臣以禮，臣事君以忠。』」《論語‧顏淵》又載：「子張問政，子曰：『居之無倦，行之以忠』。為臣者的任務和職責是「事君」，為君主服務、效勞；而事君要「忠」，矢志不移。可見孔子已有忠君思想。以後，荀子、董仲舒等儒家進一步將先秦儒家「忠君」思想加以發展，使忠君成了對君主的無條件的、絕對的服從，即所謂「愚忠」。「義」即正確合理的行為。仁、禮、智、信是義，忠君更是義：君主以俸祿豢養大臣，使大臣養尊處優，大臣理應無條件地為君主服務甚至獻出生命，即所謂「舍生取義」。因而，「忠」是「義」的內涵之一，這是「忠義」常常連稱的原因。先秦儒家之所以倡導對君主的忠義，是因為春秋戰國時代，為臣者不忠不義，惟利是圖，看風駛舵，為所欲為是當時許多大臣的普遍現象，也是「禮崩樂壞」的重要原因之一。因此，儒家認為臣民只有忠義於君，惟君主馬首是瞻，才能團結一致，力量強大，才能所向無敵；失去臣民對君主的忠義，天下將會大亂。儒家這一思想不無道理。即以唐末五代歷史觀照之，這一時期之所以叛亂頻仍，局勢動盪，民不聊生，一個朝代（尤其是中原王朝），短則三四年，長不過十餘年，其中重要原因之一是將臣忠義觀念的淡薄缺失，動輒興兵反叛或引誘異族入犯。這一點，連當時北方的契丹人也認識得很清楚。據載，契丹出兵滅後晉後，許多漢人（包括君主、大臣）被迫遷徙至契丹。漢人胡嶠也滯留契丹，契丹人對胡嶠說：「夷狄（按，指契丹）之人豈能勝中國（中原王朝），然（後）晉所以敗者，主暗而臣不忠。」並奉勸胡嶠「歸悉以語漢人，使漢人努力事其主，無為夷狄所虜。」〔註1〕言外之義：契丹雖為「夷狄」，然而契丹人忠義於主，故力量強大；漢雖人眾地廣，然臣下對君主不忠不義，故國破家亡；欲改變受人欺凌的屈辱地位，須教「漢人努力事其主」，即讓忠義思想深入漢人之心。

　　俗語說，疾風知勁草，世亂識忠臣。封建史家歐陽修曾感歎「自古忠臣義士之難得也」。其《新五代史‧死節傳》只為後梁王彥章、晉裴約、南唐劉仁贍三將立傳，認為五代之時，「全節之士三人焉」。〔註2〕歐陽修還就唐末五代史

〔註1〕《新五代史》，第708頁。
〔註2〕《新五代史》，第347頁。

上忠義者文臣少而將士多的現象大惑不解，發此感慨：「予於五代得全節之士三，死事之臣十有五，而怪士之被服儒者以學古自名，而享人之祿，任人之國者多矣，然使忠義之節，獨出於武夫戰卒，豈於儒者果無其人哉？」〔註3〕

儒家的忠義思想，不僅有利於君主維護其封建統治，也有利於抑制變亂，維持穩定的社會秩序。正因爲如此，歷代封建統治者無不積極倡導忠義思想，大力表彰忠義行爲，其目的正在於爲廣大將帥、大臣、士卒、民眾樹立忠義的榜樣，以使封建統治長治久安。五代時期，在社會動亂的歷史背景下，統治者更是不遺餘力地倡導忠義思想。其表現在：

首先，尊崇孔子，廣印儒經。

忠義思想蘊含在儒家學說之中。儒學由孔子創立。欲其樹茂，先培養其根；欲使包含忠義思想在內的儒家學說深入人心，五代統治者認爲應先尊崇孔子，廣印儒經。於是，身披戎裝、能征慣戰而胸無點墨的軍閥們便頻頻舉行尊孔活動，向臣民們顯示統治者對儒家學說的推崇。對孔子的尊崇，其表現在：一是拜祭孔子，興建文宣王廟；二是優遇孔子後裔。後梁於開平三年（909），允准國子監奏請，於朝官及地方官俸錢中，每月每貫扣一十五文充土木之值，修文宣王廟。〔註4〕後唐朝統治者雖出自沙陀族，然而對儒家學說依然重視，表現在：一、每年春秋都舉行隆重的祭孔典禮；二、優待孔子後裔，以文宣王孔子四十三代孫曲阜縣主簿孔仁玉爲兗州龔邱令，襲文宣公。〔註5〕後周廣順二年（952），太祖郭威在平定泰寧節度使（治兗州，今山東兗州縣）慕容彥超的反叛後，率將帥到曲阜去拜祭孔子，而且表現出對孔子的極端禮敬和虔誠。史載：「六月，己酉朔，帝（郭威）如曲阜，謁孔子祠。既奠，將拜，左右曰：『孔子，陪臣也，不當以天子拜之。』帝曰：『孔子百世帝王之師，敢不敬乎！遂拜之。又拜孔子墓，命葺孔子祠，禁孔林樵採。訪孔子、顏淵之後，以爲曲阜令及主簿。」〔註6〕

此外，五代統治者還重視儒家經典的印刷發行。後唐明宗時，儒士出身的宰臣馮道、李愚請令判國子監田敏校正《九經》，刻版印賣，明宗許之。「九經」即儒家九部經典，包括《三禮》（《周禮》、《儀禮》、《禮記》）、《三傳》（《左傳》、《公羊傳》、《穀梁傳》），連同《易經》、《尚書》、《詩經》。這項工作使命

〔註3〕《新五代史》，第611頁。
〔註4〕《舊五代史》，第81頁。
〔註5〕《舊五代史》，第591頁。
〔註6〕《資治通鑑》，第9478～9479頁。

艱臣，歷經動亂而不輟，至後周朝完成。「由是，雖亂世，《九經》傳佈甚廣。」
〔註7〕

其次，嘉獎忠義行為，優待忠義者家屬及後裔。

亂世之中，忠義思想及行為尤顯可貴。欲使忠義得到社會重視，深入人心，最有效的辦法莫過於朝廷的嘉獎。因此，五代時期，統治者對忠義行為嘉獎的記錄俯拾即是。嘉獎的方式主要有：

1、授以高官美爵。在封建時代，官爵代表地位、利益，為眾人所追求。五代時期，許多高官美爵即授予忠義者。如後唐朝，南平王高季興不忠不義，桀驁不馴，引發後唐與荊南的戰爭。高季興幼子高從誨力諫其父，父不從；「及季興卒，朝廷以從誨忠，使嗣，亦封南平王。」〔註8〕即使是敵對政權的忠義者，亦授予高官，如後周出兵攻後蜀，數為後蜀鳳翔節度使王環所敗；後周克取秦、成、階三州後，惟獨王環堅守鳳州百餘日不降。城破後，周世宗「召見王環，歎曰：『三州已降，（王）環獨堅守，吾數以書招之，而環不答，至於力屈就擒，雖不能死，亦忠其所事也，用之可勸事君者。』乃拜（王）環右驍衛將軍。」〔註9〕此外，還有大批因忠義而死的將士受到各朝的榮譽性追贈。

2、給忠義者親幸禮重。君主對某類人員的態度，亦可起到「風化」示範的作用。如當朱溫集中兵力圍攻鳳翔李茂貞而爭奪天子時，青州王師範出於忠義起兵攻之，其中王師範將劉鄩勢屈力窮仍不肯投降，直到確認其主王師範已歸附朱溫後才開門迎降。朱溫因此對劉鄩極其敬佩，「賜之冠帶」，「飲之酒」，以為元從都押牙。史載「是時四鎮將吏皆功臣、舊人，（劉）鄩一旦以降將居其上，諸將具軍禮拜於廷。」〔註10〕降將而受尊，皆因其忠義。唐末，藩鎮割據，多不尊奉朝廷，而荊襄節度使趙匡凝、荊南留後趙匡明兄弟卻「貢賦不絕」。朱溫篡唐，趙氏兄弟不從，遭朱氏攻擊。趙匡凝力窮投奔淮南楊行密。楊行密對其忠義表示欽佩，「厚遇之」。〔註11〕

3、給忠義者家屬或後裔以政治、經濟的優待。忠義者已逝，對其家屬後代的優待，也可顯示朝廷對忠義思想、行為的尊崇。開平二年（908），後梁

〔註7〕 《資治通鑑》，第9495頁。
〔註8〕 《五代史補》卷四，「高從誨母夢」條。
〔註9〕 《新五代史》，第569頁。
〔註10〕 《資治通鑑》，第8620～8621頁。
〔註11〕 《新五代史》，第448頁。

朱溫親統六軍征澤、潞二州，爲激勵將士盡忠奮戰，「下詔，以去年六月後，昭義行營陣歿都將吏卒死於王事，追念忠赤，乃錄其名氏，各下本軍，令給養妻孥，三年內官給糧賜。」〔註12〕五代史上確有眾多忠義者家屬享受到朝廷給予的物質優待。此外，還有眾多忠義者的子孫被朝廷錄用爲官。

再次，對敵對方的忠義者，既誅又赦，既貶又獎。

敵對方的忠義者忠誠於敵對政權及其君主，是爲其「罪」，理應誅、貶；然而其忠義精神卻屬可貴，又應有所寬宥。此種看似矛盾之事在五代史上極常見。敵對方忠義者爲敵對政權服務，寧死不屈，最易激怒征服者，成爲被誅戮甚至族誅的對象；然而也有一些開明「仁慈」之君，常對敵方忠義者「網開一面」。後梁擄獲晉將石君立，「聞石君立勇，欲將之，繫於獄而厚餉之，使人誘之。君立曰：『我晉之敗將，而爲用於梁，雖竭誠效死，誰則信之！人各有君，何忍反爲仇讎用哉！』帝猶惜之，盡殺所獲晉將，獨置君立。」〔註13〕不殺即是對敵方忠義者的「獎勵」。後漢朝，郭威被迫反叛，稱兵向闕。後漢在京將領劉銖奉命「悉誅太祖（郭威）與王峻等家屬」。郭威攻入京師，擒劉銖。郭威責讓他慘酷屠戮其家屬。劉銖以「爲（後）漢誅叛臣爾，豈知其他！」爲對，表現了其對後漢朝的忠義。按理，劉銖當被族誅。但郭威「方欲歸人心」，只誅劉銖而「貸其家屬」，並「賜陝州莊宅一區」。〔註14〕有些敵對方忠義者先被誅而後被追贈或錄用其後代，亦屬此類。

第四，對不忠不義的叛亂行爲堅決鎮壓，殘酷戮殺或冷遇反叛者。

獎勵是推動的手段，懲罰則是控制的手段，二者是相輔相成的。在以各種方式表彰、獎勵忠義者的同時，五代統治者對於不忠不義的反叛行爲則嚴肅、嚴厲懲處，以讓大臣、將領引以爲戒。如，後唐滅後梁，後梁百官迎降待罪。後唐莊宗將鄭珏等一批後梁高官貶逐到地方任職，「以其世受唐恩而仕（後）梁貴顯故也」。〔註15〕在莊宗看來，這些高官，他們的祖、父輩在唐朝任官，受唐朝之恩，他們卻任職於篡唐而立的後梁朝，這是對唐朝的不忠不義；如今後梁滅亡，他們又投奔新朝，又是對後梁朝的不忠不義，故應貶逐，以儆效尤。

對叛亂者殘酷殺戮是五代史上司空見慣的現象。如後唐天成元年（926）

〔註12〕《舊五代史》，第 60 頁。
〔註13〕《資治通鑑》，第 8851～8852 頁。
〔註14〕《新五代史》，第 336 頁。
〔註15〕《資治通鑑》，第 8901 頁。

五月，詔發汴州控鶴指揮使張諫等三千人戍瓦橋，將士不願戍邊而反叛。平叛後，明宗下詔「收爲亂者三千餘家，悉誅之。」〔註16〕同年六月，滑州都指揮使于可洪等縱火作亂。叛平，明宗下詔「斬可洪於都市，其首謀滑州左崇牙全營族誅，助亂者右崇牙兩長劍建平將校百人亦族誅」。天成二年（927）三月，盧臺戍軍作亂。四月，明宗「敕盧臺亂兵在營家屬並全門處斬。敕至鄴都，闔九指揮之門，驅三千五百家凡萬餘人於石灰窯，悉斬之，永濟渠爲之變赤。」〔註17〕如此一人反叛全族誅戮的做法未免過於殘酷，但它對不忠不義者卻是有力的威懾！即使不是反叛，將士在戰場上不能爲君爲國奮力作戰，而是望敵先逃，也被認爲是不忠不義的行爲，也要受到嚴厲懲罰，如後周世宗誅高平敗將等。許多反叛者叛亂後投靠相鄰政權或其他軍閥。然而，這些反叛者總難以擺脫受歧視、受冷遇、受猜疑的境地。這是因爲，在這些政權的君主、軍閥看來，反叛者都是忠義思想淡薄者，這些人不會對君主感恩，必然動輒反叛，收留容納他們，無疑於養虎爲患。如後蜀施州刺史田行皐因故叛奔荊南。荊南節度使高保融說：「彼貳於蜀，安肯盡忠於我！」執之，歸於蜀，伏誅。〔註18〕許多君主或軍閥在臨終之際，都要設法誅除那些因叛亂而投奔來且掌握實力者，擔心他們的存在會對其後代造成危害，如後漢劉知遠臨終誅杜重威、前蜀王建臨終誅劉知俊等。

　　總而言之，在五代時期征討叛亂、保家衛國、開拓境土等軍事活動中，最高統治者充分認識到了儒家忠義思想的重要。尤其是在對付此起彼伏的軍事叛亂，殘酷殺戮常常難以阻遏叛亂的再發生，正如封建史家胡三省所言，後唐自明宗「即位以來，汴州張諫之亂，滑州于可洪之亂，以至盧臺之亂，凡亂兵皆夷其家。然而流言不息，眄眄然疾視其上者相環也。此無他，以亂止亂故爾。」〔註19〕這種以「亂以止亂」、「以殺去殺」的方法實際上無助於防止叛亂，它常常使反叛者對君主仇恨更深，抵抗更頑強；反之，儒家的忠義思想常常可以成爲阻止、防遏叛亂的有效武器。這種思想猶如叛亂的「滅火器」，如果將士心中都懷著這樣的「滅火器」，叛亂就不會發生，即使發生也容易被鎮壓（不少叛亂剛發生，叛酋即被軍中忠義之將士襲殺即爲例證）。不僅如此，在對外拓疆及抵禦外敵入侵中，忠義思想又是激發將士鬥志的「鉦

〔註16〕《資治通鑒》，第 8987 頁。
〔註17〕《資治通鑒》，第 9004 頁。
〔註18〕《資治通鑒》，第 9443 頁。
〔註19〕《資治通鑒》，第 9004 頁。

鼓」；在勾心鬥角的政治鬥爭中，忠義思想又是阻擋野心家篡權的「銅牆鐵壁」……這就是五代時期統治者尊崇孔子，推崇儒學，嘉獎、倡導忠義思想、行爲的原因所在。正因爲統治者的積極倡揚，使儒家忠義思想深入社會人心，對人們，尤其是對軍人（將士）的思想、行爲產生了深刻的影響！

引用文獻

〔1〕歐陽修：《新五代史》，中華書局 1974 年。

〔2〕薛居正等：《舊五代史》，中華書局 1976 年。

〔3〕司馬光等：《資治通鑒》，中華書局 1956 年。

〔4〕陶岳：《五代史補》，文淵閣四庫全書本。

十八、儒學對唐末五代北方民族將帥的影響

摘　要

　　唐末五代時期，中原地區的戰亂、動蕩，打破了以前鮮明的民族畛域，漢人大量北逃，北方民族則乘亂內侵。這使漢文化如潮水一般湧入北方民族社會。其中，漢傳統文化的主流——儒學，對北方民族成員（尤其是將帥、君主）造成了重要的影響。儒學理念（尤其是倫理觀）逐漸由淺入深地在他們的意識形態中打下了烙印，使他們逐漸擺脫了愚昧、殘酷和貪婪的本性，而接受了儒學倡導的孝、忠、仁、信、禮等倫理、政治觀念，逐漸漢化。這對於民族融合的進一步深化無疑意義重大。

關鍵詞：儒學；唐末五代；沙陀；契丹

　　自唐中期發生戰亂，唐朝國力削弱，內亂愈演愈烈之後，唐朝牢固的大一統局面逐漸瓦解。在社會動亂的歷史背景下，世居內地的漢族人民不得不向邊疆地區（主要是北方）流徙逃難；而素以勇悍善戰著稱的北方少數民族（主要是沙陀、契丹、吐渾、突厥、奚、室韋等）上層分子，則尋找到了政治晉身的契機。他們以協助唐朝平亂爲條件，換取唐王朝的加官晉爵。逐漸地，在北方民族大小將帥身邊，便團聚了許多期求得到器重任用的儒士。通過這些漢人、儒士，原來唯知殺伐，保持著許多原始性、野蠻性的北方民族將帥，逐漸接觸了儒學，並認識到了儒學對於治理國家、穩定社會的重要作用，因而對儒學鍾愛有加。

　　翻閱有關史籍，可以發現，唐末五代時期，不少出身於北方民族的將帥、君主及其親屬，多愛以儒學倡導的各種倫理、政治道德概念命名或改名。例如，沙陀族出身的著名軍閥李克用，兄弟中有名爲克恭、克讓、克修者。「克」當取自儒家倡導的「克己復禮」；「恭」者恭敬，「讓」者謙讓，「修」者修身。李克用爲義子取名，有存禮、存信、存孝、存賢者，「存」即保持，「禮」、「信」、「孝」、「賢」均爲儒家推崇倡導的爲人處世倫理道德概念。同樣出自沙陀族的石敬瑭，其兄名「敬儒」，弟名「敬德」；其從父弟敬威，字「奉信」；敬威弟敬贇，字「德和」；其兄敬暉，字「德昭」；其第三子名「重信」。康義誠，字「信臣」，代北三部落人，「義」、「誠」、「信」，皆爲儒家倡導的人倫美德。契丹主耶律阿保機有三子，二子「本名曜屈之，慕中國之名，故改爲『德光』」。〔註 1〕此類例子不勝枚舉。這是儒學對唐末五代時期北方民族貴族影響之一斑。

　　事實上，儒學對唐末五代時期北方民族貴族的影響，更鮮明的體現在於，這時期，許多出自北方民族的將帥、君主，他們的思想觀念及言行中，已可看出較深刻地打上了儒學的烙印。孝、忠、禮、仁、信等儒學理念已在他們的意識形態中佔有了一席之地。然而，探討這時期北方民族漢化問題的研究成果有之，而探討儒學對這時期北方民族影響的研究成果，則至今未見。

一、儒學理念對北方民族將帥影響的表現

1、「孝」觀念的影響

　　孝在西周初期已被作爲一種美德予以倡導，經過春秋戰國儒家的繼承闡釋，內涵越來越豐富。作爲一種家庭倫理道德，孝以仁愛之心爲基礎，符合

人類的情感，得到了廣大民眾的心理認同。儒家認為，孝是爲人的根本，因爲孝悌者必然安分守己，遵守秩序：「其爲人也孝悌，而好犯上者，鮮矣。不好犯上，而好作亂者，未之有也。」（《論語‧學而》）故《孝經‧聖治章》云：「人之行，莫大於孝」。《孝經‧庶人章》又云：「自天子至於庶人，孝無始終，而患不及者，未之有也。」西漢宣帝曾說過，「導民以孝，則天下順」，表達的都是相同的意思：導民以孝是營造「和諧」社會的有效前提。孔子提出，孝不僅表現爲贍養父母的「孝行」，更主要的是表現爲對父母的「孝心」，對父母要有敬意，否則，與動物有何區別？他說：「今之孝者，是謂能養。至於犬馬，皆能有養，不敬，何以別乎？」（《論語‧爲政》）

唐末五代時期，不少北方民族人氏已深受儒家「孝」觀念的影響。

契丹主耶律阿保機之子耶律德光，據載「性至孝謹，母病不食亦不食，嘗侍於母前，應對或不稱旨，母揚眉而視之，輒懼而趨避，非復召不敢見也。」〔註2〕其母即爲述律后。述律后在阿保機死後，讓次子耶律德光繼承父位，因其富於孝心而得母歡心當是其中原因之一。

出自沙陀族的軍閥李克用之子李存勗也是一個孝子。李克用死時，「以軍城易帥，竊議洶洶，訛言播於行路」，形勢危急；而李存勗卻只顧爲父守喪盡孝，不顧其他。「帝（李存勗）方居喪，將吏不得謁見。監軍使張承業排闥至廬所，言曰：『夫孝在不墜家業，不同匹夫之孝。且君父厭世，嗣主未立，竊慮凶猾不逞之徒，有懷覬望。又汴寇（後梁軍）壓境，利我凶衰，苟或搖動，則倍張賊勢，訛言不息，懼有變生。請依顧命，墨縗聽政，保家安親，此惟大孝。』帝於是始聽斷大事。」〔註3〕

同樣出自沙陀族的後唐明宗李嗣源之子李從厚亦以孝知名。明宗死時，他得以繼位，「久居哀毀」；釋縗服後御正殿，群臣列位，宰臣馮道升階進酒，李從厚說：「比（最近）於此物無愛，除賓友之會，不近樽罍，況在沉痛之中，安事飲啖？」命撤去。〔註4〕於此可見其對孝的重視和堅持。他希望通過自己的行孝，帶動臣民也養成孝德。

李克用的季弟李克寧，「於昆弟之間，最推仁孝」。當時，有人勸李克寧乘李克用新死之機，篡奪其子李存勗晉王之位。李克寧斥之曰：「公毋得不祥

〔註2〕 《契丹國志》卷2，第11頁。
〔註3〕 《舊五代史》卷27，第367頁。
〔註4〕 《舊五代史》卷45，第614～615頁。

之言！我家世立功三代，父慈子孝，天下知名，苟吾兄(李克用)山河有託，我亦何求！公無復言，必斬爾首以殉！」〔註5〕

出自北方民族的將帥、君主對孝極其重視，其表現還在於：一是對「孝」字的推崇。如沙陀人李嗣源稱帝後，分別以「孝恭」、「孝質」、「孝靖」、「孝成」爲其祖先諡號；石敬瑭稱帝建立後晉王朝後，對自己的祖先進行追諡，也分別以「孝安」、「孝簡」、「孝平」、「孝元」爲諡號；〔註6〕二是以孝治民，對不孝者嚴厲懲處。後唐明宗李嗣源對於不孝者的處罰就極嚴厲，不僅本人被處死，甚至株連到相關官員。《舊五代史》卷39載：「滑州掌書記孟升匿母服（隱瞞母親死訊，不服喪盡禮），大理寺斷處流（刑），（明宗）特敕孟升賜自盡，觀察使、觀察判官、錄事參軍失糾察，各行殿罰。襄邑縣民聞威，父爲人所殺，不雪父冤，有狀和解，特敕處死。」石敬瑭在作節度使期間，「所歷方鎮，以孝治爲急，見民間父母在昆弟分索者，必繩而殺之」。〔註7〕以嚴刑峻法推行孝治，目的在於使人人皆重孝行孝。

2、「忠」觀念的影響

封建統治者無不渴望社會成員人人皆爲忠臣。忠臣不論君主賢愚昏明，皆絕對忠誠於君主，聽命於君主，君叫臣死，臣立即死。如此，專制封建統治必可長治久安。統治者之所以重視孝，是因爲孝與忠有著密切的聯繫，「孝」就像一座過渡到「忠」的橋梁，沒有孝，忠便似水上浮萍，空中樓閣，失去了基礎和依據。孔子在《論語·爲政》中提到：「孝慈則忠」，指出以孝慈之道教化民眾，可以使臣民忠順於國君。曾子繼承了這種以孝德服務於忠德，服務政治的思想，將其進一步深化。他說：「事君不忠，非孝也。」（《大戴禮論·曾子大孝》）在這裡，「忠」成了孝德的表現，不忠君就不能算作孝，由此在孝德中注入了「忠」的政治因素。忠臣之事君，猶孝子之事父。因爲孝和忠都離不開「服從」二字，前者是對父家長權威的服從，後者是對君主權威的服從。在封建時代，只有忠義者才會得到君主的寵幸，才能在政治上飛黃騰達。

沙陀將帥李克用之所以能成爲唐後期叱吒風雲的人物，就因爲他對於「忠」的價值有著深刻的認識，並在唐末天下大亂之際，打出「忠」字旗號，

〔註5〕《舊五代史》卷50，第681頁。
〔註6〕《五代會要》卷1，第11頁。
〔註7〕《舊五代史》卷75，第928頁。

迅速發展壯大了自身的勢力。

李克用家族，從唐末起，就豎起「忠」字大旗，為維護唐朝封建統治建立軍功，求得唐王朝的支持。李克用的曾祖父名「盡忠」，為唐朝沙陀府都督；父國昌，本名「赤心」，曾任唐朝朔州刺史，因討龐勳之亂有功，得賜姓李氏（皇姓）；唐末爆發農民起義，從此，李克用開始了他「效忠」唐王朝的軍旅生涯。李克用指揮的沙陀軍不僅協助唐軍擊潰了黃巢農民起義軍，在其後發生的鳳翔李茂貞、邠州王行瑜、華州韓建三藩聯合構亂，危害唐室的叛亂中，李克用又力挽狂瀾，助唐平叛，功勳顯赫，被唐王朝賜以「忠貞平難功臣」稱號，進封晉王。後梁開平元年（907）四月，後梁建國，標誌著唐朝統治終結。是歲，四川軍閥王建遣使致書李克用，勸其「各帝一方，俟朱溫既平，乃訪唐宗室立之，退歸藩服」。李克用沒有接受。他認為稱王割據有負唐朝之恩，是不忠不義行為，回書表明，「誓於此生靡敢失節」。〔註8〕胡三省於此注云：「李克用雖出於夷狄而終身為唐臣，亦天性之忠純也。」在諸侯藩鎮皆欲乘唐室衰弱之機割據稱王的時刻，李克用卻不同流合污，以忠義面目表現，這是李氏晉勢力獲得北方各族民眾支持，力量得以不斷發展壯大的重要原因之一。

李克用之子李存勗仍然高舉「忠」字旗號以聚攏人心。李存勗經過十多年的苦戰，滅後梁，建立新王朝，仍以「唐」為國號，就是其「忠」觀念的表現。按中國古代慣例，改朝換代，統治者多以其受封最高爵號為國號，如隋文帝受封為隋王，故建隋朝；李淵曾受封為唐王，故建唐朝；朱溫曾受封梁王，篡唐後即建國號為「梁」，史稱後梁。按理，李存勗建立新朝，當以「晉」為國號；但他卻仍以「唐」為國號，史稱後唐。何故？李存勗家族因維護唐朝統治有功，被賜姓李，李存勗即以唐朝「宗室」自居。他認為，自己家族數十年來奮戰疆場，正是要報唐朝知遇之恩，恢復被篡奪的唐朝統治；如今如果改換國號，猶如人改姓一般，是數典忘祖，不僅不孝，更是不忠，故他力排眾議，堅持以「唐」為國號。

後唐明宗李嗣源長子李從璟，「性忠勇而沉厚」。李從璟因為勇悍善戰，從莊宗李存勗戰於河上，摧鋒陷陣，屢建奇功，頗受莊宗賞識器重，用為金槍指揮使。其父李嗣源在魏府（鄴都）被軍士逼反，莊宗對從璟說：「爾父於國有大功，忠孝之心，朕自明信。今為亂兵所劫，爾宜自去宣朕旨，無令有

〔註8〕《資治通鑒》卷266，後梁開平元年三月。

疑。」從璟毅然起行，卻被將領元行欽阻擋，怕他與父一同作反。後莊宗再命從璟前去勸父。為了表示忠心，「從璟固執不行，願死於御前，以明丹赤。從莊宗赴汴州，明宗（李嗣源）之親舊多策馬而去，左右或勸從璟令自脫，終無行意。」〔註9〕可見其對莊宗的耿耿忠心。

沙陀將石敬瑭也深明「忠」是贏得最高統治者寵幸的重要資本，因而其言語之中，「忠」意頻現。後唐明宗時，因北邊吐渾、突厥屢屢犯邊，後唐戍兵雖多，卻未有統帥。明宗想在石敬瑭和康義誠（均為沙陀人）二將中擇一人為統帥。石敬瑭奏曰：「臣雖不才，爭（怎）敢避事，但進退唯命。」一句話表達了石敬瑭對後唐明宗的忠誠，終被選定。後唐以石敬瑭為太原尹、北京留守、河東節度使，兼大同、振武、彰國、威塞等軍蕃漢馬步軍總管。起行之日，石敬瑭對明宗說：「臣雖微怯，惟邊事敢不盡其忠力，但臣遠違玉階，無以時申補報。」再拜告辭。石敬瑭的「忠誠」令明宗「泣下霑衿」，〔註10〕換取了明宗的充分信任。

其他北方民族將領也深受忠君思想的影響，這從他們為子弟命名愛用「忠」字可見一斑。如沙陀將安審琦之子，名「守忠」。沙陀三王朝（後唐、後晉、後漢）統治者對於功臣的封號，「忠」字也是常用字之一，如後唐明宗賜功臣石敬瑭「耀忠匡定保節功臣」，後又改賜「竭忠匡運寧國功臣。」這是因為，「忠」不僅是統治者對將臣的期望，同時也是將領大臣的自我期求，他們渴望被統治者認定為忠臣。

3、「禮」觀念的影響

什麼是禮？簡而言之，符合道德的思想、言行、儀式、制度就是禮。自周公創設周禮以來，禮的重要目的之一便是為政治服務，實現修身、齊家、治國、平天下的政治目標。禮的作用是劃分人們的上下尊卑，嚴格規範人們的等級序列。故儒家很重視禮在安定社會秩序方面的積極作用，認為以禮教化民眾，「齊之以禮」，是治國理民最有效的手段之一。《荀子·大略》云：「人無禮不生，事無禮不成，國家無禮不寧」；《荀子·王霸》又云：「國無禮則不正。禮之所以正國也，譬之猶衡之於輕重也，猶繩墨之於曲直也，猶規矩之於方圓也。」對於個人來說，有禮的衡量和約束，人才能顯出性識的賢愚，品德的高卑，行為的正誤；對於國家、社會而言，禮制猶如路軌，循路軌而

〔註 9〕《舊五代史》卷5，第692～693頁。
〔註10〕《舊五代史》卷75，第981～982頁。

行則可平穩前行，否則必致顛簸翻覆。

　　唐末五代時期是一個「禮壞樂崩」，三綱五常之道絕的戰亂時期，統治者，尤其是出自北方民族的統治者，皆力圖通過重建儒家所倡導的禮教文化來維護其政權的合法性，重塑其政權權威。通過禮制的規範，一方面對唐末五代時期禮崩樂壞、諸侯坐大、僭名亂分的混亂現象具有規範作用，有利於維護統治；另一方面則可以增強各政權的凝聚力。

　　後唐莊宗李存勗曾說：「人而無禮，罪莫大焉」。〔註11〕後唐明宗李嗣源對封建禮法也極重視，並且時時能以身作則，不合禮節之事決不為之。如，同光四年（926）四月，莊宗於變亂中身死，明宗繼位。當時，眾大臣皆請明宗改國號，以示去舊圖新，與昏聵的莊宗劃清界限。明宗認為這不符合「典禮」，沒有接受。他說：「予年十三事獻祖（李克用之父李國昌），以予宗屬，愛幸不異所生。事武皇（李克用）三十年，排難解紛，櫛風沐雨，冒刃血戰，體無完膚，何艱險之不歷！武皇功業即予功業，先帝天下即予天下也。兄亡弟紹，於義何嫌。且同宗異號，出何典禮？運之衰隆，吾自當之，眾之莠言，吾無取也。」〔註12〕明宗認為，自己雖為李氏養子，但李氏待自己恩深，「愛幸不異所生」，自己與莊宗如兄似弟，兄終弟及而改國號，則屬不孝不忠不義，不合禮教精神，故斷不可取。反之，符合禮儀之事則堅持去做，那怕為此而勞頓破費。明宗在位期間，曾離朝「巡狩」汴京、鄴都等地。當時，不少大臣都不贊成「巡狩」，其原因，一是君主離京外出，容易生變，招致動亂；二是君主「巡狩」，容易被人視作遊山玩水，勞民傷財。明宗「巡狩」的目的，一是遵守傳統禮制，二是藉此瞭解國情民情，正如其御札所言：「歷代帝王，以時巡狩，一則遵於禮制，一則按察方區。」〔註13〕明宗在位期間，對禮儀問題常常一絲不苟，諸如在接待少數民族酋長、使者的場所、所用禮儀、大臣避君主名諱等大小問題上，都曾作出過符合傳統封建禮法的明確指示和規範。明宗要求官員在政治活動中嚴格守禮，民眾在日常生活中也要依禮行事，可見其對禮的重視。

　　後晉高祖石敬瑭與李嗣源一樣，對禮制也極重視，主張仿唐禮而行事；對於違背禮制之事，絕不姑息苟且。天福三年（938）二月，中書曾就避諱問

〔註11〕《舊五代史》卷33，第456頁。
〔註12〕《舊五代史》卷35，第491頁。
〔註13〕《舊五代史》卷38，第527頁。

題遇到的疑難上書請求指示。石敬瑭答曰：「朝廷之制，今古相沿，道在人弘，禮非天降。方開歷數，虔奉祖宗，雖逾孔子之文，未爽周公之制。所爲二名嫌名事，宜依唐禮施行。」〔註14〕在石敬瑭看來，唐朝文明昌盛，禮制完善，仿而行之可也。

4、「信」觀念的影響

信乃誠實無欺，言行一致。誠信使人開誠布公，互相信任，有助於人際關係的和睦，社會的穩定；反之，人而無信，出爾反爾，爾詐我虞，勾心鬥角，人際關係便緊張，社會便動蕩。故孔子以之爲行仁的重要品德，他強調，作爲一個普通人，應該「謹而信」，「敬事而信」（《論語・學而》）；作爲統治者更應該言行眞實無妄，如此百姓方能以眞情對上，「上好信，則民莫敢不用其情」（《論語・子路》）。孔子還說：「人而無信，不知其可也」（《論語・爲政》）。孟子也重視信，認爲信是每個人立身行事之準則；同時，「信」又是以「義」爲前提的，如屬不義之事，則無須守「信」：「大人者，言不必信，行不必果，惟義所在」（《孟子・離婁下》）。

唐末五代時期的北方民族將帥中，重信者已逐漸增多，沙陀族將帥李克用、李嗣源、石敬瑭可謂典型。

後梁開平元年（907），李克用與契丹主耶律阿保機相會於雲中（今山西大同市），約爲兄弟。李克用請契丹出精騎二萬助其收復汴京、洛陽。當時，左右有勸李克用乘契丹人無備，發兵突襲，殺其兵，擒其主，可免後顧之憂。李克用說：「仇敵未滅而失信夷狄，自亡之道也。」乃盡禮遣之。〔註15〕李克用意識到，一旦失信，便難以再取信於人，日後要與其他力量聯合，以成就霸業，便會困難重重，故絕不可失信。

長興三年（932）十二月，後唐明宗幸龍門，觀修伊水石堰，賜丁夫酒食。後數日，有司奏：「丁夫設限十五日已滿，工未畢，請更（再）役五日」。這本是一件小事，但明宗不同意。他說：「不惟時寒，且不可失信於小民。」令即止其役。在明宗看來，國家訂立了制度，就必須維護制度的嚴肅性，講信用，不能因爲民眾卑微而失信於民，否則，日後其他事情便再難取信於民；失去了民眾的信任，治國安邦便失去了條件。

石敬瑭對於信也很重視。他也認識到，作爲最高統治者，如若言而無信，

<hr/>

〔註14〕《舊五代史》卷77，第1014頁。
〔註15〕《資治通鑒》卷266，後梁開平元年五月條。

屬下就會遇事疑懼，反叛便會接踵發生；言而有信，才會贏得人心，才有凝聚力。因而，「信」成為其為人處事的重要準則之一。後晉朝，大將范延光曾舉兵反叛，後勢窮力屈而降。范延光「歸命之後，慮懷疑懼」，憂慮後晉統治者言而無信，總有加害之一日。石敬瑭看透了范延光的心思，故親自登門，對他說：「朕方示信於四方，豈食言於汝也。」〔註16〕范延光俯伏拜謝，其心遂安。

對於違背其「示信於四方」原則的官吏，石敬瑭必加厚責。天福四年（939）三月，靈州戍將王彥忠據懷遠城叛。石敬瑭遣供奉官齊延祚前往招撫，許以不死。王彥忠率眾出降。但齊延祚卻矯制殺之。石敬瑭為此而怒，嚴厲處罰了齊延祚，其詔云：「齊延祚辜我誓言，擅行屠戮，彰殺降之罪，墜示信之文，宜除名決重杖一頓配流。」〔註17〕統治者之所以大講為信之德，其目的是為了讓將領、大臣及民眾也人人重信用，對君主誠實無欺。

這時期北方民族人氏中，崇尚信，以「信」為名者也不乏其人，如石敬瑭二子石重信；沙陀人、後漢高祖劉知遠從弟劉信；沙陀將安審琦之從父兄安審信；李克用義兒李存信，等等。

此外，儒家有關「仁」、「義」、「和」、「恭」、「廉」、「讓」等倫理思想，對此時期出自北方民族的統治者，亦有重要的影響，限於篇幅，不再臚述。

二、儒學理念對北方民族將帥影響的途徑及意義

1、北方民族將帥身邊漢族儒士的言傳身教，使他們受到潛移默化的影響

唐末五代時期，中原戰亂。數以千萬計的漢族民眾為躲避戰亂，流徙進入局勢相對安定的北方少數民族聚居地。這些漢族人士，對契丹勢力的發展壯大貢獻良多。如燕人韓延徽「有智略，頗知屬文」，被契丹主用為謀主，「舉動訪焉」；韓延徽「始教契丹建牙開府，築城郭，立市廛以處漢人，使各有配偶，墾藝荒田。由是漢人各安生業，逃亡者益少。契丹威服諸國，於延徽有力焉」。〔註18〕受契丹主器重，對之言聽計從的漢族士人，除韓延徽外，還有張礪、趙延壽等。他們不僅僅是把漢族的城居制度、幕府制度、婚姻制

〔註16〕《舊五代史》卷78，第1025頁。
〔註17〕《舊五代史》卷78，第1027頁。
〔註18〕《契丹國志》卷1，第2頁。

度、農耕制度傳入了契丹，同時也將漢族傳統文化主流的儒學傳入了契丹。
另外，此時期，由於中原戰亂，許多北方民族將帥統兵南進，爭奪權益，在
這些將帥的身邊，團聚了許多因科舉停廢而仕途無望的儒士，他們希望通過
幫助這些將帥發展勢力，建立政權，從而獲得仕進的機會。這些北方民族出
身的將帥建立政權成為君主後，也大量起用漢族士人為官。這些儒士，對於
軍事的預見，對於政治的主張，對於將帥個人修身的建言，無疑都是以儒家
學說、理想為依據的。從保留下來的若干出自當時儒士之手的文書中，可知
充斥著「德」、「忠」、「孝」、「義」、「禮」、「信」等儒學倡導的理念。儒家學
說正是通過這些漢人的行事、儒士的文書、言論，潛移默化於那些崛起草澤，
原來只善騎射，不知詩書禮樂的武夫觀念中，使他們自覺不自覺地接觸並接
受了儒學理念。

　　例如，後唐莊宗即位之初，不懂得「仁」的重要性，對民眾苛徵急斂，
在賦稅徵收時又實行「折納」（賦稅從原來徵收的米麥、絹帛等改徵其他財
物）、「紐配」（攤派的一種，多指臨時增加的稅課）等辦法，加重了民眾的
負擔，成為害民之政。時任吏部尚書的李琪上書莊宗，「陳經國之要」，並引
孔子「百姓足，君孰與不足」之語，批評莊宗的錯誤政策，建議推行「仁」
政，並把儒學的民本思想傳授給了莊宗。莊宗覽疏，「深重之」。其後，莊宗
明白了民眾對於國家治亂的重要性，多次頒佈詔令，減輕民眾的賦役負擔，
要求地方官要存恤百姓，行仁政。這顯然與包括李琪在內的儒士大夫的建言
有關。

　　後唐明宗李嗣源，自少在沙場奮戰，沒有受教育的機會，他受儒學的薰
染，也是通過身邊儒臣的言傳身教。如，明宗曾問及古代鐵券有何作用，儒
臣趙鳳解釋說，是用以書寫帝王對功臣的誓文，許其子孫長享爵祿。明宗說，
先朝所賜鐵券，唯自己及郭崇韜、李繼麟（朱友謙）三人而已，而如今，後
二者皆已遭族滅，自己也幾乎被置諸死地，說罷嗟歎久之。趙鳳說：「帝王心
存大信，固不必刻之金石也。」〔註 19〕可見，明宗的一些倫理觀念，也是來
源於身邊儒臣的言傳身教。

2、統治者的倡導、獎罰和激勵

　　儒學有關修齊治平的理念對於封建統治有利，因此，不論是出自漢族的

〔註19〕《資治通鑒》卷 276，後唐天成三年十一月丙申條。

統治者，還是出自北方民族的統治者，都極力加以推崇、倡導，對違背儒學精神原則的人事則嚴厲處罰，通過獎懲結合的辦法，使儒學精神深入人心。如，李克用在鎮壓農民起義、平定藩鎮叛亂中有功，被唐朝賜以「忠貞平難功臣」稱號。李克用平定王行瑜之亂時，令其子李存勗（時年僅 11 歲）等獻俘於朝。唐昭宗「一見駭之，曰：『此兒有奇表。』因撫其背曰：『兒將來之國棟也，勿忘忠孝於予家。』」對之大加讚賞。〔註20〕

反之，對於不忠不孝之人事，則予嚴厲懲罰。李存勗滅後梁時，後梁百官待罪於朝堂。這些官員中，不少是曾受唐朝之恩者，卻知恩不報，反而為篡奪唐政權的後梁效命，在李存勗看來，這是辜恩負義，罪莫大焉，理應嚴懲，皆貶斥地方。反之，對「忠勤」者則予獎賞：「應扈從征討將校，及諸官員、職掌節級、馬步兵士及河北諸處屯駐守戍兵士等，皆情堅破敵，業茂平淮，副予戡定之謀，顯爾忠勤之節，並據等第，續以獎酬。其有歿於王事未經追贈者，各與贈官；如有子孫堪任使者，並量材錄任。」同光元年（923）十月，莊宗在詔書中，又令各處：「義夫節婦，孝子順孫，旌表門閭，量加賑給」。〔註21〕

契丹統治者也很重視抓典型，對契丹人進行忠孝等觀念的灌輸。如，後唐末年，邊將石敬瑭叛，引契丹為援入寇。後唐以張敬達為主帥，率兵討之。在形勢不利之際，後唐不少將領勸張敬達降於石敬瑭。張敬達斬釘截鐵地說：「吾受明宗及今上厚恩，為元帥而敗軍，其罪已大，況降敵乎？今援兵早晚至，且當候之。若力盡勢窮，諸軍斬我，出降未晚也。」表明了他對後唐王朝的耿耿忠心。後為諸將所殺，持其首出降。契丹主認為這是進行忠義思想教育的良好時機和典範：「契丹主嘉敬達之忠，命收葬而祭之，謂其下及晉（石敬瑭軍）諸將曰：『爾曹為人臣，當效敬達也。』」〔註22〕又如漢人張礪，「事契丹主甚忠直，遇事輒言，無所隱避，契丹主甚重之」。〔註23〕「重」就是對「忠直」的獎勵。

君主的以身作則及獎懲，使忠、孝、仁、信等觀念深入了許多北方民族人氏、將帥之心。

〔註20〕《舊五代史》卷 27，第 365 頁。
〔註21〕《舊五代史》卷 38，第 412～415 頁。
〔註22〕《契丹國志》卷 2，第 17 頁。
〔註23〕《資治通鑒》卷 281，後晉天福元年閏月條。

3、學習儒家經典

北方民族將帥雖然多以武功晉身，但他們也深明掌握文化知識的重要，故他們對子弟的教育亦予重視。而古代中國社會，教育的主要內容，不外乎是儒家典籍。李克用之子李存勗，「十三習《春秋》，手自繕寫，略通大義」。〔註24〕後唐明宗李嗣源也重視延師對自己的後代進行儒學教育。明宗特地選擇儒臣為皇子從榮之師，當獲悉從榮「有暇讀書，與諸儒講經論義」後很高興，對從榮說：「經有君臣父子之道，然需碩儒端士，乃可親之。」〔註25〕其第三子李從厚，「髫齔好讀《春秋》，略通大義」，長而「有德望」。〔註26〕後晉高祖石敬瑭之兄石敬儒早死，敬瑭以兄子為子，命博士王震以《禮記》教導之；其第三子石重義，「幼岐嶷，好儒書，亦通兵法」。〔註27〕在將帥、君主率先示範下，其他北方民族將帥子弟文武兼習者當亦不少。

契丹統治者對儒學的治國安邦功能也有深刻的認識，自遼太祖耶律阿保機始，即已建孔子廟，令皇太子春秋釋奠。遼太宗耶律德光時，又於上京置國子監，於南京設太學，更是推動了廣大契丹人對儒家經典的學習。

北方民族將帥受儒學之影響，通過他們的施政，作用於社會、民眾，具有不可忽視的重要意義。

首先，在軍事活動中，「天命」觀常常有助於北方民族將帥克服怯戰思想，堅定致勝信念；或有助於某些將帥渡過暫時的困境。

儒家認為，人而能做到孝、忠、禮、信、仁、義的，可以得到「天」助，否則必得「天譴」；得「天」助者得天下，遭「天譴」者失天下。唐末五代，北方民族將帥對此深信不移。

李克用勢力在唐末平亂中發展壯大，但受到朱溫強大勢力的打壓，一度境況極艱窘，「及安塞不利之後，時事多難，（後）梁將氏叔琮、康懷英頗犯郊圻，土疆日蹙，城門之外，鞠為戰場」。這時候，晉軍中，不少人對前景失去信心，有人甚至建議往漠北退卻，以圖苟存。李存勗卻以天命觀勸慰其父李克用，謂：「夫盛衰有常理，福禍繫神道。家世三代，盡忠王室，勢窮力屈，無所愧心。物不極則不反，惡不極則不亡。今朱氏攻逼乘輿，窺伺神器，陷害良善，誣詆神祇，以臣觀之，殆其極矣，大人當遵養時晦，以待其

〔註24〕《舊五代史》卷27，第366頁。
〔註25〕《新五代史》卷15，第163頁。
〔註26〕《舊五代史》卷45，第613頁。
〔註27〕《舊五代史》卷87，第1140頁。

衰，何事輕爲沮喪！」在李存勖看來，盡忠王室者必定得到天命的助祐，而不忠不義者必遭天誅；物極必反，後梁必定盛極而衰，晉目前的困境猶如黎明前的黑暗一般，黑暗之後必定是光明！李克用聞之「釋然，因奉觴作樂而罷。」〔註28〕其後事情的發展趨向果然不出李存勖所言。

其次，促進了五代時期禮樂制度的建設。

五代是個「禮崩樂壞，三綱五常之道絕，而先王之制度文章掃地而盡」的「干戈賊亂之世」，〔註29〕制度幾近虛設，人多爲所欲爲的時代。禮儀制度廢棄，正是社會亂象頻出，民不聊生的重要根源之一。因此，要治國安邦，便須加強禮制建設，對政治、社會生活作出規範。在五代時期的「沙陀三王朝」（後唐、後晉、後漢）中，後唐、後晉統治者對禮樂制度都較重視，因而在制度建設方面做了許多工作，成效也較顯著。如後唐明宗當政之初，「有意使民知禮」，以禮治國，於是組織一批儒臣整頓禮儀制度。史載「初，鄭餘慶嘗採唐士庶吉凶書疏之式，雜以當時家人之禮，爲《書儀》兩卷。明宗見其有起復、冥昏之制，歎曰：『儒者所以隆孝悌而敦風俗，且無金革之事，起復可乎？婚，吉禮也，用於死者可乎？』乃詔（劉）岳選文學通知古今之士，共刪定之」。劉岳與太常博士段顒、田敏等增損其書，雖存在不足，「然猶時有禮之遺制」，「公卿之家，頗遵用之」，「其後世士庶吉凶，皆取（劉）岳書以爲法」〔註30〕。這僅是民間婚姻風俗方面的禮儀建設之一斑。

再次，有助於促使北方民族上層統治者施行仁德之政。

儒家最重視仁德之政，認爲統治者施行仁德之政是安民治國的根本之道；反之，社會動蕩，民不聊生，則是仁德之政未施的結果。受此思想的影響，登上最高政治舞臺的北方民族統治者，如李存勖、李嗣源、石敬瑭等，都曾推行過一系列「仁德」之政。李存勖執晉政之後，就很注重推行仁政。史載他在晉陽曾「命州縣舉賢才，黜貪殘，寬租賦，撫孤窮，伸冤濫，禁奸盜，境內大治」〔註31〕。後唐初年，經長期戰爭，社會成了一個「爛攤子」。時「星辰越度，旱潦不時，農桑失業於丘園，道殣相望於郊野」。莊宗將此視爲自己「德政未孚」的結果，懷疚於心。莊宗在位的三年中，多次頒佈減免民眾賦役負擔、釋放囚徒、擢用賢能等「仁德」之政，無疑都有利於民生及

〔註28〕《舊五代史》卷27，第366頁。
〔註29〕《新五代史》卷17，第188頁。
〔註30〕《新五代史》卷55，第632～633頁。
〔註31〕《資治通鑒》卷266，後梁開平二年五月條。

經濟的復蘇。

明宗李嗣源雖目不識丁，然而因爲喜愛儒學，身邊招致許多儒士相輔，在儒臣的協助下，大力推行仁德之政，故其在位期間，取得了較顯著的政績，一度出現了五代歷史上難得一見的「小康」局面。

此外，受儒學薰染的其他北方民族將帥，在爲官一方中，推行仁德之政者也不乏其人。如「其先沙陀部人」的楊光遠，在後唐朝歷任嬀、瀛、易、冀四州刺史，他「通於吏理，在郡有政聲，明宗頗重之」；〔註32〕後唐明宗之猶子李從璋，後晉初授威勝軍節度使，終於任，「鄧（州）人爲之罷市，思遺愛也」。〔註33〕

綜上所述，唐末五代時期，中原地區的戰亂、動蕩，打破了以前鮮明的民族畛域，漢人大量北逃，北方民族則乘亂內侵。這使漢文化如潮水一般湧入北方民族社會。其中，漢傳統文化的主流——儒學，對北方民族成員（尤其是將帥）造成了重要的影響，儒學理念逐漸由淺入深地在他們的意識形態中打下了烙印，使他們逐漸擺脫了愚昧、殘酷和貪婪的本性，而接受了儒學倡導的孝、忠、仁、信、禮等倫理、政治觀念，逐漸漢化。儘管此時期漢傳統文化對北方民族人氏的影響還是較有限的，但其意義卻不可忽視。俗語云，上行下效。北方民族將帥、君主受儒學影響漸深，必然帶動其民族成員「見賢思齊」。這對於民族融合的進一步深化無疑意義重大。

引用文獻

〔1〕王溥，《五代會要》〔M〕，上海：上海古籍出版社，1978 年。

〔2〕葉隆禮，《契丹國志》〔M〕，上海：上海古籍出版社，1985 年。

〔3〕薛居正，《舊五代史》〔M〕，北京：中華書局，1976 年。

〔4〕司馬光，《資治通鑒》〔M〕，北京：中華書局，1956 年。

〔5〕歐陽修，《新五代史》〔M〕，北京：中華書局，1974 年。

〔註32〕《舊五代史》卷 97，第 1290 頁。
〔註33〕《舊五代史》卷 88，第 1155 頁。

十九、五代時期南方高僧輩出探析

摘　要

　　五代時期，佛教在南方獲得較大的發展，僧侶階層人數眾多，其中湧現了一批佛學高僧。正是他們對佛學的深入鑽研、闡發、弘傳，促進了這時期佛教的發展。這時期眾多佛學高僧的出現並非偶然現象，它是南方經濟發展、統治者大力扶持佛教、禮遇高僧以及僧人廣泛遊歷問學的結果。

關鍵詞：五代時期；南方；高僧

　　「五代」指的是唐、宋之際半個多世紀的一個分裂割據、戰爭連綿的歷史時期。這時期，中原地區先後建立了後梁、後唐、後晉、後漢、後周五個朝代；與此同時，南方還存在多個割據政權。紛亂之世，宗教易於流行。正如史學家陳垣先生所說：「五季（代）亂而五宗盛」。佛教在五代時期南方地區獲得了較大的發展，高僧輩出，這在佛教發展史上應是重要的一頁。佛教繁盛之際，僧侶階層人數激增自然是題中之義。《十國春秋》這部記錄、反映五代時期南方各割據政權歷史的史學著作，幾乎於每個割據政權歷史（紀、傳）之後，都要為一批僧人作傳，使僧人與帝王將相「並列」而載入史冊，這在封建時代是罕見的，足見僧人在五代歷史上影響之大，地位之高。從這些僧人傳中可知，五代時期，僧人群體中，湧現了一批學有所成、名聲顯赫、影響深遠的佛學高僧。這些高僧成就如何？其成為高僧的條件（原因）是什麼？這些都是佛教史研究中值得探討的問題。

一

　　僧人出家，佛教典籍自是其學習的主要內容，但佛教典籍義理深奧，理解已屬不易，能精通佛學，有所造詣，並聚徒講學，使佛法得以弘揚，則殊為不易。能達此境界者，可謂之「高僧」。然而，我們發現，在短短半個世紀的五代時期的僧侶中，高僧竟為數不少。正是他們對佛學的深入鑽研、闡發、弘傳，使這時期佛教得到了較大的發展。

　　吳越國在五代時期是個崇佛的國度。〔註1〕在佛學上成就突出之高僧有延壽、德韶、贊寧等。

　　僧延壽，餘杭（今浙江杭州）人，本姓王，七歲開始誦讀《法華經》。出家後，生活儉素，「衣不繒纊，食無重味」，唯孜孜於佛學。初隨智者巖習天台禪宗，後赴明州從雪峰法師受教。曾受吳越國統治者禮遇，先後住持靈隱寺、永明道場（淨慈寺），開展弘法活動。其佛學「以心為宗，以悟為旨」，著有《宗鏡錄》一百卷。「寧作心師，不師於心」；「數盡則群有皆虛，名廢則萬象自畢」等，皆為其弘法名言。生前被賜號「智覺禪師」，卒後諡「永明宗照大師」。延壽是此時期統一禪宗各派的一大功臣，也是一位百科全書式的佛

〔註1〕參見曾國富：《五代吳越國崇佛的原因及其影響》，《宗教學研究》，2007年第3期。

學家。佛教禪宗（南宗）自唐以後分裂爲多個支派：惠能之後，禪宗先分爲青原行思和南嶽懷讓兩派；爾後，南嶽又分爲臨濟、潙仰兩派；青原則分爲曹洞、法眼、雲門三派，合稱「五宗」。臨濟宗盛行於北方，其餘四宗皆盛行於南方。由於諸宗紛爭，各以己意解說教義，致使愈來愈偏離佛教原始教義，其弊病也愈益顯露。即以雲門宗而言，有學者就曾指出：「雲門宗把六祖慧能以來的禪宗唯心主義思辨哲學推向深入。從引導人們進行複雜的抽象思維這一方面看，自有其學術價值；但是它提倡純主觀的『頓悟』，否認物質世界的客觀存在，企圖讓人們完全脫離社會，脫離實際，空談禪理，則是有害的。」〔註2〕在當時，已有一些佛門人士提倡佛教內部的融合。如，文益禪師在《宗門十規論》中，就提出了「事理不二，貴在圓融」的口號，認爲當時禪宗弊端很多，挽救的最好辦法是實行禪教統一。僧延壽即著意統一禪宗。其所著《宗鏡錄》調和諸家，又以禪宗與淨土宗作爲共同的實踐。原來，禪宗單純講禪，教義較奧妙，常人難以理解；與淨土宗結合後，肯定「萬善同歸」，易爲信眾理解接受。有學者述評道：「延壽的《宗鏡錄》保存了大量唐代各宗的思想資料，評述了他們的教義，體現了作者以『心』爲宗，調和禪宗兩家的願望，受到錢俶（吳越國王）的特別重視。」〔註3〕故對其後佛教發展影響巨大。由於佛學淵博，延壽名聲遠揚，連遠隔重洋的高麗國王也經常派遣使者越海傳書，請教於延壽，執弟子之禮，恭敬備至。高麗王還派遣學問僧三十六人到吳越國，拜延壽爲師，學習佛學，相繼歸國，各化一方，於高麗國佛教的發展傳播也有重要貢獻。〔註4〕

　　僧贊寧，本姓高氏，其先渤海人，隋末徙居德清縣。祖、父皆隱居不仕。寶正年間（926～932），贊寧「捨身杭州靈隱寺爲僧，已而入天台山受具足戒，習四分律，通南山律，著述毗尼（佛教梵文譯音，意爲「律」），時人謂之『律虎』。」被時人視爲佛教經、律、論中律學的「專家」。贊寧生活於五代、北宋，入宋後因佛學淵博極受宋統治者重視，賜號「通慧」，命充翰林史館編修，著述等身，先後纂《宋高僧傳》三十卷、《內典集》一百五十卷、《外學集》

〔註2〕方志欽、蔣祖緣主編：《廣東通史·古代上冊》，廣州：廣東高等教育出版社，1996 年版，第 648 頁。

〔註3〕任繼愈總主編、杜繼文主編：《佛教史》，南京：江蘇人民出版社，2006 年，第 285 頁。

〔註4〕〔清〕吳任臣：《十國春秋》，北京：中華書局，1983 年，第 1286 頁。

四十九卷，還參與《三教事迹》的編纂。僧贊寧不僅通佛學、儒學，還通史學、博物學、術數，可謂一位典型的學問僧。〔註5〕

僧德韶，處州龍泉陳氏子。十五歲時，有來華梵僧見之，認爲其與佛有緣，曰：「汝當出世，塵俗中無置汝所也。」乃剃髮，受滿分戒於開元寺。曾拜龍牙禪師居遁、僧文益爲師學法，「平生凝滯，渙若冰釋」。當時，創立法眼宗的僧文益視德韶爲法嗣，對他說：「汝向後當爲國王所師，大宏吾道。行矣自愛。」吳越國忠懿王錢俶即位，德韶入都城杭州，被尊爲國師。史載「德韶說法簡要，絕去支（枝）蔓」。「眼中無色識，色中無眼識，眼識二字俱空，何能令見色是眼」爲其說法名言之一。〔註6〕

此外，吳越國還有僧道潛，「登堂問法者五百人」；僧志逢，「通貫三學，了達性相」，〔註7〕等。

與吳越國毗鄰的南唐國也是一個佛學高僧輩出的國度。南唐的高僧大德，著名者有僧文益、僧行言、僧慧朗、僧智筠、僧無殷等。

僧文益，餘杭魯氏子，七歲依睦州僧全偉落髮學佛，不僅佛學造詣頗精，還「旁通儒典」，佛儒兼治。後又詣明州（今浙江寧波）拜希覺禪師，「聽講釋書」，頗受禪師的讚賞，被稱譽爲「我門之（子）游、（子）夏也。」子游、子夏是孔子聚徒講學中文學方面的得意門生，希覺禪師以此比喻文益爲其佛學的得意門生，薪火相傳者。文益圓寂後，南唐「公卿以下素服奉全身於江寧縣丹陽起塔，諡大法眼禪師，塔曰無相。後主命文益弟子行言爲導師開法，再諡文益曰『大智藏大導師』。」〔註8〕由此可見其在南唐國佛教界聲譽之高，眾望所歸。

僧行言，泉州人，僧文益創立法眼宗的傳承人。南唐後主在位時，「後主建報慈院，令行言大闡宗風，會眾二千餘人，署號曰『元覺導師』。」行言在弘法中所言：「示生非生，應滅非滅，生滅洞己，乃曰眞常」；「言假則影散千途，論眞則一空絕迹」，被讚譽爲「見道之言」。〔註9〕

《十國春秋》記載極簡略而《宋高僧傳》有較詳細記載的釋行因也是南唐一位著名的佛學高僧。他是北方雁門（今山西代縣）人，游學問道於江淮，

〔註5〕 《十國春秋》，第 1287～1289 頁。
〔註6〕 《十國春秋》，第 1284～1285 頁。
〔註7〕 《十國春秋》，第 1291～1292 頁。
〔註8〕 《十國春秋》，第 468 頁。
〔註9〕 《十國春秋》，第 469 頁。

見廬山勝景而棲身於佛手巖。行因曾「傳禪法於襄陽鹿門山，尋（不久）為（南唐）元宗堅請，於棲賢寺開堂唱道」。他因為「有經藉（籍）之學」，被時人稱為「實得道之良士」。〔註10〕

南唐在佛學上專精有成的佛學僧還有：僧智筠，「精通禪理」；居於廬山化城寺的僧慧朗，南唐權臣宋齊丘「常請開堂說法，一時稱為法眼宗高座」；僧無殷，福州人，俗姓吳氏，七歲從雪峰禪師出家，佛學淵深，居吉州禾山弘法，「學徒雲集」。卒後諡「法性禪師」等。〔註11〕文益的高座弟子還有僧匡逸，明州人，被後主詔居金陵報恩院，署號「凝密禪師」；僧守納，字妙空，嗣法於雪峰，住嘉祐禪院，後主也多次下詔延請。

割據於嶺南的南漢國，佛學名僧有僧如敏、僧文偃、僧子祥等。

僧文偃，本嘉興（今浙江嘉興市）人，姓張氏，幼依空王寺志澄律師出家。文偃「敏質生知（智），慧辨天縱」，佛學日有進步。後抵靈樹（山），參學於如敏禪師。據《十國春秋》卷六十六《僧文偃傳》載：如敏禪師住靈樹山中，「二十年不立首座。一日令擊鐘三門外，速延首座。及眾僧出迓（迎接），則文偃來也。後繼如敏開堂（說法）。」如敏禪師之所以二十年來不立首座，是因為未物色到合適的嗣法人；其最終選定文偃為法嗣，是因為文偃的佛學精深。這可謂後來者居上也。文偃在嶺南「倡道靈樹、雲門凡三十年，機緣語句，實立雲門宗之始。」成為五代時期佛教雲門宗的創始人。

文偃之法嗣僧子祥，「居韶州（今廣東韶關）白雲山，大闡雲門宗乘」，〔註12〕文偃的其他弟子實性、性質、志文、契本、達眞、妙光等，「善繼雲門禪乘，能不墜其宗風」。〔註13〕使雲門宗在嶺南長盛不衰，並向內地傳播，成為五代時期影響較大的佛教宗派。

楚國佛學僧有：僧居遁，字證空，撫州人。曾遊歷各地，拜各路高僧大德為師，「少參翠微，又問臨濟，復走洞山，就正良价禪師」。如眾川匯流而成大海，居遁的佛學在此期間大有長進。後馬殷勢力在湖南發展壯大，欲借佛教輔助其統治，將居遁延住潭州（今湖南長沙）龍牙山。居遁遂在湖南「大闡宗風」，弘揚佛法，推動了佛教在湖南的傳播。〔註14〕僧洪道也是湖南一名

〔註10〕〔宋〕贊寧：《宋高僧傳》，北京：中華書局，1987年，第315頁。
〔註11〕《十國春秋》，第466～470頁。
〔註12〕《十國春秋》，第928頁。
〔註13〕〔清〕梁廷楠：《南漢書》卷十七《方外傳》，廣州：廣東人民出版社，1981年。
〔註14〕《十國春秋》，第1041頁。

高僧，「通內外學，道行尤高，大爲時人所重。」〔註15〕

闡國的佛學高僧首推僧義存。義存頗受閩主王審知的禮遇，曾問以佛法。義存居閩「行化四十餘年，四方之僧爭趨法席者不可勝算矣。冬夏不減一千五百」。〔註16〕《景德傳燈錄》記義存弟子五十六人，有機緣語的四十五人，絕大多數分佈在福建、浙江和江蘇，少數在廣東和北方。與義存爲「禪友」的僧備，也有「學徒凡八百餘人」。〔註17〕他是義存的首席弟子，佛學上似乎頗與師說相悖，故僧史稱其有「過師之說」，後被推爲禪宗五家之一法眼宗的鼻祖。僧義英，「勵精釋典，浹（透徹）洽（廣博）空妙」；〔註18〕僧文超也「博通內外學，聲聞朝野」。〔註19〕正是這些高僧的共同努力，使福州地區成爲禪宗盛行的重要基地。

前期雲遊四方，晚年定居成都的僧貫休，不僅是五代時期名聲大噪的詩僧，同時也是一位佛學精深的高僧。他自七歲出家，投本邑和安寺圓貞禪師，「日誦《法華經》一千字，耳所暫聞，不忘於心。……乃往洪州傳《法華經》、《起信論》，皆精奧義。刺史王慥見之，雅相欽重。」入川，受到前蜀國主王建禮重，先後署號「禪月大師」、「明因辨果功德大師」、「三教元逸大師」等，授經律論道門選練教授。貫休的弟子曇域也「戒學精嚴」。〔註20〕

實際上，《十國春秋》所記僅爲五代時期南方高僧之一部分而非全部，還有不少高僧大德失於記載。如僧令因，俗姓錢氏，是吳越王錢鏐第十九子。他從小就具有慧根，斷了葷辛食物，十三歲住持安國羅漢寺，先後被授兩浙僧統、吳越僧統，賜號「慧因普光大師」。他「遍披內典」，「洞曉大乘，了傳佛性」，先後登壇演說《妙法蓮華經》、《七寶陀羅尼經》，「智理縱橫，演說精妙」，大受吳越國文武臣僚及普通信眾的歡服。〔註21〕再如僧懷溢，他「師從灌溪澧源和尚，繼承自馬祖以來的禪宗道統，是晚唐至五代吳越國的著名禪師」，曾在雲蓋山龍壽寺「辛勤傳道，廣泛度人，歷時三十年之久」。〔註22〕等等。

〔註15〕〔宋〕陶岳：《五代史補》卷三，《僧洪道》，文淵閣四庫全書本。
〔註16〕〔宋〕贊寧：《宋高僧傳》，北京：中華書局，1987年，第288頁。
〔註17〕《十國春秋》，第1416頁。
〔註18〕《十國春秋》，第1420頁。
〔註19〕《十國春秋》，第1419頁。
〔註20〕《十國春秋》，第669～670、672頁。
〔註21〕趙超主編：《新編續補歷代高僧傳》，北京：社會科學文獻出版社，2011年，第220～222頁。
〔註22〕趙超主編：《新編續補歷代高僧傳》，北京：社會科學文獻出版社，2011年，

總之，五代時期，南方各國都有在佛學上造詣頗精深的高僧。由於他們對佛學刻苦鑽研，努力爲道俗信眾傳道說法，才使得佛教宗派不斷創立，佛教獲得較大的發展。

二

佛教認爲，世上任何事情都是因緣和合而形成、產生的。同樣，僅半個多世紀的五代時期，高僧輩出，也是有其特定原因的。究其「因緣」，筆者認爲大約有以下數端。

首先，宗教的繁榮需要物質條件的支持。因此，這時期作爲宗教繁榮表現之一的高僧輩出與同期南方地區社會相對安定，經濟獲得發展，文化較發達有關。

五代雖屬戰亂之世，但戰爭是北方多，南方少。北方連綿的戰爭不僅摧毀了經濟，也摧殘了文化。北方佛教發展幾近「窒息」，寺院破敗，名僧稀少。而南方較長時間的安定，經濟有所恢復、發展，隨之也帶動了佛教的發展。宗教史家嚴耀中先生在《中國東南佛教史》中曾指出：五代時期，「江南的富饒對禪僧和別的僧侶的吸引力是其他地方所無法比擬的。」〔註23〕這時期，南方許多地區寺院大量興建、佛像大量塑造，大量人口出家爲僧。各割據政權統治者也頻頻地禮遇延請並尊崇名僧，不僅給他們賜號定諡以光佛教，還供給他們優厚的生活待遇（一些名僧還可以獲得官員的待遇，由官府按月支給「俸祿」）。這一切都是奠基於經濟發展基礎之上的。五代時期南方文化事業大發展的表現之一是，從唐末起，江南已成爲我國主要的印刷出版中心，大量的佛教經典及其他著作印刷流傳，便利了南方人（包括僧侶）的習學。

其次，當時各割據統治者建立地方政權後，急欲鞏固統治，安定民眾，故大興佛教，禮遇高僧，欲使佛教爲其政治統治服務。披閱相關史籍可知，此時期，各小國大小統治者都對禪林表現出「傾慕」之態，他們像東漢明帝及南朝梁武帝一樣崇尚佛教，曾屈節於高僧，拜他們爲師，請問佛家義理說教，營造了一種「重佛法」的氛圍。這促進了僧人對佛教義理的深入鑽研和闡發。

據史載，閩國開國之主王審知曾拜訪高僧義存（雪峰禪師）並眾僧，「備

第 228 頁。

〔註23〕嚴耀中：《中國東南佛教史》，上海：上海人民出版社，2005 年，第 195～196 頁。

問達磨所傳秘密心印」。義存回答：「須是見性。」王審知問：「何爲見性？」義存：「見自本性。」王審知：「有形狀否？」義存：「見自本性，無物可見。」王審知又問：「備此一眞心本無生滅，今此一身，從何而有？」義存：「從父母妄緣而生，便即傳命，身有輪迴也。」僧義存與閩主王審知的佛法問答，被內尙書三人隔帳後錄之。〔註24〕於此可知，王審知於佛學也有一定知識；二人佛法問答，仿似高僧坐而論道，相得益彰。

王審知從子王延彬守泉州，曾延請僧慧稜開堂說法。「延彬衣朝服，聽說法」，一副端莊、恭敬的姿態。嗣王王延翰執閩政時，其夫人崔氏自稱「練師」，常常與僧慧稜「往復論難」。〔註25〕

吳越國最後一位統治者錢俶也「崇信釋氏」，常與本國高僧探研佛學義理。據載，有一次，錢俶讀《永嘉集》，書中有一段似乎與佛學有關的文字看不懂：「……同除四住，此處爲齊若伏無明三藏」。錢俶便拜訪國師德韶請教。德韶也看不明白，推薦佛學更淵博的高僧義寂。錢俶於是傳召僧義寂入宮詢問。義寂說：「此智者大師妙元中文。時遭安史兵殘，近則會昌焚毀，中朝（中國）教藏殘闕殆盡。今惟海東高麗闡（禪）教方盛，全書在彼。」義寂也不明其中奧義，但知道是前高僧智者大師妙元著作中的文字。由於唐代滅佛事件，其著作遭焚毀不存，今惟有到高麗國去抄寫回來，深入鑽研，才能理解作答。錢俶「即遣國書贄幣使高麗」。高麗國王命國師諦觀報聘，將天台宗佛教典籍送回中國。錢俶命由僧義寂負責保存。〔註26〕史又載：開寶四年（971），錢俶「閱《華嚴經》，因詢天冠菩薩住處，大會高僧，無有知者」，只有博學多識的僧清聳「習聞其處」，解除了錢俶的困惑。〔註27〕

高僧同樣是南漢國統治者瞭解佛學義理之師。如，僧如敏住韶州（今廣東韶關）靈樹山，南漢烈宗劉隱、高祖劉巖都「累加欽重」，署爲「知聖大師」、「靈樹禪師」，曾問如敏禪師「佛法至理若何」。文偃是南漢高僧。南漢高祖劉巖就曾「親臨請益」。其後繼統治者也常常駕臨寺院，向高僧請教佛理。如僧子祥爲文偃法嗣，初住慈光院，南漢中宗劉晟「召入，問祖意、教意是同是別，子祥應對稱旨」。所謂「祖意」、「教意」，即文偃佛學與子祥佛學，問

〔註24〕《十國春秋》，第 1415 頁。
〔註25〕《十國春秋》，第 1420 頁。
〔註26〕《十國春秋》，第 1286 頁。
〔註27〕《十國春秋》，第 1290 頁。

二者有何異同。韶州有章禪師者，亦是文偃弟子，南漢中宗也曾「問如何是禪」。〔註28〕

此類事例還有不少。統治者不僅在佛學上向高僧請教，與高僧進行「論難」（辯論），還常常會以各種方式對僧人的佛學深淺進行考驗。考驗過關者可得禮遇獎賞，不能過關者必被斥逐。輒舉數例：

一是僧深居金陵說法，南唐元宗考問其佛學，並置彩色絲織品一篋、劍一把，對僧深說：「高座若問答得當，賜雜綵，否則賜劍。」〔註29〕

一是王審知考驗域外來僧。五代時期，一些域外僧人（如西域僧、高麗僧、日本僧）知道中國割據統治者重佛教，禮高僧，也不遠萬里，歷經波濤到中國來。對於這些外來僧，割據統治者並不崇洋迷外，而必須讓身邊的高僧對他們進行考驗。考驗主要是看僧人對佛學義理是否精通熟悉，有沒有「悟性」，懂不懂「禪機」。一次，一位自稱是西天國（古印度或西域——即今中亞、西亞、南亞地區）高僧的「聲明三藏」來到福建閩國，求見王審知。王審知讓僧備「辨驗」來僧。僧備並非直接以佛學義理考問之（大約因為語言不通），而是用鐵火箸敲擊銅爐，問：「是何聲？」這是一道必須對佛學熟悉並通「禪機」、有「悟性」者才能回答的「IQ」題。聲明三藏不假思索就答道：「銅鐵聲。」僧備一聽，知道這是個「凡夫俗子」而非真正高僧，對王審知說：「大王莫受外國人謾（欺騙、蒙蔽）也。」〔註30〕

南唐統治者也熱衷於佛學。他們於理政之餘，或夫妻一起潛心攻讀佛典；或延請高僧說法；或與之促膝切磋佛學；對佛學學識深厚者不吝賞賜。這對於僧人鑽研佛經，佛學長進無疑是大有影響的。如南唐僧元寂，博極群書，善講佛法。南唐後主李煜召請他講授《華嚴經》梵行一品。後主認為講得好，「資（賞賜）金帛甚厚」。〔註31〕

高僧之間的互相激勵與鞭策，亦有助於僧人端正治學態度，在佛學上精益求精。這方面一個典型的事例是：南唐僧文遂，曾為《楞嚴經》作註解，有所困惑，就教於文益禪師。文益禪師就《楞嚴經》中一些問題考驗文遂，問：「《楞嚴》豈不有『八還』義邪？」文遂答：「有。」文益接著問：「明還何處？」對曰：「明還日輪。」文益：「日還何處？」文遂懵然無對。文益讓文遂把所有註

〔註28〕《十國春秋》，第 927～928 頁。
〔註29〕《十國春秋》，第 468 頁。
〔註30〕《十國春秋》，第 1416～1417 頁。
〔註31〕《十國春秋》，第 470 頁。

解文字一把火燒了！此事讓文遂明白：佛學未及淵博，怎可爲佛經作註！受文益禪師的鞭策與激勵，文遂「自是始忘知解，禪學日進。」〔註32〕

看來，佛學造詣不深，在南方佛教界是難以混下去的，「濫竽充數」沒有市場；「因此，『應機接物』、『開堂說法』的成敗如何，也就成了決定禪師地位的重要因素，處理好賓主師徒間的往來酬對，則變成了日常重要的議題。」〔註33〕換言之，要獲得統治者的青睞、佛徒們的尊重，唯有孜孜矻矻於佛學義理的研習。

再次，許多僧人走出寺院，多方遊歷，尋師問道，使學問得以增長。

五代時期在佛學上造詣精深的高僧，幾乎都有著共同的經歷：他們在學佛過程中，情深問道，志在觀禪，敬業精修，每遇困惑、不足，輒毅然攜瓶錫而「行腳」，無名山不至，無梵刹不臨。他們遊歷各地，拜各路法理精微的禪門砥柱爲師，所謂「尋訪名山，參見知識，屈指不勝其數」，〔註34〕虛心問學，因而能「得於無得，聞所未聞」，智慧日新。猶如江河在奔流過程中，由於容納了眾多支流，而使自身不斷豐滿、淵深，以致成汪洋恣肆、浩浩蕩蕩之勢。如吳國名僧懷溢，「出家後懷溢敬奉師命，與眾僧友好。接著就開始四方游學，尋找他心中的正道。他先到了嵩山會善寺，正值當地律風盛行。懷溢在這裡遍歷四方，尋訪宗師。雖有所遇，終不能啓悟自己的壅塞，所以停留了一段時間後，他又離開衡山，前往灌溪，參見澧源和尚。他立雪階前，又一次用勇氣和毅力打動了這位禪師。……跟從澧源繼承了馬祖、百丈以來的禪宗道統。」〔註35〕這只是眾多例子中的一例。甚至不乏北方僧人千里迢迢雲遊至南方，爲南方發達的佛教文化及優美的山水所吸引而終焉於斯者。故有學者指出：這時期，「一些有見識的禪僧，多由參學諸山名家而獨樹一幟，以致『行腳』、『參禪』成風，禪師間平等競爭，十分激烈。」〔註36〕

〔註32〕《十國春秋》，第 470 頁。

〔註33〕任繼愈主編，杜繼文主編：《佛教史》，南京：江蘇人民出版社，2006 年，第273 頁。

〔註34〕〔宋〕贊寧：《宋高僧傳》，北京：中華書局，1987 年，第317 頁。

〔註35〕趙超主編：《新編續補歷代高僧傳》，北京：社會科學文獻出版社，2011 年，第 228 頁。

〔註36〕任繼愈總主編、杜繼文主編：《佛教史》，南京：江蘇人民出版社，2006 年，第 273 頁。

二十、五代時期僧侶的政治與公益文化活動

摘　要

　　五代時期，佛教在各藩鎮、各割據政權中獲得了較大的發展。僧侶來源廣泛，隊伍龐大。僧侶之中，有不為名利所誘，潛心修道，老死於寺院中者；然而亦有不少僧侶不甘心局限於寺院狹小天地之中，他們身在寺院，心繫世俗，積極參與了政治、社會、文化等多個領域的活動。不少僧侶受到了各地統治者的崇高禮遇，被尊為國師、謀主；不少僧侶對社會，對文化的發展作出了重要的貢獻。本該隱遁山林，消極避世的僧侶，卻在歷史舞臺上表演了重要的角色，這或許是唐末五代戰亂時期一種特殊的歷史現象，也是佛教中國化、世俗化的表現。

關鍵詞：五代；僧侶；佛教

　　紛亂之世，宗教易於流行。即以佛教而言，我國歷史上的東晉十六國、南北朝及唐末五代十國時期，佛教都很盛行。其中一個重要的表現，就是僧侶人數眾多，並且不少僧侶不甘願局限於寺廟，坐禪念經，潛心修煉，期求涅槃成佛；他們走出寺廟，活躍於社會，甚至活躍於政治舞臺，對政治、社會、文化都有重要的影響。

一、五代時期僧侶的政治活動

　　佛教宗旨為出世，超脫人間一切俗事煩惱，潛心修煉，得道涅槃。按理，作為佛教忠實信徒的僧侶，不應與政治活動有過多的關涉；然後，瞭解五代十國歷史的人都知道，五代時期僧侶與政治活動有著較密切的聯繫。不少僧侶成為各方統治者極力羅致的座上賓；不少僧侶成為軍閥的政治或軍事參謀；還有僧侶成為重要軍事將領者。

　　五代時期，中原五朝由於存在時間均不長，或十餘年，或三四年，且戰爭頻繁，內爭激烈，統治者無暇與僧侶過多交往；而十國局勢相對穩定，統治者在理政之餘，多有與僧侶關係密切者。不少僧侶被延為座上賓，給予禮遇。

　　荊南武信王高季昌（興），「雖武人，頗折節好賓客，遊士緇流（僧侶）至者無不傾懷結納，詩僧貫休、齊己，皆在所延攬。而貫休以忤成汭故，遞（流）放黔中，後復來遊江陵，王（高季興）優禮之，館於龍興寺。」〔註1〕貫休入蜀，值王建稱藩，王建「大悅，遂加禮待。洎僭大號，以國師賜號，日禪月。」〔註2〕

　　南唐統治者也重佛教，禮高僧，先後迎請多名高僧入住金陵各寺院，如請僧無殷居東都（今江蘇揚州）祥光院，僧文益居報恩院，行因禪師居棲賢寺，僧清稟居光睦寺、僧智筠居淨德院、僧匡逸居報恩寺等。吳越國也是一個重佛的國度，眾多高僧受到吳越國王的禮敬和厚遇〔註3〕。

　　楚國文昭王馬希範對名僧的禮遇也是很突出的。據載，僧洪道，能通內外諸典，道行尤高，大為時人所重。天福（936～947）中，居衡州（今湖南衡陽）石羊鎮山谷，文昭王馬希範聞其名，徵為報恩寺住持。洪道不應召。

〔註1〕《十國春秋》，第1438頁。
〔註2〕《五代史補》卷一，《僧貫休入蜀》。
〔註3〕參見曾國富：《五代吳越國崇佛的原因及其影響》，載《宗教學研究》2007年第3期。

文昭王堅欲致之，使者相望於路。洪道乃率弟子輩轉徙深山中。會百鳥和鳴隨之，使者追蹤找到洪道。「及至王府，文昭王以國師待之」。〔註4〕

五代末期，楚將周行逢、周保權父子割據統治湖南時，周行逢「常設大會齋，緇徒畢集」；〔註5〕周保權對僧侶不僅禮敬，甚至到了頂禮膜拜地步：他「酷信釋氏，每歲設大會齋僧者凡四，所耗國用不貲；又度僧建寺無虛日，復召群僧於府中講唱，自為執爐焚香以聽，見被緇之輩，雖三尺童子必搶地伏拜之」〔註6〕，對僧侶對佛教可謂五體投地矣。

閩國與南漢國統治者也禮重名僧，有史可按，無須贅述。

一些富於學識的著名僧人一生居無定所，雲遊四方，所到之處都受到當地統治者的禮重。君主對僧侶的禮遇不僅表現在給予名僧優厚的待遇，還體現在一些名僧圓寂之時君主的鄭重其事。不僅君主集眾大臣聚會悼念，還給予諡號，仿似名臣去世一般，可見統治者對某些名僧的高度重視。

除割據一方的最高統治者尊崇僧侶外，僧侶還受到地方官吏、軍隊將領甚至於反叛勢力的推崇。地方官吏不乏與僧侶往來密切者；一些將領將軍隊致勝或自己脫於死難歸因於佛的保祐而大搞「飯僧」活動；一些反叛勢力還將僧侶推出來以為首領或謀主，以凝聚人心，如閩國末年，將領李仁達反叛，欲自立，恐人心不附，擁立僧卓巖明為帝；南漢國張遇賢起義，以僧景全為謀主等。

五代時期各割據政權統治者對僧侶的禮遇，其原因或目的是多方面的。

首先，某些僧侶憑著他們對於政治的敏銳目光，或傑出的治政、理財能力，在幫助統治者發迹、奪取政權或鞏固政權方面，作出了傑出貢獻，因而愛寵。建立前蜀國的軍閥王建，其發迹的歷程中，就曾得到過僧人的啓發誘導。史載，王建原來是個桀驁不馴的「無賴」，販賣私鹽兼盜竊，人皆苦之，後有僧人觀其相，知其勇悍敢為，勸他從戎，以取他日富貴。王建從其言，於是從軍，由軍士迅速晉身為將，最終開創了一番霸業。王建為此對給他指點迷津之僧懷有感激之情，構精舍以居之。

在吳越國，忠懿王錢俶取得政權，也得到過僧德韶的指引和幫助。後晉開運年間（944～946），錢俶時鎮台州，在僧德韶的指導下，及時趕回都城杭

〔註4〕《五代史補》卷三《僧洪道》。

〔註5〕《九國志》卷十一，《周行逢傳》。

〔註6〕《十國春秋》，第980頁。

州，適逢胡進思之亂發生，前王錢宏倧被廢黜，錢俶因而得以及時填補權力空缺，被立爲忠懿王。僧德韶是憑著靈敏的政治嗅覺，準確預見到政變的發生，爲錢俶入杭執政作出了貢獻。錢俶爲此對僧德韶感恩戴德，「及襲位，迎德韶入抗州，尊爲國師」〔註7〕，期望德韶日後仍能爲其鞏固政權服務。僧繼顒在北漢受到君主的器重，就因爲他具有傑出的政治（尤其是理財）才能，爲北漢政權建設作出了重大的貢獻。北漢局促於河東一隅，既要臣事遼朝，每年給遼朝輸送鉅額錢財；又要頻頻與後周作戰，軍費開支不菲，因而財政窘迫。而僧繼顒「多智數，善商財利」。這對於北漢政權來說是個難得的政治、經濟人才。自世祖劉旻建立北漢政權伊始，已頗受信任、倚賴。繼顒雖爲出家僧侶，但卻感念劉氏統治者的知遇之恩，心繫北漢政權存亡，努力從經濟上支持北漢政權。據載，「繼顒能講《華嚴經》，四方供施，多積蓄以佐國用。五臺（按，繼顒出家居五臺山）當契丹界上，繼顒常得其馬以獻，號『添都馬』，歲率數百匹。又於柏谷置銀冶，募民鑿山，取礦烹銀以輸，劉氏仰以足用，即其冶建寶興軍。」正因爲繼顒在財政經濟上對北漢政權貢獻良多，因而累官至太師、中書令，死後追封定王。〔註8〕

其次，某些僧侶掌握了占卜、勘輿等術數、能較準確地預測未來，被人們看作「神僧」，因而受到統治者的禮重，以之作爲占卜壽命短長、政治興衰的工具，或作爲溝通人神的媒介，以求得神靈的護祐。如王審知被唐朝封爲閩王時，吳王楊行密勢力強大，欲據有東南。王審知爲此憂心忡忡，遣人齎金帛詣洪州（今江西南昌）遺上藍和尚，「且問國之休咎」。上藍和尚以十字隱語告知王審知：「不怕羊入屋，只怕錢入腹。」〔註9〕「羊」暗指楊行密，「錢」指吳越王錢鏐；「腹」喻指福州，王審知的勢力範圍。上藍和尚富有政治眼光，認識到錢鏐勢力強盛，足以阻擋楊行密勢力向東南的發展；王審知的心腹之患是錢氏，而非楊氏。暗示王審知或與錢氏搞好關係，或加強對錢氏的防範。王氏閩政權被滅後，其原有領土部分爲吳越國佔據，部分（漳、泉二州）成爲原閩將陳洪進領地。陳洪進既想步王氏後塵，割據稱雄，又懼怕新建立的北宋王朝勢力強大，頗感迷惘，於是對「得異術，言未來事奇中」的僧行雲就「甚尊禮之」，欲藉之窺知前事，指點迷津。〔註10〕在湖南，受

〔註7〕《十國春秋》，第1285頁。
〔註8〕《新五代史》，第868頁。
〔註9〕《五代史補》，卷二，《王氏據福建》。
〔註10〕《十國春秋》，第1423頁。

文昭王眷顧的報慈長老，據說也「能入定觀人休咎」。〔註11〕吳越國僧王羅漢因爲具有「出言者風狂，後亦多驗」的神通而被吳越國王敬爲「密修神化尊者」。〔註12〕對於統治者而言，他們最關心的問題莫過於政權的治亂興衰及自身壽命的長短。因此，這些素有道行，又據說能入定觀人休咎，能準確預見未來的僧侶自然受到統治者的青睞。

再次，期望僧侶爲己念經贖罪，求得神佛護祐。戰爭年代，許多統治者的「霸業」是建立在殺人如麻的基礎上的。他們自知罪惡累累，害怕遭到現世報應或死後受到神靈懲罰，故而常常大舉做佛事，禮僧侶，以求解冤贖罪。如五代末期，楚將周行逢割據統治湖南局部地區，他常設大會齋，緇徒畢集，行逢遍拜之，日：

> 吾殺人多矣，不假佛力，何以解其冤報乎？〔註13〕

第四，某些僧侶的趨炎附勢，他們或極力神化統治者，或爲之奪權固位出謀劃策，以此取寵。五代僧侶中，雖不乏談泊名利，甘於山野寂寞，即便流治者多番延請也不肯應召，甚至被迫出山後又設法逃脫者；但也不乏看風駛舵，趨炎附勢者。他們投統治者之所好，對之歌頌，吹噓，神化，旨在從中獲得利益。

佛教雖然宣揚出世，主張目空現實，摒棄一切利誘，潛心修道，追求涅槃成佛；但僧侶畢竟也是人，人的某些本性，諸如熱衷榮華富貴等，在他們身上依然有所表現。不少富於才學、見識的僧侶主動謁見執政者，出入禁庭，究其目的，一方面當然是期求得到執政者的支持，使佛教得到重視和發展，另一方面則是獲得君主寵幸，得享富貴榮華。一些僧侶，如五代後期的僧延壽、僧志嵩、僧贊寧等人，隨俗浮沉，與時俯仰，諂事帝王，交結公卿，號爲出家之人，而富貴榮顯爲當時許多文臣武將所難以企及。

二、僧侶的社會活動及其文化貢獻

五代時期的僧侶，並不局限於寺院之中念經誦佛，潛心修道，追求涅槃；他們之中的許多人常常走出寺廟，參與了多方面的社會活動，如經營商業，爲人占卜解夢，祈福攘災等等；此外，還有其他一些值得一提的社會活動。

〔註11〕《十國春秋》，第1042頁。
〔註12〕《宋高僧傳》卷22，《宋明州乾符寺王羅漢傳》。
〔註13〕《九國志》卷十一，《周行逢傳》。

（一）誘導邪惡之人向善

僧侶雖爲出家之人，然而對於現實世界並未冷漠處之；他們對社會，對民生，大多還保持著熱誠之心。不少僧侶都把勸人爲善作爲自己應盡的一份義務。

唐末五代，天下大亂，許多人成爲偷盜殺掠、無惡不作的邪惡者。這些邪惡者常常不顧禮則，不畏國法，而僧人的勸言則常常受到重視。不少人正是在僧人的規勸下棄惡從良，改邪歸正的。前蜀國主王建由「無賴」而成爲國主，即得益於僧人的規勸。據史載，王建少年無賴，以屠牛、盜驢、販私鹽爲事，里人謂之「賊王八」，後因犯罪被逮入獄，以獄吏放縱得以逃出，亡匿武當山，「遇僧處洪，以相術奇建曰：『子骨法甚貴，盍（何不）從軍自求豹變！』建感其言，因隸軍於忠武」，因軍功而不斷陞遷，終成一方軍閥。〔註14〕吳越國王錢鏐亦有類似經歷。據載，錢鏐「及壯，無賴，不事家人生產，以販鹽爲盜」。一禪僧洪諲勸他「好自愛」，勿作奸犯科，自毀前程。錢鏐「後累立戰功，爲杭（州）牧，故奏署（洪）諲師號。見必拜跪，檀施豐厚，異於常數。終時執喪禮，念微時之言矣。」〔註15〕

戒殺生是佛教戒條之一。僧人不僅以此律己，亦以此告誡俗世之人，尤其是掌握軍隊的將帥。

受軍閥寵幸的僧侶，常勸軍閥戒殺，挽救過不少人命。如唐末，鍾傳爲洪州節度使，對洪州上藍院的上藍和尚頗禮敬。當時，王審知與王潮兄弟假道洪州，欲入福建。鍾傳「陰欲誅之」。上藍和尚知情後，對鍾傳說：「令公何故起惡意，是欲殺王潮否？」鍾傳如實承認。上藍和尚道：「老僧觀王潮與福建有緣，必變彼時作一好世界。令公宜加禮厚待；必若殺之，令公之福去矣。」鍾傳於是放棄殺戮之念，「加以援送」。〔註16〕又如五代末期，閩將陳洪進據有漳、泉二州。之前，另一閩將張漢思曾欲謀害陳洪進，未果。受陳洪進尊禮的福州僧行雲擔心陳洪進秋後算帳，對張漢思等人大開殺戒，對陳洪進說：「世報莫不前定，苟懷疑殺人，鮮得令終。」正因爲僧行雲的勸誡，張漢思雖被幽禁而終未遭屠害。〔註17〕

劉龑在嶺南建立割據政權——南漢之初，雄心勃勃，志在興兵攻伐，拓

〔註14〕《十國春秋》，第 481 頁。
〔註15〕《宋高僧傳》卷一二，《慶諸傳》附。
〔註16〕《五代史補》卷二，《王氏據福建》。
〔註17〕《十國春秋》，第 1423 頁。

展疆域，將詣寺院決臧否。適遇僧如敏圓寂，圓寂前對劉巖來訪已有預知，遂遺留一緘，只有玄語一句：「人天眼目，堂中上座。」劉巖「悟其意，遂寢兵。」〔註18〕我們雖不明僧如敏偈語之意，但他通過隱晦婉轉的方式規勸劉巖放下屠刀，實行「弭兵息民」政策，並且取得實效，則是可以肯定的。

（二）行醫施藥，收瘞屍骸

一些僧侶善醫。他們運用其傑出的醫術，為民除疾驅病，受到民眾的敬仰。如前蜀國僧智廣，「善救病，以竹片為杖，拍其痛處決之，無不立愈，攣者便申，跛者能行，其餘疾苦，應手痊損。乾寧二年，高祖（王建）延智廣於成都寶曆寺，為人療病，所得資財，即用修造，遂於本寺天王閣居止。於是病者競來，日有數千百人，貧者不復施錢，時號『聖僧』。」〔註19〕秭歸僧懷濬也善醫藥。在南平，「以醫藥有效」而受到南平王高從誨的禮遇。〔註20〕

朱長文修《吳郡圖經續記》卷中「明覺禪院」條載：「（後）晉開運中，有僧遇賢，……能告人禍福，必驗；與符治疾者，必痊。」《十國春秋》卷99《僧文炬傳》亦載：「先是，文炬詣西院法堂，輪竹杖而入，會有五百許僧染時疾，文炬以杖次第點之，各隨點而起。」這些記載看似荒誕不經，實際上應是對這些僧侶醫術高明的神奇化。

一些僧侶還利用詩歌作宣傳工具，向民眾傳播醫療科學知識，如僧齊己（或僧仰山）有《粥疏》詩，云：「粥名良藥，佛所讚揚，義冠三檀，功標十利。更祈英哲，各遂願心，既備清晨，永資白業」。據說「禪流稱其辭，謂當與《食時五觀》並傳」。可見其詩影響之廣。〔註21〕粥食利於養生已是今日常識。

五代為戰亂時代。每次戰爭之後，屍骸暴露，慘不忍睹。一些僧侶以慈悲為懷，傾力掩埋屍骸。後漢朝平定永興趙思綰、鳳翔王景崇、河中李守貞三鎮叛亂後，「遣使詣河中、鳳翔收瘞戰死及餓殍遺骸，時有僧已聚二十萬矣。」〔註22〕

（三）吟詩作畫

五代僧侶群體中，不乏富有學識專長者。他們在從事宗教活動之餘，與

〔註18〕《十國春秋》，第 927 頁。
〔註19〕《十國春秋》，第 669 頁。
〔註20〕《十國春秋》，第 1724 頁。
〔註21〕《十國春秋》，第 1472 頁。
〔註22〕《資治通鑒》，卷 289，後漢紀四。

君主、官員、文人學士相往來，吟詩作文繪畫，甚至著書立說，對於推幼文化藝術事業的發展，有重要的貢獻。

這時期，善詩賦文章的僧侶很多。如前蜀國僧段義宗，「雅善詞章，有詠《大慈寺芍藥》、《三學院經樓》及《題判官贊衛聽歌伎洞雲歌》諸詩，言論風采，傾動一時」。〔註23〕在南漢，僧齊己與朝官黃損等「定近體詩諸格，爲湖海騷人所宗。」〔註24〕僧齊己晚年與荊南（南平）名臣梁震往來密切，吟詠酬答，有詩八百餘首，孫光憲爲之作序，命曰《白蓮集》。僧齊己曾遊湖南，「尤好輕忽」的徐東野謂其同僚曰：「我輩所作皆拘於一途，非所謂通方之士。若齊己，才高思遠，無所不通，殆難及矣。」〔註25〕後蜀僧可朋以「能詩」著稱，後蜀官員歐陽炯「比之孟郊、賈島，力薦於後主」。可朋有詩千餘篇，號曰《玉壘集》。〔註26〕五代時期，湖南詩風熾盛，名詩人輩出。在此氛圍中，僧侶能詩者亦多。如僧虛中，僧文喜、僧乾康等。

精通學問、擅長文章的僧侶如閩國僧文超，不僅「雅善詩」，而且「博通內外學，聲聞朝野」。〔註27〕《十國春秋》卷115《拾遺‧吳越》有云：「近世釋子（僧侶）多務吟詠，惟贊寧獨以著書立言，尊崇儒術爲佛事，故所著《駁董仲舒繁露》二篇、《難王充論衡》三篇、《證蔡邕獨斷》四篇、《斥顏師古正俗》七篇、《非史通》六篇、《答雜斥諸史》五篇、《折海潮論兼明錄》二篇、《抑春秋無賢臣論》一篇，極爲王禹偁所激賞」。僧仁顯，「博雅工文章。居荷澤院爲僧，勤於著述。廣政中，撰《華陽記》，中辨關羽墓在草場，廟在荷聖寺。前人缺誤，多是正焉」。〔註28〕

善書法藝術的有：後蜀僧曇城，「幼精六書，常學李陽冰篆法，遂臻其妙」；僧曉巒，「攻草書，得張旭筆意，與曇城一時並稱。」〔註29〕南唐國僧應之，「能文章，習柳氏（公權）筆法，以善書冠江左」，保大中賜紫，命寫《楞嚴經》，既成上之，「元宗歎曰：『是深得公權之法者也。』……應之書名，由是益振。」〔註30〕僧貫休除善詩外，還工篆、隸、草書。吳越國僧亞棲亦以書

〔註23〕《十國春秋》，第673頁。
〔註24〕《十國春秋》，第894頁。
〔註25〕《五代史補》，卷三《僧齊己》。
〔註26〕《十國春秋》，第830頁。
〔註27〕《十國春秋》，第1419頁。
〔註28〕《十國春秋》，第831頁。
〔註29〕《十國春秋》，第831頁。
〔註30〕馬令：《南唐書》卷26，《浮屠傳第二十二》。

法藝術著稱，並對吳越國王錢俶及其子侄有重要影響。〔註31〕

善畫的僧侶有南唐僧巨然。南唐中主時，有北苑使董源善畫龍，工秋嵐遠景，多寫江南真山，不爲奇峭之筆。後僧巨然祖述董源畫法，皆臻妙理。有人評論道：「大體（董）源及巨然畫筆，皆宜遠觀。其用筆甚草草，近視幾不類物象，遠觀則景物粲然，幽情遠思，如覩異境」。〔註32〕

值得一提的是，許多僧侶在文化藝術造詣上，並非僅僅擅長某一方面，而是在多個領域均有建樹，如南唐僧應之，不僅善書法，還善音律；秭歸僧懷濬則詩與醫藥兼擅。吳越國僧贊寧，佛學、哲學、史學兼通，著述眾多。南唐僧文益儒釋皆通。

五代時期，佛教在各藩鎮，各割據政權中獲得了較大的發展，僧侶來源廣泛，隊伍龐大。僧侶之中，有不爲名利所誘，不聞世間事，投身岩谷，滅迹市廛，潛心修道，老死於寺院中者；然而亦有眾多僧侶不甘心局限於寺院狹小天地之中，他們身在寺院，心繫世俗，積極參與了政治、社會、文化等多個領域的活動。「中唐以前南方禪師多隱遁山林的狀況，至此有了顯著的變化，其中部分又回到了都城鬧市」。〔註33〕不少僧侶受到了各地統治者的崇高禮遇，被尊爲國師、軍師、謀主；不少僧侶對社會，對文化的發展作出了重要的貢獻，以至吳任臣著《十國春秋》，於每一割據政權歷史之後，幾乎都要爲一批僧侶立傳，記載他們的事迹及貢獻。本該隱遁山林，默默無聞的僧侶，卻在歷史舞臺上表演了重要的角色，這或許是唐末五代戰亂時期一種特殊的歷史現象，也是佛教中國化、世俗化的表現。

引用文獻

〔1〕〔清〕吳任臣，《十國春秋》〔M〕，中華書局，1983 年。

〔2〕〔宋〕陶岳，《五代史補》〔M〕，四庫全書本。

〔3〕曾國富，《五代吳越國崇佛的原因及其影響》〔J〕，宗教學研究，2007（3）。

〔4〕〔宋〕路振，《九國志》〔M〕，文淵閣四庫全書本。

〔5〕〔宋〕歐陽修，《新五代史》〔M〕，北京：中華書局，1974 年。

〔6〕〔宋〕贊寧，《宋高僧傳》〔M〕，北京：中華書局，1987 年。

〔註31〕《宋史》，第 1391 頁。

〔註32〕《十國春秋》，第 1678 頁。

〔註33〕任繼愈、杜繼文：《佛教史》，第 286 頁。

〔7〕〔宋〕司馬光等,《資治通鑒》〔M〕,北京:中華書局,1956 年。

〔8〕〔宋〕馬令,《南唐書》〔M〕,文淵閣四庫全書本。

〔9〕〔元〕脫脫,《宋史》〔M〕,北京:中華書局,1977 年。

〔10〕任繼愈,杜繼文,《佛教史》〔M〕,南京:江蘇人民出版社,2006 年。

二十一、五代吳越國崇佛的
原因及其影響

摘　要

　　五代吳越國在近百年的歷史時期中，始終推行崇重佛教的政策。在這一政策的指引下，佛教在吳越國獲得了重大的發展，表現在：大興寺廟寶塔；統治者禮重僧侶，與僧侶關係密切；高僧輩出，大德雲集，佛事活動頻繁活躍。吳越國統治者重佛，其原因，一是佛教對吳越國君王及其政治的大力支持；二是借助寺廟追薦先人，祈求神佛賜福驅邪，以利國利民；三是佛教在意識形態領域可彌補儒學之不足。佛教對吳越國政治、文化及社會生活都有重要影響。

關鍵詞：吳越國；佛教；寺廟；僧侶；錢俶

　　唐宋之際的五代時期，割據於南方的吳越國，自錢鏐創建伊始，至錢俶納土歸宋，在近百年的歷史時期中，始終推行崇重佛教的政策。在這一宗教政策的指引下，吳越國的佛教獲得了大發展。吳越國統治者爲什麼要推崇佛教？佛教的發展對吳越國的歷史有何影響？本文試圖對這些問題進行考察、分析，冀望能獲得符合歷史實際的正確認識。

一

　　吳越國佛教獲得較大發展，表現在多個方面。

　　首先是大興寺院寶塔。寺廟是僧侶居住及佛教進行布教活動的主要場所，佛塔是高僧的墳塋及收藏佛教經典之所。自吳越國王錢鏐始，儘管戎馬倥傯，百廢待興，他也不忘製造各種「怪異」、神話，勞民費財興建佛教寺廟。後梁乾化元年（911），因「仁王廢院掘地得大錢，王（錢鏐）以爲瑞應，命建大錢寺，於其地設寶幢二。又捨安國縣宅基爲寺，請額於（後）梁，日『光孝明因』。」〔註1〕貞明二年（916）十二月，錢鏐命其弟——惠州防禦使錢鏵「率官吏僧眾詣明州鄮縣（後梁改名鄞縣，治所在今浙江寧波市）阿育王寺迎釋迦舍利塔歸於府城，仍建浮圖於城南以致之」。〔註2〕此外，錢鏐還「於杭州梵天寺建七級木塔」。〔註3〕《五代詩話》卷一《吳越王錢鏐》有謂：「寺塔之建，吳越武肅王倍於九國。按《咸淳臨安志》，九廟四壁，諸縣境中，一王所建，已盈八十八所。合一十四州悉數之，且不能舉其目矣。當日嘗（曾）於宮中冶烏金爲瓦，繪梵夾故事，塗之以金，合以成塔。」後唐清泰二年（935），第二位吳越國王錢元瓘「建寺於府城外前百步，起樓號曰『奉恩』，請寺額於（後）唐。錢元瓘請求的寺額是「龍冊」，大約是因爲「龍」爲君王的象徵，不宜爲臣下所用，故後唐賜額名「千春」。「又建瑞隆院於七寶山」。天福三年（938），錢元瓘「建淨空院於國城（杭州）之北山，又建昭慶律寺。」天福四年「僧道翊得奇木於前澗，斷爲觀世音法身，王（錢元瓘）命建天竺道場。又建天長淨心寺於國城。」天福六年六月，又建甘露寺於南山。〔註4〕天福八年，第三位吳越國王錢弘佐「建報國千佛院，又賜

〔註1〕〔清〕吳任臣《十國春秋》卷78，《武肅王世家下》。中華書局，1983年，第1088頁。下同。

〔註2〕〔宋〕錢儼《吳越備史》卷2，文淵閣四庫全書本，下同。

〔註3〕《十國春秋》卷88，《喻皓傳》，第1274頁。

〔註4〕《十國春秋》卷79，《文穆王世家》，第1122～1128頁。

晉郭文祠額曰碧沼寺。」〔註5〕開運元年（944），「捨瑞旿內園建龍華寶乘院，仍造傅大士塔。又建寶相寺華藏院於國城。」開運二年，又建鷲峰禪院於國城杭州之北山。〔註6〕吳越國興建佛寺數量最多者是在最後一任吳越國王錢俶當政期間。錢俶在位 30 多年，其間興建於國城的寺院，見於記載的有：後周廣順元年（951），「建空律寺，捨舊苑爲靈芝寺，因芝生苑內，故名。」廣順二年四月，「建報恩元教寺於城北，薦王姒也」。顯德元年（954），「建慧日永明院，迎僧道潛居之」。宋建隆元年（960），錢俶「重創靈隱寺，立石塔四」。乾德二年（964）四月，「重建城南寶塔寺，奉武肅王、文穆王、忠獻王銅容入內」，並建千光王寺。次年八月，重建寶塔寺於城北；同年又建天龍寺。乾德五年，又於北山建淨心院。〔註7〕總之，錢俶「崇信釋氏，前後造寺無算」。〔註8〕

　　吳越國諸王大興佛寺，崇奉佛教，也感染了一些大臣及親人，他們也捨棄園宅或竭盡財力營建佛寺。如，後唐長興三年（932），「丞相許明捨富春宅爲寺，名曰許明寺」。〔註9〕丞相吳延爽，開寶（968～976）中建崇壽院，內有九級浮屠，名應天塔。〔註10〕其中最突出的是錢俶的一個妃子——黃妃。著名的杭州雷峰塔就是黃妃崇奉佛教，於北宋太平興國二年（977）建造的。《十國春秋》卷83《忠懿王妃孫氏附俞氏、黃氏傳》及注載：「復有黃妃者，常（曾）於南屏山雷峰顯嚴院建塔，奉藏佛螺髻髮，始以百丈十三層爲率，尋以財力未充，姑建七級，已又用形家言，止存五級，名黃妃塔（亦作王妃塔）。後以地產黃皮木，遂訛爲黃皮塔，俗稱雷峰塔焉。塔高四十許丈，兀立層霄，金碧璀璨，飛甍懸鈴，種種嚴飾」。雷峰塔的建造，計磚灰、土木、油錢、瓦石與工藝像設等，共計花費緡錢六百萬。此塔規模宏偉，當時的吳越國王錢俶喻之爲「規撫宏麗，極所未見，極所未聞。」

　　吳越國佛塔之多，非當時其他割據政權可比。這些寺院、佛塔多築在靈山秀水、清新幽靜之處。正如有學者指出的：「當時吳越國境內寺院林立、佛

〔註5〕　《十國春秋》卷80，《忠獻王世家》，第1137頁。

〔註6〕　《十國春秋》卷80，《忠獻王世家》，第1137～1138頁。

〔註7〕　《十國春秋》卷81，《忠懿王世家上》，第1152～1164頁。

〔註8〕　《十國春秋》卷82，《忠懿王世家下》，第1183頁。

〔註9〕　《十國春秋》卷79，《文穆王世家》，第1120頁。

〔註10〕　《十國春秋》卷83，《恭懿夫人吳氏傳》注引《武林梵志》、《西湖志》，第1190頁。

塔遍佈，梵音不絕」。〔註11〕總之，歷任吳越國王都熱衷於興建佛教寺院寶塔。至後周朝，後周推行滅佛政策，傳詔吳越國：「寺院非敕額者悉廢之」。吳越國對境內佛教寺院進行統計，僅國城杭州，新舊寺院即有四百八十所。史籍未見吳越國奉後周之命拆毀非敕額寺院的記載，不僅未拆，而且仍在興建。

其次是統治者禮敬僧侶，與僧侶關係密切。吳越國第一位國王錢鏐對僧侶就非常禮敬，這在《十國春秋》卷89僧侶傳中有明確詳盡的記載。諸如，僧文喜，會唐末黃巢之亂，避地湖州。錢鏐請住龍泉寺，表薦賜紫，加號「無著」。另有虛受、鴻楚、從禮、惠明諸僧，「皆爲（武肅）王所尊禮」。〔註12〕僧無作，曾剃髮參學於閩僧義存，深入堂奧，大受錢鏐「仰重」。〔註13〕僧昭，「通術數，大爲武肅王所重，號曰國師」。〔註14〕僧幼璋，錢鏐遣使「賷衣服香藥，敦延西府（浙江紹興），署志德大師，館於功臣堂，日親問法」，〔註15〕等等。此類記載不勝枚舉。錢鏐之後的吳越國王禮敬僧侶的作風依然不改。第二位吳越國王錢元瓘，對僧全付也「特加禮重，賜紫方袍，不受，改賜衲衣，號純一禪師」。〔註16〕僧道忞，佛學深奧，錢元瓘「命主天龍寺，後創龍冊寺，延請居焉」。〔註17〕最後一位吳越國王錢俶，對僧侶（尤其是高僧）的禮遇，比之其父祖，有過之而無不及，不僅頻頻延請高僧，修繕創建寺廟以居之，還給一些高僧請賜封號，死後給予定諡，將僧侶與國家功臣貴族同等看待，可謂寵眷至極。例如，建隆元年（960），錢俶「重創靈隱寺，命（僧）延壽主其事……賜號『智覺禪師』。開寶八年卒，諡曰『永明宗照大師』」；〔註18〕僧儀晏也被賜號「開明禪師」；〔註19〕僧清聳被署「了悟禪師」，〔註20〕等等。給高僧賜號，不僅是對高僧淵博學識及其宗教地位的肯定，同時也反映了吳越國統治者對這些高僧的景仰以及對佛教的虔誠。錢俶不僅禮重名僧，還常常屈尊紆貴，在治學（包括閱讀佛經）上遇到疑難問題

〔註11〕 楊建華《論五代吳越時期的浙江文化》，《浙江學刊》1990 年第 6 期。
〔註12〕《十國春秋》卷 89，《僧文喜傳》，第 1281 頁。
〔註13〕《十國春秋》卷 89，《僧無作傳》，第 1282 頁。
〔註14〕《十國春秋》卷 89，《僧昭傳》，第 1282 頁。
〔註15〕《十國春秋》卷 89，《僧幼璋傳》，第 1282 頁。
〔註16〕《十國春秋》卷 89，《僧自新傳》，第 1283 頁。
〔註17〕《十國春秋》卷 89，《僧道忞傳》，第 1284 頁。
〔註18〕《十國春秋》卷 89，《僧延壽傳》，第 1287 頁。
〔註19〕《十國春秋》卷 89，《僧儀晏傳》，第 1289 頁。
〔註20〕《十國春秋》卷 89，《僧清聳傳》，第 1290 頁。

時，拜名僧爲師，虛心請益。

受最高統治者的影響，吳越國一些大臣、地方將領也禮重僧人，或拜僧爲師，或築寺以居之。如僧道忞，佛學深奧。吳越國名臣皮光業辭學宏贍，「屢擊難之」，但聽了道忞的說法後，亦自歎弗如。〔註21〕僧全付也是一位高僧，天福二年（937），東府（杭州）戎將爲闢雲峰山建院，名曰「清化」，以居僧全付。〔註22〕湖州刺史高彥也與道場山僧人如訥友善，「常以師禮事之」，臨死之際也不忘與之訣別。〔註23〕

再次，高僧輩出，大德雲集，佛事頻繁活躍，佛教宗派繁盛。吳越國的名僧高僧，有統治者從外地延請而來的，也有土生土長拜師學習而成名的。《十國春秋》卷89給24位僧人立傳，其中許多是學問淵博的高僧。如僧道忞，抵閩拜雪峰禪師學佛，「妙契宗旨」，「倡雪峰之法，學者奔湊」；〔註24〕僧延壽「七歲誦《法華經》，七行俱下，群羊有跪聽者」，著作頗多，有《宗鏡錄》100卷，又注《心賦》1卷，著《抱一子》若干卷，不僅國內知名，甚至令異國君王僧人景仰，「延壽聲被異國，高麗王常投書問道，執弟子禮，奉金絲織成伽梨、水晶數珠、金澡瓶等，遣僧三十六人親承印證，相繼歸國，各化一方。」〔註25〕僧贊寧「博物多識，辨說縱橫」，「又著《通論》，有駁董仲舒、難王充、斥顏師古、證蔡邕、非《史通》等說，及《筍譜》、《物類相感志》諸書，王禹偁深歎服之」。〔註26〕僧道潛，「登堂問法者恒五百人」，〔註27〕等。

統治者對佛教僧侶的禮重以及高僧雲集，促成了吳越國佛教活動的頻繁、興盛。高僧們不僅專志修煉，潛心著述，還常常舉行大規模的法會，弘法利生。如深受錢鏐禮敬的僧幼璋，在西府，「請每歲於天台山建金光明道場，大會諸郡」；後錢鏐於府城建瑞龍院，延請幼璋居住，幼璋又「祈請開法」。高僧的說法吸引了眾多吳越民眾聆聽，不少人正是由於聞誦佛經或聆聽高僧說法而生感悟，堅求出家，以至成爲名僧的〔註28〕。「在錢氏諸王的扶持獎掖下，佛學有三大教派迅速崛起，名震海宇。這就是法眼宗、天台宗、律宗。」

〔註21〕《十國春秋》卷89，《僧道忞傳》，第1284頁。
〔註22〕《十國春秋》卷89，《僧全付傳》，第1283頁。
〔註23〕《十國春秋》卷85，《高彥傳》，第1233頁。
〔註24〕《十國春秋》卷89，《僧道忞傳》，第1284頁。
〔註25〕《十國春秋》卷89，《僧延壽傳》，第1286～1287頁。
〔註26〕《十國春秋》卷89，《僧贊寧傳》，第1288頁。
〔註27〕《十國春秋》卷89，《僧道潛傳》，第1291頁。
〔註28〕《十國春秋》卷89，《僧幼璋傳》，第1282～1283頁。

〔註 29〕總之，「是時禪門興盛」。在北方遭到壓抑、毀滅而處於衰落狀態的佛教在吳越國卻得到了大發展。

二

佛教在吳越國受到統治者的推崇而獲得較大發展不是偶然的，有其多方面的原因。筆者認為，主要的原因有：

一、佛教有助於神化錢氏統治者，對吳越國王獲得政權有直接的貢獻。我國宗法性傳統宗教以及儒學（教）都極力鼓吹「君（王）權神授」。為了取得將臣的歸心，民眾的支持，歷代封建統治者及企圖分裂割據的野心家、陰謀家，都竭力利用各種手段製造讖言、符瑞、神話，以神化自身，謀取或鞏固政權。有志於建立一方「霸業」的錢鏐當然也不例外。佛教是有神論宗教，因而成為錢氏統治者著意利用的一種政治工具。《吳越書》卷一載：錢鏐年少時，里中有大木奇石，錢鏐常與群兒聚戲於樹蔭、石上。某日「憩後山，忽一石屹然自立。王（錢鏐）志之。後建功臣精舍，遂以石為佛坐，樹號衣錦將軍」。面對錢鏐，一石屹然而立，這不是普通之石，它是佛的化身。這顯然是錢鏐有意借助佛以神化自己而炮製出來的神話。天寶四年(911)，錢鏐稱「仁王廢院掘地得大錢」，是為「瑞應」，因「命建大錢寺」，〔註30〕其目的顯然也是借佛教為其政治利益服務。

如果說佛教為錢鏐的政治利益服務還是間接的、被動的，那麼，佛教僧侶幫助錢元瓘、錢俶登上吳越國王之位，則是直接的、主動的。這是僧侶獲得吳越國王禮重、佛教得到推崇的一個重要的原因。

錢元瓘是錢鏐第七子（一說第五子），按傳統的宗法禮制，錢元瓘沒有繼位為王的資格，但錢元瓘終於繼位為王，這其中就有佛教僧侶的助力。據《十國春秋》卷 79《文穆王世家》記載，錢元瓘出生之前，「有僧持玉羊，大可數寸，獻武肅王（錢鏐），且曰：『得此當生貴兒。』傳（元）瓘果以歲丁未生焉。」這大約是錢鏐有意讓錢元瓘繼位而借佛僧神化他而編造的神話。而一些政治「嗅覺」敏銳的僧侶也許是認識到了錢元瓘將會繼位為王，而有意識地神化、吹噓錢元瓘。《十國春秋》卷 89《僧自新傳》記載：天寶

〔註29〕楊建華《論五代吳越時期的浙江文化》，《浙江學刊》，1990 第 6 期。文中對佛教三宗有詳細介紹，請參看。
〔註30〕《十國春秋》卷 78，《武肅王世家下》，第 1088 頁。

年間（908～912）淮南將李濤寇衣錦軍，錢元瓘奉錢鏐之命爲應援使，將兵禦敵。至其地，眾皆遁去，而住廣德山院的「異僧」自新獨歸然晏坐軍中。錢元瓘問其故。僧自新說，左右皆兵，去將安適！顯得氣定神閒。當時錢元瓘「在眾中，衣服與士卒伍（相同），自新忽斂衣致敬，與語久之。及文穆王（錢元瓘）還，載與俱歸，從容問當時何以見識，（自新）曰：『微僧無他術，但睹公骨法非常，確似咸通皇帝御容，故幸得一識也。』」錢鏐既禮重僧人，又深信「骨法」，據此我們可以推斷，僧自新當在錢鏐面前神化吹噓過錢元瓘。在當時，錢元瓘之兄錢元璙與其相比，功德並不遜色，但終於，錢元瓘取得了王位，自然對僧自新懷有感恩之情。這大約是文穆王錢元瓘禮僧建寺的一個深層的原因。

錢俶獲得王位也與佛教神話及僧侶的協助有關。《吳越備史》卷二記載，錢俶生於後唐天成四年（929）八月，「是月，明州餘姚縣修舜井，獲古佛舍利數十粒，兼有珠玉奇玩。王（錢鏐）命內衙指揮使徐仁綏、近侍閭丘稔往迎之，因建浮屠於城北，一如城南之制。」「古佛舍利」的出現，寓意著錢俶或爲佛的轉世，或與佛有不解之緣；「珠玉奇玩」則預示著錢俶未來的富貴。此事乍看很神秘；但聯繫當時歷史實際來看，錢元瓘年逾三十無子，原因是夫人馬氏無生育，在馬氏夫人的請求下，錢元瓘得納諸姬。於是，「鄜氏生弘僔、弘倧，許氏生弘佐，吳氏生弘俶（即錢俶），眾妾生弘偡、弘億、弘偓、弘仰、弘信……」諸姬、妾所生子均有繼位爲王的可能。而當時錢俶的母親吳氏，「性慈惠而節儉」，「每聞王（錢元瓘）決重刑，必顰蹙以仁恕爲言」，可見很受錢元瓘寵信。〔註31〕據此，錢元瓘、吳氏爲給錢俶創造繼位的便利條件，與僧人串通，製造這樣一齣「獲古佛舍利」並「珠玉奇玩」的神秘事件，可能性是不能完全排除的。另據記載，後晉開運（944～946）年間，錢俶出鎮台州（治所在今浙江臨海縣），僧德韶對錢俶說：「他日爲霸主，無忘佛恩」。佛對錢俶有何恩，史無明載；從錢俶爲文穆王錢元瓘第九子，並非宗法制法定王位繼承人，而僧德韶卻斷言錢俶「他日爲霸主」來看，所謂「佛恩」，有可能是暗指前述「獲古佛舍利」之事；也有可能是德韶爲錢俶繼位造過輿論，創造過有利條件。後來，在位的忠遜王錢弘倧與內牙軍將胡進思矛盾尖銳，變亂一觸即發，德韶又及時勸錢俶速歸國城。適逢政變發生，王權出現空缺，錢俶因而乘虛而入，成爲最後一位吳越國王。「及（錢俶）襲位，

〔註31〕《十國春秋》卷83，《恭懿夫人吳氏傳》，第1189頁。

迎德韶入杭州，尊爲國師」。〔註32〕錢俶在位期間大建寺院，大興佛教，當與此有關。

二、借助寺廟追薦錢氏先人，既表哀思孝心，又求祖先在天之靈對後裔給以護祐，或祈求神佛賜福驅邪，以利民生。從吳越國統治者興建寺廟的目的或用途來看，一部分是用於延請、安置名僧；一部分則是用於追薦祖先、祈福鎮邪。吳越國統治者重視對先人的拜祭，既與傳統的宗法制度影響有關，又與錢鏐的教誨有關。錢鏐在世時爲後代留下《遺訓》。《遺訓》具有以儒治國的大綱性質，通篇強調忠、孝、仁、義、禮教，如他在分析唐末動亂原因時說：「余自主軍以來，見天下多少興亡成敗，孝於親者十無一二，忠於君者百無一二。」因此在《遺訓》中，他一再強調宗室子弟要「心存忠孝」，「倘子孫不忠不孝，不仁不義，便是壞我家風，須當鳴鼓而攻」。〔註33〕君仁臣忠，父慈子孝，要培養這些封建倫理品質，在宗法觀念深入人心，敬天尊祖成爲人們的宗教信仰的古代社會，通過對祖先的拜祭這一宗教儀式以培養宗室及將臣、國民的忠孝之情，比直接的說理教育更富成效。因而，錢鏐在世之時，就很重視建宗廟，祭祖先。錢鏐死後，後繼的吳越國王意識到將宗廟祭祀與佛教寺廟祭祀結合起來，「神道設教」的效果更佳。如錢鏐在位，廣順三年（953）四月，「建報恩元教寺於城北，薦王妣也」；顯德元年（954），錢鏐又命「鑄王妣恭懿太夫人銅容二致於奉國、金地二尼寺。〔註34〕吳越國王認爲，將祖先與佛教神靈一併致祭，不僅可得祖先神靈，同時可得佛教神靈的保祐庇護，一舉兩得。這也是中國人宗教活動追求實用性和簡便性特點的一個體現。顯德二年（955）三月，後周「制加王（錢俶）食邑一千戶，實封四百戶」，四月庚子，「王親祀五廟」；乾德二年（964）三月，宋「制落起復天下兵馬都元帥，加食邑一千戶，實封四百戶」，四月，錢俶「重建城南寶塔寺成，鑄武肅王、文穆王、忠獻王銅容供於寺」。〔註35〕可見在錢俶看來，政治、經濟上的獲益是祖先和佛陀保祐的結果。

另外，吳越之地素有濃厚的宗教氛圍，人們「信鬼神，好淫祀」，〔註36〕佛教也有廣泛的信眾，濃厚的基礎。據明人田汝成統計，杭州內外及湖山之

〔註32〕《十國春秋》卷89，《僧德韶傳》，第1285頁。

〔註33〕錢文選《錢氏家乘》卷6，《武肅王八訓》。上海書店，1996年。

〔註34〕《吳越備史》卷4。

〔註35〕《吳越備史》卷4。

〔註36〕《隋書・地理志》。

間，唐以前已有三百六十寺。〔註 37〕在佛教信眾的宗教意識中，祭拜佛陀菩薩可祈福禳災，興建寶塔可以鎮邪驅魔。因此，興建寺廟梵塔功德無量。吳越國統治者大興寺塔，也有爭取民心的用意。

　　三、儒學治國有不足，佛教化民可彌補。前述錢鏐的《遺訓》是給吳越國政治定下的以儒治國的方針大綱。儒學誠然博大精深，在維護歷代封建統治中也確實起過重要的作用；但儒學也有其缺陷，尤其是時處五代這樣的戰亂之世，其缺陷更加突出。例如，儒學寄希望於現世，講道德、禮教、內聖外王；但五代時期的社會現實卻是戰爭連綿，社會動蕩，政治黑暗，民不聊生，與儒學理想差距不啻天壤。當人們生活於苦難、不安的社會之中，美好理想不能實現時，必然失去對儒學的信仰，轉而寄希望於「來世」和天國，必然要到宗教裏尋求精神慰藉。另外，儒學的某些說教與現實的脫節、背離，也削弱了人們對它的崇信。如，在善惡報應問題上，儒學宣揚的「福善禍淫」及「積善之家必有餘慶，積不善之家必有餘殃」等說法，與生活現實不能對應甚至完全相反，等等。儒學的這些不足，佛教卻可以彌補。佛教提出的三世因果報應和天堂地獄學說，從理論上比較圓滿地解決了上述儒學無法解答的現實問題，既可使作惡者受到警告，心生畏懼而有所收斂；又可使為善有德者因為來生得福而受到鼓勵。「佛教提出的性空緣起與四諦說，特別揭示現象世界的暫時性、虛幻性和人生是苦的現實，最能觸動苦難重重的民眾的心弦而喚起他們尋求解脫的願望。」〔註 38〕同時期吳越國的毗鄰——閩國，也大力崇佛。天祐三年（906）七月，閩國創立者王審知鑄造丈六金銅佛像一，丈三菩薩像二，命大臣黃滔撰《丈六金身碑》，其中說到王審知崇佛的理由：儒學有不足，佛教可彌補，所謂「仲尼之祖述堯、舜，憲章文武，終不能獨制之，故東（傳）釋迦牟尼於中土，大陳出生入死之理，天堂地法之事，以警戒之」；又說：「帝王之道，理世也；釋氏之教，化人也。理世之與化人，蓋殊路而同歸。」因此，不惜勞民費財大興佛教。認為佛教可補儒學之不足，實「為裨教化之一源」。〔註 39〕這既是閩國，同時也是吳越國崇佛的一個重要原因。

〔註 37〕田汝成《西湖遊覽志餘》卷 14《方外玄蹤》。
〔註 38〕呂大吉、牟鍾鑒《中國宗教與中國文化》卷 1，《概說中國宗教與傳統文化》，中國社會科學出版社，2005 年，第 179 頁。
〔註 39〕《十國春秋》卷 90，《（閩）太祖世家》注，第 1308～1309 頁。

三

佛教在吳越國獲得大發展，其對吳越國歷史的影響是多方面的。其中最突出的表現在政治和文化方面。

政治方面，佛教的慈悲寡欲思想對吳越國統治者有深刻影響，有助於吳越國「仁政」的實施和吏治的清明。

在五位吳越國王之中，受佛教影響最深刻的是忠懿王錢俶。據載，錢俶不僅酷信佛教，大興寺廟，禮敬高僧，還常讀佛經常鑽佛學，所謂「於萬幾（機）之暇，口不輟誦釋氏之書，手不停披釋氏之典」。[註40] 與同時期許多割據之主奢侈、殘暴的作風迥然不同，錢俶作爲一國之王，卻「性謙和，未曾忤物。自奉頗薄，常服大帛之衣」，「爲人寬洪大度」。不可否認，這與他「崇信釋氏」，受佛教寡欲、慈悲等說教的影響有關。有兩件事最能典型地反映錢俶的慈悲爲懷，一是他對被廢前王、兄錢弘倧的庇護；一是他不肯逢迎宋相趙普加害前相盧多遜。天福十二年（947）十二月，內牙統軍使胡進思作亂，囚禁忠遜王錢弘倧，扶立錢俶爲吳越國王。胡進思多次要求誅殺錢弘倧，而錢俶卻千方百計加以庇護。這在爲了政權父子兄弟同室操戈相互殺戮的封建時代是很罕見的。錢俶納土入宋後，太平興國末，趙普入相，欲藉故排擠打擊前相盧多遜，要求錢俶將入宋時給丞相盧多遜贈送了什麼禮物開列呈上，以爲治罪依據。錢俶說：「我入朝時，荷主上殊常之遇，故左右大臣咸有饋物，非獨盧相也，豈可見人將溺而加石焉！」錢俶的一副「菩薩心腸」，連居心不良的趙普也「深自歎服」。[註41] 錢俶當政 30 餘年，政治作風溫和，多行仁政，如，「赦境內租稅」；「下令每歲租賦逋者悉蠲之，仍歲著爲令」；「境內大旱，邊民有鬻男女者，命出粟帛贖之，歸其父母；仍令所在開倉賑邮」，[註42] 等等，不可否認其中有佛教慈悲爲懷思想的影響，用錢俶本人的話說，即「師仰瞿曇氏慈忍力所沾溉」。[註43] 錢俶順應歷史潮流，甘願放棄割據，「納土」歸順大宋王朝，使吳越民眾免去兵燹之災，誠爲識事務之舉。據記載，對於是否納土歸宋，吳越國內統治集團意見不一，反對意見占上風。錢俶一時猶豫不決；後來是受「天竺大士」的「神啓」才

〔註40〕《十國春秋》卷 83，注引錢俶《建黃妃塔碑記》，第 1192 頁。
〔註41〕《十國春秋》卷 82，《忠懿王世家下》，第 1183 頁。
〔註42〕《十國春秋》卷 81，《忠懿王世家上》，第 1148～1153 頁。
〔註43〕《十國春秋》卷 83《黃妃傳》注引錢俶《建黃妃塔碑記》，第 1191～1192 頁。

作出決定的：「忠懿王（錢俶）將內附，決於天竺大士，夢大士以彩繩圍繞其宅，歸宋之意始定。」〔註44〕

地方官吏中也不乏因崇信佛教而慈悲爲懷，大力推行仁政，給一方民眾帶來恩惠者。如吳越國越州（治所在今浙江紹興）觀察使錢弘儀，「深信內典，在越（州）多營佛事，與雲門僧重曜交相得」。在越州任上，曾遇「歲旱，租不登，（弘）儀以私財八百代賦，越民無不德之，故再任幾三十年所。」〔註45〕湖州刺史高彥與道場山僧如訥友善，拜之爲師。高彥「性淳厚，居湖（州）十一載，政尙寬簡，民頗便之。」〔註46〕曾對名僧清聳「執師事之禮」〔註47〕的明州節度使錢弘億，「居明州，頗著善政，凡一切科率舊制悉除之。顯德中，王（錢俶）命括民丁以益軍旅，州縣長吏因之多所殘刻，弘億手疏其弊，辭理切直」，終於使錢俶「感悟，乃罷」。〔註48〕於此可見佛教對統治者及吳越國政治潛移默化的影響。

文化方面，學識淵博的僧侶與吳越國官員的密切交往，促進了吳越國文學藝術的發展及中外佛教文化的交流。

五代時期，由於分裂割據，社會動蕩，文化事業遭到嚴重破壞。中原諸王朝及周邊各割據政權，文化方面有建樹有成就者實爲鳳毛麟角；然而，個別割據政權，卻是文化昌盛，可圈可點。吳越國即爲其一。吳越國文化何以昌盛發達？局勢的安定，統治者對人才的重視，文人薈萃，都是其中原因；然而，高僧雲集以及他們與吳越國官員、文人交往密切，對於吳越國文化事業的發展起到了重要的促進作用，卻是不可否認的歷史事實。

大興佛教的錢俶既是一位國王，也是一位學者，不僅有佛學造詣，而且「雅好吟詠，有詩數百首。曰《政本集》」，吳越國相元德昭、宋翰林學士陶穀爲之作序。〔註49〕錢俶好詩，難免與當時吳越國中擅長詩歌創作的僧人有切磋、唱和；其深厚的佛學也難免對其詩作有影響。錢氏宗室中，不少成員都有引人注目的文化成就；而他們又多與佛教有涉或與僧人關係密切。例

〔註44〕《十國春秋》卷82，《忠懿王世家下》注，第1182頁。

〔註45〕《十國春秋》卷83，《錢弘儀傳》，第1206頁。

〔註46〕《十國春秋》卷85，《高彥傳》，第1233頁。

〔註47〕《十國春秋》卷89，《僧清聳傳》，第1290頁。

〔註48〕《十國春秋》卷83，《弘億傳》，第1205頁。

〔註49〕《十國春秋》卷82，《忠懿王世家下》，第1182頁。

如，錢儼，「幼年爲沙門，及長謹愼好學，雖祈寒溽暑，未嘗暫輟圖籍」，「自是文辭敏達富贍」，「（宋）太宗朝，常（曾）獻《皇猷錄》；咸平時，又獻《光聖錄》。所著有前集五十卷，後集二十四卷，《吳越備史》、《遺事》、《忠懿王勳業志》、《錢氏戊申英政錄》若干卷，又作《貴溪叟自序集》一卷」。〔註50〕錢昱，以文章知名，又雅善琴畫，「一日，對沙門贊寧隸竹事，迭錄所記，昱得百餘條，因集爲《竹譜》三卷。」〔註51〕錢易，「喜觀佛書，檢道藏」，「善尋尺大書行草，……有《金閨瀛州西垣制集》一百五十卷，《青雲總錄》、《青雲新錄》、《南部新書》、《洞微志》一百三十卷」。〔註52〕錢惟治在書法上有很深造詣，「草隸擅絕」。宋太宗曾與翰林賀丕顯評論錢惟治的書法藝術，太宗說：「諸錢皆效浙僧亞棲之蹟，故筆無骨，獨惟治工耳。」〔註53〕

僧贊寧不僅是一位高僧，也是一位著名學者。在他身邊，有眾多的吳越國宗室、官員虛心求學，相互切磋。北宋學者王禹偁《通慧大師文集序》有云：

> 文穆王（錢元瓘）時，大師（僧贊寧）聲望日隆，文學益茂。時錢
> 氏公族有若忠懿王（錢）俶、宣德節度使（錢弘）億、奉國節度使
> （錢弘）億、越州刺史（錢弘）儀、令州觀察使（錢）儼、故工部
> 侍郎（錢）昱，與大師以文義切磋。時浙中士大夫有若衛尉卿崔仁
> 冀、工部侍郎愼知禮、內侍致仕楊惲，與大師以詩什倡（唱）和。
>
> 〔註54〕

可見吳越國文化的繁榮昌盛，並非僅僅是文人學士的貢獻，其中也有佛教的影響，僧侶的功勞。

在吳越國文化發展史上，尤其値得關注的是吳越國與鄰國及外國的佛教文化交流。《十國春秋》卷89《僧清聳傳》載：錢俶閱《華嚴經》，「因詢天冠菩薩住處，大會高僧，無有知者，……遂遣使至閩支提山得《華嚴經》八十二本」。這是吳越與閩國的佛教文化交流。關於吳越國與千里迢迢的高麗國的佛教文化交流，其緣起有兩種不同的說法：一種說法是：吳越國王錢俶

〔註50〕 《十國春秋》卷83，《錢儼傳》，第1207～1208頁。
〔註51〕 《十國春秋》卷83，《錢昱傳》，第1210頁。
〔註52〕 《十國春秋》卷83，《錢易傳》，第1211頁。
〔註53〕 《十國春秋》卷83，《錢惟治傳》，第1223頁。
〔註54〕 《十國春秋》）卷89，《僧贊寧傳》注，第1287頁。

在閱讀《永嘉集》時，遇「同除四在，此處爲齊若伏無明三藏」之句，不曉其義，馳問國師德韶。德韶也不解，推薦僧義寂。義寂說，這是智者大師妙元中文，但智者大師的著作國內已難尋覓，而高麗禪教方盛，可覓到智者全書。錢俶於是遣使持國書禮幣出使高麗，求取智者的佛學著作。高麗國君對此很重視，遣國僧諦觀報聘，以天台教部典籍送歸吳越國，交由僧義寂保全。釋典有另一種說法：吳越國僧義寂痛感智者大師的著作佚失不傳，對當時被尊爲「國師」的僧德韶說，智者之教惟新羅有善本，願藉大力致之。德韶即以聞吳越國王錢俶。錢俶於是遣使航海至高麗國，傳寫而還。〔註55〕兩種說法孰眞孰僞，由學者去考證。可以斷言，中國佛教自唐代安史之亂後，又經會昌焚毀，教藏殘缺殆盡。吳越王遣使至高麗（新羅）取回部分教藏，對於保存佛教典籍，促進佛教復興，無疑有重要意義。同時，高麗也有僧侶到吳越國拜師求學。如高麗僧靈照初入閩，得雪峰禪師妙旨，後居杭州龍華寺請益。〔註56〕又如高麗國師諦觀，奉命護送佛教經典到吳越國後，稟學義寂於螺溪之上，錢俶爲其建定慧院以居。〔註57〕

此外，在社會生活方面，盡管吳越國統治者崇佛禮僧，使國內僧人雲集，但卻不見僧人恃寵驕橫，蠱惑民眾，作奸犯科，擾亂社會治安的記載；相反，僧人本著佛教的利生精神，爲民除害，熱心公益事業，卻史有明載。如吳越國雲棲塢素多虎，常傷害行人，僧志逢「每攜大扇乞錢，買肉飼虎，虎遇之輒馴伏，故世稱伏虎禪師」。〔註58〕杭州西河，利舟楫，便灌溉，相傳爲僧人德倫集資所鑿。〔註59〕錢塘江潮常常暴漲，溢出石塘，危害民眾的生產、生活，僧贊寧與延壽建塔於江干（岸）以鎮之，潮由是復循故道。〔註60〕

迄今，雖時過 1000 多年，當年吳越國興盛的佛教仍有清晰的「痕迹」可尋，這就是保留下來的爲數不少的佛教寺塔等文物古迹。例如，杭州六和、保俶、雷峰三塔都建於吳越國時期；另有幾處佛寺，如上天竺的法淨寺、南屏山慧日峰下的淨慈寺等，都是始建於吳越國時期，盡管經歷了一再重修，而其基本結構、格局並無大改。飛來峰造像中保存著的三尊 —— 青林洞右巖

〔註55〕《十國春秋》卷89，《僧義寂傳》，第1286頁。

〔註56〕《十國春秋》卷89，《僧靈照傳》，第1284頁。

〔註57〕《十國春秋》卷89，《僧義寂傳》，第1286頁。

〔註58〕《十國春秋》卷89，《僧志逢傳》，第1292頁。

〔註59〕《十國春秋》鄭卷89，《僧德倫傳》，第1293頁。

〔註60〕《十國春秋》卷89，《僧贊寧傳》，第1287頁。

壁上的彌陀、觀音、大勢至，以及靈隱寺保存的石塔和石經幢等，都是吳越國末年的遺物。「從這些寺、塔、園林、文物來看，吳越時期的蘇杭一帶，顯然比唐代打扮得華美得多了。」〔註61〕這些歷史遺迹、文物，今天成了我國歷史文化的珍貴遺產，不僅吸引著眾多的遊客，有利於旅遊業的發展；同時對於研究我國古代的佛教歷史文化及建築藝術，都有重要意義。

〔註61〕沈起煒《五代史話》，北京：中國青年出版社，1983年，第98頁。

二十二、儒學對五代吳越國歷史的影響

摘　要

　　唐宋之際的五代時期是儒學相對衰廢的時期，然而在吳越國，儒學的影響卻很大。儒學不僅對吳越國的統治思想有重要影響，而且對吳越國的政治實踐同樣有著廣泛而深遠的影響。吳越國儒風獨盛的原因，一是要依靠中原王朝的支持，就必須恪守儒學規範；二是儒學有助於吳越國的統治；三是錢氏先輩和親人的影響。

　　關鍵詞：儒學；吳越國；錢鏐；影響

　　吳越是五代時期「十國」之一。開國之君為唐末鎮海（治杭州）節度使錢鏐，據有抗、越兩藩，即今浙江及江蘇部分地區。朱溫建立後梁的當年（西元 907 年），錢鏐受封為吳越王，以杭州為都，歷三代五主，至北宋太平興國三年（西元 978 年）五月錢俶「納土」歸宋，國祚 72 年。五代時期，乘機割據的周邊政權，如南漢、楚、閩、北漢等，皆因君主昏庸或其他原因，內爭不息，經濟、文化幾無建樹，而惟獨吳越國雖僻處一隅，卻政治局勢穩定，經濟發展，文化昌盛。史家多對吳越國歷史給予充分肯定，如卞孝萱、鄭學檬著《五代史話》，謂：「吳越在錢氏治理下，政治上比較安定，文士薈萃，人才濟濟；經濟繁榮，漁鹽蠶桑之利，甲於江南；海上交通發達，中外經濟文化交流頻繁；文藝也稱盛於時。」〔註1〕吳越國地狹（僅十三州）民寡而卻長治久安近百年，原因何在？這當然可以從多方面去進行研究、探索。陶懋炳著《五代史略》，試圖從統治者的素質方面去探因，認為：「南方九國之中，嗣主較為賢達者，無逾錢氏，這雖與吳越諸主不事內寵、教誨子嗣得法有關，但比較重要的原因，似乎是居桑梓之地，更注意人心民情吧？姑妄言之，以待讜論。」〔註2〕這是作者的推測之論。筆者通過對有關吳越國歷史的資料進行搜集、研讀，認為吳越國統治者的「賢達」，與其說是「居桑梓之地，更注意人心民情」，還不如說是受儒學思想深刻影響的結果。以下簡要論述之。

一、儒學對吳越國統治者思想作風的影響

　　吳越國統治集團中，儒學修養良好者眾多，儒學氛圍遠較其他國家濃厚。

　　先看吳越國第一代國王錢鏐。錢鏐以軍事起家，是五代時期一軍閥，曾因儒士稍輕慢而怒殺之，似乎沒有多少儒學素養可言，其實不然。錢鏐雖出身貧賤民家，但少年時讀過幾年私塾，「稍有餘暇，溫理《春秋》，兼讀《武經》」（《錢氏家乘》卷六）。在《武肅王遺訓》中，有不少名言警句是從《論語》中摘引來的。「《遺訓》的其他地方也是強調忠、孝、仁、義、禮教，貫穿其中的是儒學思想。」〔註3〕錢鏐「事母至孝，常遊後庭層樓，太夫人春秋高，不能上，王（錢鏐）親負而登焉。」（《十國春秋》卷八三）可見錢鏐是個典型孝子。忠義、勤儉是儒學的重要內容，這在錢鏐身上也有充分的表現。

〔註1〕卞孝萱、鄭學檬：《五代史話》，北京：北京出版社，1985 年版，第 7 頁。

〔註2〕陶懋炳：《五代史略》，北京：人民出版社，1985 年版，第 138 頁。

〔註3〕何燦浩：《吳越國宗室述論》，載《南開學報》2004 年第 6 期。

可以說，錢鏐之所以能青雲直上，與其滿腔「忠肝義膽」是密不可分的。錢鏐建國後，儘管在轄境內也有稱帝改元之事，但表面上始終尊奉中原王朝，以藩鎮自居，通過頻繁、豐厚的貢奉以表忠心；臨終之際，仍念念不忘告誡其後代要忠於中原王朝。錢鏐雖貴為國王，然而卻克勤克儉（儘管也有奢侈、排場的時候），這在封建時代是罕見的。《資治通鑑》卷270載：「鏐自少在軍中，夜未嘗寐，倦極則就圓木小枕，或枕大鈴，寐熟輒欹而寤，名曰『警枕』。置粉盤於臥內，有所記則書盤中，比老不倦。或寢方酣，外有白事者，令侍女振紙即寤」。因此，錢鏐有浙中「不睡龍」的美稱。錢鏐孝親、忠義、勤勉、節儉的為人及生活作風，絕不是天生而然，而是儒學影響的結果。

吳越國第二代國王 —— 文穆王錢元瓘也是一個儒學浸染極深的人。據載，錢元瓘「雖少嬰軍旅，尤尚儒學。事武肅王（錢鏐）孝敬小心，未常（嘗）有懈。……晚年政事一委參決，簿書填積，皆躬親批署，手為胼胝。復效武肅王故事，置粉盤於榻首，夜有所憶，即書其上，詰朝以備顧問。時屬重盜賊及詐偽誹謗法，犯者必死，王（元瓘）皆力救獲，宥者甚眾。常（曾）北征，師次平望，蚊蚋尤甚，左右請施帷帳，王曰：『三軍皆在此，我獨何避？』竟不許。」錢元瓘死後，後晉命宰相和凝撰神道碑，稱其「撫眾以惠，待士持謙。事必有恒，政皆求理。扶弱遏強，先人後己」；「禮延耆碩」（《十國春秋》卷七九及注）。結合上述史籍所載，可知碑文並非純屬譽美，而是與事實相符合的，儒學倡導的孝、勤、仁、惠、謙、勤政、先人後己等封建時代的人倫「美德」，在錢元瓘身上都有切實的體現。

吳越國第三代有三國王：忠獻王錢弘佐、忠遜王錢弘倧、忠懿王錢俶。錢弘佐「初嗣位，尚少，溫柔好禮，恭勤政務，發摘奸伏，人不敢欺」（《十國春秋》卷八十）。錢弘倧繼位，想有所革新，「以禮法繩下，宿將舊勳，不甚優禮」（《舊五代史》卷一三三），結果為胡進思發動兵變囚禁廢黜。其後，宋仁宗在敕中讚美他「襲齊桓之業，挺忠孝以無遺」（《十國春秋》卷八十，注），可見錢弘倧也是個忠君孝父重禮法之主。吳越國最後一任國王錢俶，「素有德望」，在位期間不僅推行了減輕民眾賦稅負擔的仁政，而且他還深受儒家「天人感應」學說的影響，每遇天災，便把災禍歸因於國君的「不德」、「寡德」，引咎自責。如，顯德五年（958）四月，杭州城南失火，延於內城，官府廬舍幾盡，火將燃及鎮國倉，錢俶親率大臣至瑞石山，命酒祝之，曰：「不谷不德，天降之災。倉廩積儲，實師旅之備也，若焚之，民命安仰？」（《十

國春秋》卷八一）指望上天只責罰自己，而勿焚毀官倉。錢俶雖貴為一國之
王，然而「性謙和，未曾忤物。自奉頗薄，常服大帛之衣」（同上，卷八二），
繼承了其父祖儉樸的生活作風。

除了在位的幾任吳越國王外，錢鏐其餘子孫，儒學涵養良好的也大有人
在。如，錢鏐第二子元璙「多尚儒釋，不喜奢侈，遏歷中外，所在黎庶安之。」
第三子傳瑛，「天性英敏，頗敦儒學，聚書數千卷。」第五子元懿，「性至孝」，
母病，「稱藥量水，夜不解帶者久之」；為官仁且惠，死後諡「宣惠」（《十國
春秋》卷八三）。錢氏第三代，受儒學薰陶，「涉獵經史」，「通儒術」、「性仁
孝」、「性喜簡儉」者也不乏其人。

儒家的忠義思想還深刻影響了錢鏐軍隊中的眾多將士。正是由於有忠、
義思想的內在支撐，這些將士在作戰時不僅為錢氏戰勝攻取出謀劃策，竭心
盡智，而且勇猛難當，衝鋒陷陣，堅貞不屈，死而後已，成就了錢鏐的「英
雄」事業，也使吳越小國在強鄰吳（南唐）的多次企圖滅亡、兼併的戰爭中，
屢戰屢捷，迫使南唐與吳越國握手言和。例如，「為人淳直，居恒以忠節自許」
的馬綽，在徐綰、許再思之亂中力挽狂瀾，使錢氏功業不墜；杜建徽「盡心
於王（錢鏐）」，累從征伐，所至輒立功，其親家睦州刺史陳詢叛，杜建徽不
僅不參與，還一再「責以大義」；鮑君福是一員勇將，「以驍果稱」，曾為淮南
所擄，堅貞不屈，伺機逃歸，死諡「忠壯」；將領屠環智有「詠志詩」曰：「輕
身都是義，殉主始為忠」，表達了其忠主行義的志向（《十國春秋》卷八四）。

吳越國招致了眾多的儒士為其政治服務。這些儒士本身就是滿腦子儒家
思想，不僅以儒家學說為指導施政，同時也以儒家學說律己為人。

由上可見，吳越國統治集團中，上自國王，下至文臣武將，深受儒學薰
染者眾多。儒學宣揚的仁、義、禮、信、忠、孝、廉、讓等倫理道德，不僅
影響了他們的為人，同時也影響了他們的處事、行政。如果我們將吳越國歷
史與同時期割據南方的南漢、楚、閩、吳等國歷史相比較，就會發現，這些
割據政權內部，宗室爭權奪利異常激烈，兄弟相戮屢見不鮮；而吳越國情況
則大不相同。吳越國錢氏宗室雖也有爭奪王位的記錄，但其激烈、慘酷程度
遠遠不如上述諸國。究其原因，可說與儒學對錢氏宗室的影響不無關係。一
個典型的事例是，文穆王錢元瓘繼位後，身為王兄的錢元璙，儘管「儀狀瑰傑，
風神俊邁」，既有保國之功，又有遠見卓識，曾被吳王揚行密讚譽為「龍種」，
但錢元璙始終安於君臣名分。一次，元璙自姑蘇入覲，「（文穆）王以家人禮事

元璙，親奉觴爲壽，曰：『此兄位，而小子居之，兄之賜也。』元璙俯伏曰：『大王功德高茂，先王擇賢而立，至公也。君臣位定，惟知恭順而已。』因相顧感泣。」（《十國春秋》卷八三）正因爲錢氏宗室成員既能互相禮敬，又能恪守君臣名分，盡忠盡義，吳越國統治集團才有較強的凝聚力，國家才少了紛爭與攘奪。

二、儒學對吳越國政治實踐的影響

（一）以「忠君」爲籌碼，換取中原王朝的支持和庇護

「忠君」是儒學的重要內容。在封建社會，對於君（國）不忠之人必遭唾棄，自取滅亡；而打著忠君旗號（不論其眞僞）的勢力，往往能騙取人心，贏得支持，勢力得以不斷壯大，故錢鏐深明「忠君」的重要意義。

五代時期，各地軍閥紛紛稱帝改元，與中原王朝割斷了政治聯繫，用《新五代史》作者歐陽修的話說，即「僭竊交興」，「稱號紛雜」。然而，與其他割據政權不同，錢氏吳越國儘管在內也建宮室，任百官，但對中原王朝卻始終表示忠心——通過艱難曲折而頻繁豐厚的貢奉，以中原王朝藩鎮自居，接受中原王朝的冊封，有時也奉中原王朝之命對鄰藩出兵征討（當然這其中有乘機擴張領域的意圖）。當時，一些鄰國君主勸錢鏐也稱帝，與中原王朝分庭抗禮，但錢鏐沒有接受。史載，「是時中原多事，西川王氏稱蜀，廣陵揚氏稱吳，南海劉氏稱漢，長溪王氏稱閩，皆竊大號。或通姻戚，或達聘好，咸以龍衣、玉冊勸王（錢鏐）自帝。王笑曰：『此兒輩自坐爐炭之中，又踞吾於上邪！』卻不納，而諸國主亦無不以父兄事之。」（《十國春秋》卷七八）錢鏐不肯稱帝，表明了其對中央王朝君主之忠，故而深得諸國君主的尊敬，「無不以父兄事之」。

有人認爲吳越國也曾稱帝改元。此事之眞僞在北宋時已成「謎團」。歐陽修在《新五代史·十國世家年譜》的序言中說：「五代十國，稱帝改元者七。吳越、荊、楚，常行中國（中原王朝）年號。然予聞於故老，謂吳越亦嘗稱帝改元，而求其事迹不可得，頗疑吳越後自諱之。及旁采閩、楚、南漢諸國之書，與吳越往來者多矣，皆無稱帝之事。……錢氏迄五代，嘗（常）外尊中國，豈其張軌之比乎。」張軌，原爲西晉涼州刺史，後乘亂割據，子孫保有涼州 70 餘年，被尊爲「武王」。這說明在吳越國統治者看來，稱帝改元是不忠不義的表現，是奇恥大辱之事，因此，即使眞的像其他割據者那樣稱帝

改元，也要遮遮掩掩，如做虧心事一般，絕不敢公然與中原王朝分庭抗禮。正因為「忠心耿耿」，吳越政權才始終得到中原各王朝的冊封和支持，才不致被強大的鄰藩南唐所兼併。

（二）本著「和為貴」的精神原則確定外交政策及處理內部關係

儒家十分重視和強調「和為貴」，因為只有和，人與人才能共生共處，社會才能穩定，經濟發展、文化昌盛才有條件可言。而五代十國時期之所以被人看作是一個「黑暗時代」，一個「爛攤子」，就因為各政權內部都缺乏和的政治環境，爭權奪利不息，興兵殺戮不止。而吳越國內部，雖也有兄弟相殘之事，也有兵變易君之災，但相比各國，其嚴重性及危害性卻遠遠不及。這與吳越國統治者重視和，即保持統治集團內部的團結是密切相關的。

錢鏐生前致力於對子弟進行儒學教育，目的正在於讓其子弟接受儒家倡導的忠、孝、仁、義等倫理觀念，以維持宗室成員的和睦團結；臨終之際，給後裔所書《遺訓》，也一再強調「百姓安而兄弟睦，家道和而國治平」，並告誡當政者：「將吏士卒，期於寬嚴並濟，舉措得宜，則國家興隆」，還諄諄告誡推行睦鄰政策的重要，所謂「免動干戈，即所以愛民也」。其後，吳越國統治者無論是大政方針還是小事處置，都是為了營造和平安定的社會環境和人際關係。

首先，吳越國統治者以「和為貴」為原則積極推行睦鄰政策。吳越與閩毗鄰，天寶九年（916）十二月，錢鏐「命子、牙內先鋒都指揮使（錢）傳珦逆婦於閩，自是與閩通好。」吳（後改稱南唐）與吳越因為毗鄰接壤，相互之間為了爭奪地盤，曾多次發生戰爭；另外，雙方內部的反叛勢力又常常勾結對方為援，使雙方關係更成水火之勢。錢鏐曾先後派遣兩子——錢傳璙、錢元璙與淮南（吳）聯姻，以求緩和緊張關係。天寶十二年（西元 919 年）八月，吳方遣返吳越戰俘，並遣客省使歐陽汀來請通好。錢鏐為了讓民眾休養生息，也捐棄前嫌，遣返吳方戰俘，「自是休兵二十餘年」。天寶十三年（西元 920年）十一月，錢鏐又「遣使為其子（錢）傳瓘求昏（婚）於楚，楚王（馬）殷許之」（《十國春秋》卷七八）。自睦鄰關係構建後，吳越國儘管與吳（南唐）、閩也時有戰爭，但和平畢竟是主流。

其次，吳越國統治者善於化解內部矛盾，努力使君臣將士和睦相處。如，錢元瓘初繼位時，「內牙指揮使富陽劉仁杞及陸仁章久用事，仁章性剛，仁杞好毀短人，皆為所惡。一日，諸將共詣府門請誅之；元瓘使從子仁俊諭之，

曰：『二將事先王久，吾方圖其功，汝曹乃欲逞私憾而殺之，可乎？吾爲汝主。汝當稟吾命；不然，吾當歸臨安以避賢路！』眾懼而退。」諸將欲誅劉、陸二將，「性剛」及「好毀短人」僅是藉口，實質是諸將嫉妒二將「久用事」，獲益太多，而要求進行權力的重新分配。對此事，置之不理或追究鬧事者責任，顯然既不利於問題的解決，也不利於統治集團內部的和睦共處。錢元瓘採取了較穩妥的辦法處理此事：「乃以仁章爲衢州刺史，仁杞爲湖州刺史」，使尖銳的內部矛盾得以緩和。另外，「中外有上書告訐者，元瓘皆置不問」。這雖然是一種消極無爲之舉，但其客觀效果卻是「由是將吏輯睦」（《資治通鑒》卷二七七）。一些地方官同樣以「和爲貴」原則處理問題，化解矛盾，以維持地方的穩定秩序。如錢弘億，東府（越州，即今紹興）安撫使，兼領睦州，「時福州初歸附，將校有仇隙者率多相誣，弘億謂左右曰：『人各有憾，誣構一啓，疑懼交至，豈國家推心懷遠之道邪！』悉置不問。」（《十國春秋》卷八三）

總之，本著「和爲貴」的精神原則，吳越國統治者對外堅持推行睦鄰政策，對內努力化解各種矛盾，既維護了國內社會秩序的和平穩定，又減少了與鄰國的摩擦鬥爭，消耗國力，爲自身的生存發展創造了良好的條件。

（三）在民本思想的影響下，吳越國統治者努力減輕民眾的賦稅負擔，積極發展生產，在五代亂世中創造了一個「小康」社會

《尚書·五子之歌》曰：「民惟邦本，本固邦寧」；《孟子·盡心下》亦云：「民爲貴，社稷次之，君爲輕。」民本思想在儒家學說中佔有重要地位。在吳越國統治者中，重民思想，無論是在吳越國君王，還是在地方官的施政實踐中，都多有反映，史有明載。如錢鏐在《遺訓》中就諄諄告誡其後繼者：「十四州百姓，係吳越之根本」（《錢氏家乘》卷六），要求其後繼者要善待吳越民眾。

早在立國之前，雖然戎馬倥傯，軍事爲先，然而，錢鏐也未忘民眾。將領或地方官侵害了民眾利益，錢鏐是不會姑息遷就的，如儒童鎮將徐靖「俘掠居人」，錢鏐命戮之於市。錢鏐滅越州稱帝的董昌後，「開倉賑貧乏」；婺州（治所在今浙江金華縣）刺史王壇遣將攻東陽，「王（錢鏐）以息民故，命使諭之。」（《十國春秋》卷七七）這些事例說明，錢鏐在思想上對民眾很重視，對於爭取民眾的支持具有重要意義。

吳越國前期，由於地狹民寡，爲維持國家機器的正常運作，吳越民眾的

賦役負擔相對較重。自忠獻王錢弘佐執政，在國家已有一定積蓄的前提下，統治者開始為民眾減輕負擔。據史載，開運四年（947）八月，忠獻王向倉吏瞭解到國有十年蓄積之後，欣然說：「然則軍食足矣，可以寬吾民」，於是，「命復其境內租稅三年」（《十國春秋》卷八十）。乾祐元年（948）正月，新即王位的忠懿王錢俶也「赦境內租稅」；同年十一月，又「下令每歲租賦逋者悉蠲之，仍歲著為令」，以制度化的方式減輕那些確實經濟困難的「逋者」的負擔，以使他們能安居樂業，不致背井離鄉，成為社會不安定的因素。乾祐三年十一月，為了開國家經濟之源，吳越國「募民能墾荒田者，勿取其稅。」這一舉措得到了較好的貫徹執行，「由是境內無棄田」。曾有人向吳越國統治者建議「糾遺丁以增賦」，即通過人口普查，搜查出隱漏的丁口，以增加國家賦稅收入。議者不僅未獲得君主的獎賞，反被「杖之國門」，顯示出吳越國統治者與那些無視民眾、一味利用政權的力量對民眾進行敲骨吸髓剝削的同時期其他割據政權之君有顯著的不同。有時候遭遇自然災害，以致民眾有鬻男賣女者，吳越國王便下詔令命出粟帛以贖之，使歸還其父母，仍令所在開倉賑恤（《十國春秋》卷八一）。

由於吳越國最高統治者對儒學的重視，儒家思想在他們的為人、施政中多有體現，上行下效，吳越國地方官也自覺依儒家學說去施政。這大約就是五代時期貪官多廉吏少，而吳越國卻是貪官少「清官」多的一個重要原因。吳越國地方官中，有不少是錢氏家族成員，其中就有不少政績突出、受民擁戴者。如，錢元璣，「多尚儒釋，不喜奢侈，遍歷中外，所在黎庶安之」；錢弘儇為靜海軍節度使、判軍州事，「均徭役，罷淫祀，盡放所畜聲伎，每食不過鮑魚（鹹魚）、菘菜（白菜）。」顯德中，曾入覲西府（越州，今紹興），「永嘉人謂其將代也，臥轍阻之，弘儇先以籃輿載侍妾出，眾疑弘儇在中，遽擁而回，其為民所感悅如此。久之，改彰武軍節度使、知福州事，溫人皆行啼巷哭，曰：『願公早回。』亦有攜家以從者，謂之隨使百姓。」死時，「神柩經溫州，歸會稽，三州之民為號踴者甚眾」，「諡節惠」；錢弘億，「居明州，頗著善政，凡一切科率舊制悉除之。顯德中，（忠獻）王命括民丁以益軍旅，州縣長吏因之多所殘刻，弘億手疏其弊，辭理切直，王感悟，乃罷」；錢弘偓，任衢州刺史，「為政寬恕厚重，民多愛之。時屬歲旱，部民將逐食他州，不忍輒去，共詣聽事告白而行，弘偓為之流涕」，卒時「中外無不歎惜」（《十國春秋》卷八三），等等。其他為政清廉而得民心的地方官也不乏其人，如高彥，

「居湖州十一載，政尚寬簡，民頗便之」；朱行先，任靜海鎮遏使，「在鎮恩威並行，甚著聲譽，凡十有五年」（同上，卷八五）等。這些地方官的自廉、勤政、愛民多屬自覺行為，顯然與儒學仁政及民本思想的影響有關。

（四）儒學「選賢與能」思想的影響，使吳越國君臣尚賢禮士，招致眾多人才為其政權服務

錢鏐對於人才的認識，有一個演變過程。起初，在領兵作戰時，他沒有充分認識到人才的意義，以致發生隨意殺戮儒士之事。但自兼有吳、越兩藩，戰事減少，立國當前，錢鏐對人才的意義才有較深刻的認識。錢鏐對於人才的重視，在五代時期各政權統治者中，是較著名的。有謂：「王（錢鏐）負知人之鑒，尊賢下士，惟日不足。名其居曰『握髮殿』，取周公吐哺握髮之意」。史籍還記載，為了從北方流移而來的人士中挑選賢能，錢鏐曾派遣數十名畫工居於淞江邊，稱為「攀手校尉」，「伺北方流移來者，咸寫貌以聞，擇清俊福厚者用之」，於此可見錢鏐求賢若渴之心。另外，在用人施政中，一些幕府賓客讜言敢諫，得罪了錢鏐，錢鏐也能「怡然不怒」（《十國春秋》卷七八），可見他對於人才的重視與寬容。羅隱的受賞識、任用，即充分反映了其禮賢下士作風之一斑。羅隱為五代時期一位落拓多智、放蕩不羈的文士，「名振天下」；但因為他「性傲睨，王公大人多為所薄，因此仕途曲折，後歸杭州，謁武肅王錢鏐，得到錢鏐的「殊遇」。羅隱在吳越國累官錢塘縣令、鎮海軍掌書記、節度判官、鹽鐵發運副使，除著作佐郎、司勳郎中，歷遷諫議丈夫、給事中、發運使，賜金紫，可謂備受寵遇，《十國春秋》作者吳任臣對吳越國王錢鏐器重、任用羅隱評價極高，謂：「方（羅）隱屢躓進士第，遍歷諸州，馳驅擾攘之中，憊矣！及遭逢霸主，文採爛然，聲施後世，可不謂得時而駕邪！」（《十國春秋》卷八四《列傳論曰》）受錢鏐禮遇任用的文人儒士還有不少，如鍾廷翰，流寓湖州，素有賢名，錢鏐命其攝安吉主簿，並在任職牒中讚美其「儒素修身」，「克循廉謹之規，備顯溫恭之道」，表示「倘聞佐理之能，豈吝超升之獎」；章魯封，「有雋才，少與羅隱齊名」，累舉進士不第，錢鏐辟為表奏孔目官，累官蘇州刺史（《十國春秋》卷八五）；唐末進士沈崧，因戰亂流寓杭州，被錢鏐留為鎮海軍掌書記，建國後被任為丞相（同上，卷八六）。此外，受到錢鏐任用並發揮了重要作用的文士還有皮光業、皮光鄴、林鼎、曹仲達等等。

文穆王繼位後，更設立專門機構，將選賢與能制度化，按儒學精神原則選拔品學兼優的士人為官。史載：「文穆王立，雅好儒學，置擇賢院，選吳中

文士錄用之，命（沈）崧領其職。」（《十國春秋》卷八六）吳越國擇賢院是
如何選拔錄用士人的，史無明載。五代時期，一些割據政權通過科舉考試錄
用士人。吳越國進行科舉考試雖乏直接、明確的記載，但蛛絲馬跡還是可以
尋覓的。《十國春秋》卷八四《羅隱傳》注云：「隱在浙幕，沈崧得新榜示隱，
隱題其末曰：……」，可見吳越國也以科舉取士；只是科舉為國家行為。吳越
王既諱言稱帝建國，自然也諱言科舉取士。

受吳越國最高統治者重視賢能思想的影響，地方一些將領或官吏也大力
羅致人才，為地方建設服務。如明州刺史黃晟，「頗尚禮士，辟前進士陳鼎、
羊紹素為賓客，江東儒學（士）多依之」（《十國春秋》卷八五）。上、下層統
治者對賢能的重視和禮遇，這是吳越小國人才薈萃、文化昌盛的主要原因。

三、儒學在吳越國影響深遠的原因

五代時期，天下大亂，戰爭不止，儒學相對而言處於衰落狀態。正是由
於儒學的衰落，儒學所倡導的忠、義、仁、禮等觀念不受重視，人們（尤其
是官吏、軍閥）率性而為，於是，官場與戰場一樣，充滿了鬥爭，充滿了血
腥。然而，吳越小國偏安一隅，儒學較受重視，儒學思想深入人心，國內政
局較穩定，社會秩序良好，生產得以恢復發展。儒學在吳越國得以盛行，原
因何在？依筆者愚見：

首先，吳越國在五代十國中屬小國，生存環境惡劣，統治者需要利用儒
家倡導的倫理道德以維持與中原王朝的聯繫，使之成為自己的靠山。吳越國
東面大海，北、西、南為吳（南唐）、閩兩國包圍，尤其是吳（南唐），領域
及勢力都比吳越國寬廣、強盛，這對吳越國的存在是一個莫大的威脅。事實
上，吳與吳越連年爭戰，實質上就是兼併與反兼併之爭。在此形勢下，吳越
國要求和平，求穩定，求發展，必須有所依靠。最理想的依靠莫過於中原王
朝。而要取得中原王朝的支持，吳越統治者絕不能像其他割據者那樣公然稱
帝改元；而必須時刻表示對中原王朝的忠誠，以藩鎮自居，克盡「臣節」。能
做到這一點，吳越國才能得到中原王朝政治上的冊封和軍事上的援助；否則，
封號被削，鄰國乘機而動，吳越國生存堪憂！

作為中原王朝的一「藩鎮」，中原政權君主對於臣屬的要求，就是必須依
照儒學精神原則去為人施政。在包括唐朝在內的各中央王朝冊封吳越國王的
詔書制文中，都充斥著儒家倫理道德的說教以及對於吳越國王符合儒家道德

規範行爲的讚美。這對吳越國君臣不能不產生深刻影響，促使他們自覺依照儒學原則爲人施政。

其次，吳越國內危機潛伏，統治者希望借助儒學化解危機，穩定和鞏固統治。吳越國宗室圍繞王權的爭奪，雖不似南漢、馬楚、王閩等國那樣刀光劍影、血肉橫飛；但危機仍然潛伏著。這在政治上和軍事上都有反映。從政治上說，錢元瓘在位時，就曾發生元球、元珣兄弟合謀發動政變之事，爲錢元瓘鎮壓。錢元瓘死，子錢弘佐繼位，年僅 14 歲。一向爲錢元瓘所信任、悉以軍事委之的內牙指揮使戴惲又陰謀廢立，爲顧命大臣章德安與諸將聯合剷除。錢弘佐繼位後，內部鬥爭愈演愈烈。對於專權的闞璠、胡進思等，錢弘佐不能制之，連顧命大臣章德安也被排擠出朝。及錢弘倧繼位，激憤於現狀，想有所改革，無奈積重難返，被「黨盛難制」的內牙統軍使胡進思發動兵變，廢爲庶人，在位僅半年。接連不斷的內爭預示著吳越國的統治到了危險的邊緣。在軍事上，戰爭年代，大小將領常常從個人利益出發，見機行事，有利可圖則歸附之，否則叛亂離棄之。故錢鏐在用兵作戰中，就多次遭遇部下叛亂之事，其中最嚴重的是徐綰、許再思聯合發動的中軍武勇都兵叛亂，勾引淮南兵入寇，幾致錢鏐事業毀於一旦。內部叛亂比外敵進攻更具威脅性。在政變、軍變的威脅下，錢氏統治者不能不思考和尋找對策。實踐證明，儒學，尤其是其中的忠、義、禮、仁等思想，對於維護封建君臣名分、等級關係，增強統治集團的凝聚力，具有重要意義。吳越國統治集團中一些有遠見卓識的將臣也認識到了這一點。錢鏐曾說：「余自主軍以來，見天下多少興亡成敗，孝於親者十無一二，忠於君者百無一二。」因此，他首先要求宗室子弟要「心存忠孝」，「上下和睦」（《錢氏家乘》卷六）。又如，錢鏐病逝，錢傳瓘繼位，「傳瓘與兄弟同幄行喪，內牙指揮使陸仁章曰：『令公嗣先王霸業，將吏且暮趨謁，當與諸公子異處。』乃命主者更設一幄，扶傳瓘居之，告將吏曰：『自今惟謁令公，禁諸公子從者無得妄入。』晝夜警衛，未嘗休息。」（《資治通鑒》卷二七七）顯然，在陸仁章看來，已繼承王位的錢傳瓘與諸兄弟雜處，不符合儒學禮法精神；禮法強調的是尊卑有別，通過莊嚴肅穆的君臣禮節，使在下者敬畏服從居上者，以此鞏固王位王權，才能使封建統治長治久安。這與西漢時叔孫通爲劉邦制定朝儀有異曲同工之妙。吳越諸國王大力獎掖忠義的文臣武將以及許多吳越國的地方官吏自覺施行仁政，目的都是維護錢氏對吳越地區的封建統治。

再次，父輩的告誡教誨，親人以身作則的影響，也使吳越統治集團成員自覺或不自覺地受到儒學的浸染。

錢鏐臨終，對後輩諄諄教誨，期望兒孫輩能繼承自己「忠勇」的品格，要有憂患意識，戒驕戒滿戒躁，切勿「自爲厲階，更尋覆轍」，並且要嚴守「藩臣之分」。錢鏐諸子「中心藏之，敬聞命矣」（《舊五代史》卷一三三）。這是錢氏吳越國諸王「臣節」無虧的一個重要原因。

此外，錢氏最高統治者身邊，儒學修養良好的女性不少。諸如：錢鏐的夫人——莊穆夫人吳氏，她嫁錢鏐之後，「閨門整肅，孝敬盡禮」；又仁慈，「撫愛諸子，有如一體」；並且節儉愛民，史載吳氏「夫人常遊奉國寺，王（錢鏐）命載帛百縑以備散施，夫人曰：『妾備嘗機杼之勞，遽以遊賞糜費，非恤民之道。』遂不受而罷。」儒學重視和宣揚的孝、禮、慈、儉、邮等美德，吳氏都具備，對錢鏐及其子孫不能毫無影響。錢元瓘的夫人馬氏，「性聰慧，勤於職」。錢鏐曾下令「禁中外畜聲伎，而文穆王逾三十無子，（馬氏）夫人爲之請，……乃聽文穆王納諸姬。」說明儒家的「不孝有三，無後爲大」思想對馬氏有深刻影響。錢元瓘另一夫人吳氏，「性慈惠而節儉」，「每聞王決重刑，必顰蹙以仁恕爲言」。忠懿王錢俶之妃孫氏「好學讀書，通《毛詩》、《魯論》大義。少事忠懿王甚謹，一以儉約爲訓，非宴會未嘗爲盛飾。」後周時被封爲「賢德夫人」，宋初被封爲「賢德順睦夫人」（《十國春秋》卷八三）。錢氏諸吳越國王及宗室的勤政、儉樸、仁恕應與錢鏐及這些夫人的影響有關。

另外，離亂時世，廣大儒士科舉仕進之途受阻。吳越國統治者禮賢下士，招致了許多賢能（主要是儒士）爲其政權服務，不僅中央統治者如此，地方官吏也如此，如黃晟，浙東道東西副指揮使、明州刺史，他「頗尚禮士，辟前進士陳鼎、羊紹素爲賓客，江東儒學多依之。」杜叔詹，開寶中任平江軍節度使，「仁惠循良，興賢愛士，常（曾）重建孔子廟以鼓勵學者」（《十國春秋》卷八七）。吳越國在朝中設「通儒院」，以儒學造詣深者任職，本身就是對儒學的推崇。

以上各方面的原因，使吳越國與同時期其他國家不同，上層社會儒學氛圍濃厚，統治者深受儒學思想影響，並自覺依據儒學倡導的倫理道德原則爲人、施政，使吳越國統治集團相對團結，政治局勢較穩定，民眾能安居樂業，經濟文化也得到恢復和發展。

二十三、論五代時期中原王朝
　　　對契丹的民族政策

摘　要

　　五代時期，中原封建王朝因分裂、內戰而趨於式微；北方的契丹族則因統一而走向強大，先後征服了其周邊眾多的民族和部落，並頻繁出兵南下攻掠。面對契丹的擴張和擄掠，中原五代政權分別採取過籠絡、防禦、反擊、「和親」、挑戰以及主動出擊等政策。

　　關鍵詞：五代；契丹；政策

一

唐末，契丹族乘中原戰亂，北邊無備之機，蠶食諸部；至耶律阿保機爲契丹部落聯盟首領時，「五姓奚及七姓室韋、達靼咸役屬之」，「東北諸夷皆畏服之」，〔註1〕已成爲稱雄於我國北方的一個強大民族。因此，逐鹿中原的一些軍事集團，都想爭取契丹族的支持，以實現自己兼併群雄、稱帝中原的目的。

朱溫在篡唐建後梁前，已遣人浮海奉書幣、衣帶、珍玩出使契丹，稱帝之際也遣使往告，〔註2〕可見後梁在建國以前，就已把籠絡契丹族作爲一項重要的策略。後梁與契丹，雖中間有宿敵晉相阻隔，但雙方使者往來仍十分頻繁。從《新五代史·後梁本紀第二》的記載來看，在開平元年（907）四月、五月；二年二月、五月；三年閏月；乾化元年（911）四月等，契丹都有使者至後梁。後梁也不斷地派遣高級官員爲使，隨契丹使者北去，密商聯合滅晉的事宜。據載，契丹曾遣使者解里到後梁，「以良馬、貂裘、朝霞錦聘（後）梁，奉表稱臣，以求封冊」。後梁遣郎公遠及司農卿渾特「以詔書報勞，……約共舉兵滅晉，然後封冊爲甥舅之國，又使以子弟三百騎入衛京師。」但是「渾特等至契丹，阿保機不能如約，梁亦未嘗封冊」，〔註3〕可知後梁對契丹的籠絡政策未獲成功。其原因，依筆者之見：一是邊疆民族請求中原王朝的冊封，目的無非是籍以擴大其影響；而契丹族這時在北方諸部族中勢力強盛，影響已經很大，正如史籍所言，「東征西討，如折枯拉朽。東自海，西至於流沙，比絕大漠，信威萬里」，〔註4〕故對於後梁的冊封並不十分看重；二是當時後梁與晉的戰爭正在緊張地進行著，契丹正可乘虛漁利，與後梁結盟與否對契丹而言意義並不太大；三是後梁提出要契丹遣子弟 300 人入衛京師，無疑是要以爲人質，企圖迫使契丹今後對後梁言聽計從，對此，契丹人當然是不願接受的。

後梁太祖朱溫死後，契丹遣使至梁不見於記載；只見貞明三年（917）四月後梁遣右千牛衛大將軍劉璩使於契丹；六年九月以供奉官郎公遠爲契丹歡好使〔註5〕。可見，儘管籠絡契丹未成，後梁統治者卻始終未放棄對契丹的爭取。

〔註1〕《資治通鑑》，卷 266。
〔註2〕《遼史》卷1。
〔註3〕《新五代史》卷 72。
〔註4〕《遼史》卷2，論曰。
〔註5〕《新五代史》卷 3。

二

儘管李克用對於契丹的背盟耿耿於懷，臨死時曾囑其兒子、繼位為晉王的李存勗，要他繼承父志，報仇雪恨。但是，晉既無力消滅契丹，又要傾全力於對後梁的戰爭，因此，即使不能爭取到契丹的援助，至少也要爭取契丹保持中立，以免自己處於腹背受敵的狼狽境地。因此後唐建立後，莊宗李存勗一方面極力通過認親的方式爭取與契丹建立和睦關係，以減輕背後的壓力；另一方面則加強北邊的防禦，對於入犯的契丹軍隊進行堅決的反擊。

莊宗死，明宗（李嗣源）繼立。明宗為了與契丹搞好關係，遣供奉官姚坤出使契丹。由於契丹方面提出割讓黃河以北的土地（後稍作讓步，要求割讓鎮、定、幽三州）作為停戰修好的條件，不能為後唐方面接受，因此，後唐繼續加強邊防。「時契丹數犯塞，（後唐）朝廷多屯兵於幽、易間，大將往來」。〔註6〕

明宗天成三年（928）四月，鎮守易、定兩州的王都反叛。後唐命將征討，契丹發兵5000援救王都。後唐軍隊與王都、契丹聯軍戰於曲陽（今河北曲陽縣）城南，「大破之，僵屍蔽野；契丹死者過半，餘眾北走」。契丹軍在退逃中又受到盧龍度使趙德鈞的邀擊，「北走者殆無孑遺」。契丹不甘心於失敗，「復遣其酋長惕隱將七千騎救定州，王晏球逆戰於唐河北，大破之；甲子，追至易州。時久雨水漲，契丹為（後）唐所俘斬及溺死者，不可勝數」；契丹北走，道路泥濘，人馬饑疲，入幽州境。八月，壬戌，趙德鈞遣牙將武從諫將精騎邀擊之，分兵扼險要，生擒惕隱等數百人；餘眾散投村落，村民以白梃擊之，其得脫歸國者不過數十人。自是契丹沮氣，不敢輕犯塞〔註7〕。

至長興三年（932），幾年過去，契丹很少犯邊。契丹多次遣使至後唐，請求歸還其被俘諸酋長。是否答應契丹的請求，朝中君臣有爭議。明宗以為，滿足契丹的請求，或者會令其感恩，會收斂對後唐邊境的寇掠。但大臣的意見卻與此相左。趙德鈞認為：「契丹所以數年不犯邊，數年求和者，以此輩在南故也，縱之則邊患復生。」冀州刺史楊檀（後改名光遠）也認為，這些被俘的契丹酋長「在朝廷數年，知中國（中原）虛實，若得歸，為患必深，彼才出塞，則南向發矢矣，恐悔之無及。」〔註8〕明宗最後接受了群臣的意見。

〔註6〕《資治通鑒》卷276。
〔註7〕《資治通鑒》卷276。
〔註8〕《資治通鑒》卷277。

　　其實，契丹族這時已進入階級社會，建立了奴隸制國家，通過戰爭去掠奪土地、人口、財富是其統治階級的本性。因此，釋放或不釋放其若干酋長，都不可能從根本上制止其對中原地區的寇掠。多次請求釋放其被俘酋長無效後，契丹「自是數寇雲州及振武」，〔註9〕並且「寇抄盧龍諸州皆遍，幽州城門之外，虜騎充斥。每自涿州運糧入幽州，虜多伏兵於閻溝，掠取之。」趙德鈞被任命為幽州節度使後，加強了防備：在閻溝建城而戍之，為良鄉縣，「糧道稍通」；又在幽州以東 50 里築潞縣而戍之，「近州之民始得稼穡」；又於幽州東北 100 餘里築三河縣通薊州運路，「邊人賴之」〔註10〕。由於「幽州有備，契丹寇掠不得其志。契丹主西徙橫帳，居捺剌泊，出寇雲、朔之間」。〔註11〕

　　鑒於契丹的頻頻擾邊，長興三年十一月，後唐以石敬瑭為北京（太原）留守、河東節度使，兼大同、振武、彰國、威塞等軍蕃漢馬步總管，進一步增強了防禦力量。清泰二年（935），後唐又命振武節度使楊光遠徙鎮中山，兼北面行營都虞候，「禦契丹於雲、應之間」。〔註12〕

　　清泰元年，明宗養子李從珂奪得帝位。這時，鎮守幽州的趙德鈞及鎮守河東（太原）的石敬瑭，皆自恃擁有強兵，陰謀進一步積蓄實力，伺機奪位。其中石敬瑭不斷向朝廷要求增兵運糧，歹跡已明顯暴露。後唐朝廷中，一些有遠見卓識的大臣已經意識到，石敬瑭如果反叛，必然會勾結契丹為援。他們建議後唐廢帝（李從珂）採取與契丹和親的策略，想通過和親、輸財的辦法，搞好與契丹的關係，這樣，即使石敬瑭反叛，契丹也可能不會給予援助，還可能會與後唐合作，消滅叛軍。應該說，這一策略是現實可行的。就契丹方面而言，不僅有幾十名契丹將領被俘羈留於後唐，契丹曾「卑辭厚幣數遣使聘中國（後唐）」，〔註13〕請求歸還之，而且阿保機的長子突欲，因不能繼立而叛逃至後唐，其母述律后朝夕思念，盼其回歸，契丹具有與後唐和親的願望。另外就後唐而言，為防禦契丹南侵，朝廷調兵遣將戍守北方，軍費支出浩大，如和親成功，壓力減輕，邊備可以稍弛，費用可以大減。故後唐大臣認為即使每年送給契丹價值 10 餘萬緡的「禮幣」也是值得的，正如計相張延朗所言，和親「不惟可以制河東，亦省邊費之十九，計無便於此者。」

〔註 9〕《資治通鑒》卷 277。
〔註10〕《資治通鑒》卷 278。
〔註11〕《資治通鑒》卷 276，胡注。
〔註12〕《新五代史》卷 51。
〔註13〕《新五代史》卷 72。

〔註14〕後唐廢帝起初贊成此策，後受樞密直學士薛文遇的大漢族主義思想的影響，認為「以天子之尊，屈身奉夷狄，不亦辱乎！」又捨不得以宗室女為「和蕃」公主，捨不得「以養士之財輸之虜庭」，改變了初衷，還以為大臣們是居心不良，要追究提議和親的大臣之罪。結果，「自是群臣不敢復言和親之策」。〔註15〕後唐廢帝錯過了「和蕃」的機會，卻為石敬瑭的「聯蕃」創造了機遇。後唐終於在石敬瑭與契丹聯軍的打擊之下崩潰。

三

　　石敬瑭依靠契丹的援助得以建立後晉王朝，這決定了後晉對契丹的依附地位，決定了後晉前期（石敬瑭在位期間）只能對契丹採取「卑辭厚禮」的「和親」政策。

　　後晉建立之初，「時（後）晉新得天下，藩鎮多未服從，或雖服從，反仄不安。兵火之餘，府庫殫竭，民間困窮，而契丹徵求無厭」。在這樣的歷史背景下，對契丹應採取怎樣的對策，是後晉統治者面臨的急需解決的問題。這個問題處理得當與否，關係到國家的治亂興衰。中書侍郎兼樞密使桑維翰提出的對策是：「推誠棄怨以撫藩鎮，卑辭厚禮以奉契丹，訓卒繕兵以修武備，務農桑以實倉廩，通商賈以豐貨財」，〔註16〕要言之，即安定國內，睦鄰契丹，加強邊備，發展經濟。在桑維翰的對策中，「卑辭厚禮以奉契丹」是重要的一環，只有搞好與契丹的睦鄰關係，創造一個和平的社會環境，才能使國內安定、經濟發展。因此，為睦鄰契丹而付出一定的代價也是值得的。由於採納了桑維翰這一正確的政治方針，「數年之間，中國（中原）稍安」。〔註17〕

　　誠然，後晉高祖石敬瑭對契丹「卑辭厚禮」的「父事」之策確是帶有屈辱性質。但這一策略的實行，也帶來了一些積極的意義：自此，契丹再沒有對後晉發動過規模較大的戰爭，使後晉能集中兵力平定國內此起彼伏的叛亂，創造了一個相對安定的社會環境，便利了人民的生產、生活。自後梁、後唐以來，士民奉使被羈留在契丹以及在戰爭中被俘掠至契丹者，後晉朝廷「悉遣使贖還其家」；還使得一些反叛分子企圖勾結契丹為援以亂中奪權成為

〔註14〕《資治通鑒》卷280。
〔註15〕《資治通鑒》卷280。
〔註16〕《資治通鑒》卷281。
〔註17〕《資治通鑒》卷281。

不可能，例如天雄節度使楊光遠跋扈難制，後晉朝廷採取措施削弱之，「光遠由是怨望，密以賂自訴於契丹，養部曲千餘人，常蓄異志」，但終究沒有得到契丹的支持。胡三省對此以注評論說：「楊光遠雖蓄異志，而帝（石敬瑭）與契丹無間，則無從而發也。至出帝與契丹構隙，則（楊光遠）引契丹爲援而速禍矣。」而事實上，後晉每年「所輸金帛不過數縣租賦，往往託以民困，不能滿數。」〔註18〕可見還算不上是後晉沉重的負擔。

但是，當時有些大臣、將領不能理解石敬瑭「父事」契丹的用心及其客觀意義，爲傳統思想觀念所囿，不能忍辱負重。他們並不考慮後晉國力衰弱，人心不齊的國情，僅僅出於「民族氣節」，反對後晉對契丹實行「卑辭厚禮」的策略，一些野心家更是企圖破壞後晉這一政策，從而使後晉與契丹關係破裂，以便自己混水摸魚。當時，石敬瑭思想很矛盾：與契丹爲敵，自知力量不足，繼續「父事」契丹，又憂慮將領、大臣的反叛。這時候，泰寧節度使桑維翰給後晉高祖石敬瑭密上一疏，論證了與契丹決裂之萬不可行，〔註19〕桑維翰的分析合理，論證透徹，具有很強的說服力，胡三省也認爲「桑維翰權利害之輕重而言，一時之論也」。〔註20〕後晉高祖閱罷奏章，說：「比日以來，煩懣不決，今見卿奏，如醉醒矣」，終於沒有改變對契丹的政策。

天福七年（942）六月，石敬瑭死，養子石重貴繼位，是爲後晉出帝。出帝在寵臣景延廣的挑唆下，拒絕接受其他大臣的反對意見，一改高祖對契丹的「和親」政策，對契丹推行妄自尊大的挑戰政策，結果導致了一場曠日持久的民族戰爭。這場戰爭從開運元年（944）正月契丹30萬大軍傾國南下始，至開運三年十二月十日杜重威統率的後晉主力軍20萬向契丹投降，整整進行了 3 年。戰爭的結果是後晉被契丹推翻，後晉出帝及其宗族、大臣、妃嬪數千人被押送漠北爲奴，挑戰政策的鼓吹者景延廣也被契丹擒獲，在押解途中自殺而死。桑維翰奏疏中對與契丹決裂將會造成的後果的預測不幸變成了活生生的現實。

這場由後晉挑起的戰爭，造成了嚴重的後果。首先，它使無數漢族人民慘遭殺戮。如契丹攻陷貝州（今河北清河縣西）「所殺且萬人」，〔註21〕以後，

〔註18〕《資治通鑒》卷281。
〔註19〕《資治通鑒》卷282。
〔註20〕《資治通鑒》卷282。
〔註21〕《資治通鑒》卷283。

「所得（漢）民，皆殺之，得軍士，燔炙之」；契丹「分兵攻邢、洺、磁三州，殺掠殆盡」，〔註22〕貪生怕死的順國節度使杜重威鎮守恒州（今河北正定縣），坐觀契丹肆虐，「屬城多為所屠，……千里之間，暴骨如莽，村落殆盡」；〔註23〕契丹軍攻陷相州（今河南安陽市南），「悉殺城中男子，驅其婦女而北，胡人擲嬰孩於空中，舉刃接之以為樂。……遺民男女得七百餘人。其後節度使王繼弘斂城中髑髏瘞之，凡得十萬餘」。〔註24〕……契丹主率軍滅後晉回歸時，見「所過城邑丘墟」，也免不了心生悲憫之情。其次，它使漢族人民遭受了一場罕見的敲骨吸髓的劫掠和盤剝。戰爭在進行，軍費支出浩大，國庫已空，賦役自然得由民眾無條件承擔。史載，後晉「因遼國入侵，國用逾竭，遣使三十六人，分道括率民財，各封劍以授之」，敢不奉命者即置死地；使者恃此為非作歹，「多從（縱）吏卒，攜鎖械、刀杖入民家，大小驚懼，求死無地。州縣吏復因緣為奸」。〔註25〕一些喪盡天良的將領乘機大發戰爭之財，如朝廷令河南府出縑錢20萬，將帥景延廣擅自增至37萬，企圖中飽私囊17萬，後因留守判官盧億的規勸才「慚而止」。〔註26〕戰爭中將領縱兵大掠之事更是比比皆是，杜重威、李守貞二人「為將皆無節制，行營所至，居民豢圈一空，至於草木皆盡」；〔註27〕張彥澤率軍攻人都城汴京時，「縱兵大掠，……二日方止，都城為之一空」。〔註28〕除了官府的盤剝、官軍的掠奪外，還有契丹軍的搜刮，如契丹軍滅後晉後，一方面「乃縱胡騎四出剽掠，謂之『打草穀』。……自東、西兩畿及鄭、滑、曹、濮數百里間，財畜殆盡」；〔註29〕另一方面又向後晉勒索財物以犒其軍：「時府庫空竭，（後晉財政大臣劉）煦不知所出，請括借都城士民錢帛，自將相以下皆不免。又分遣使者數十人詣諸州括借，皆迫以嚴誅，人不聊生。」。〔註30〕再次，它對率先發動戰爭的契丹族也是一次嚴重的摧殘。3年的苦戰，契丹也打過許

〔註22〕《資治通鑒》卷283。
〔註23〕《資治通鑒》卷284。
〔註24〕《資治通鑒》卷286。
〔註25〕《契丹國志》卷2。
〔註26〕《資治通鑒》卷284。
〔註27〕《新五代史》卷40。
〔註28〕《資治通鑒》卷285。
〔註29〕《契丹國志》卷3。
〔註30〕《契丹國志》卷3。

多敗仗，每一次敗仗，都有成百上千的契丹人被殺。契丹主耶律德光在回歸途中死去，契丹人載其屍歸，「述律后不哭而撫其屍曰：『待我國中人畜如故，然後葬汝』」。〔註31〕

後晉出帝對契丹推行的挑戰政策的失敗，從反面證明了後晉高祖對契丹推行「和親」政策有其歷史的合理性，也說明了那些指責石敬瑭甘當「兒皇帝」喪失了民族氣節的言論是沒有歷史地看問題，因而是欠公允的。

四

後漢是五代史上最短命的朝代，歷二帝，4年，但後漢依然很注重對契丹的防禦。據史料記載，後漢建立之初，原歸降契丹的義武節度使孫方簡遣使向後漢請降。後漢高祖劉知遠「復其舊官，以扞契丹」。還任命孫方簡之弟孫行友爲易州刺史、孫方遇爲泰州刺史，孫氏兄弟鎮守後漢北疆，對於防禦契丹的入寇貢獻很大，「每契丹入冦，（孫氏）兄弟奔命，契丹頗畏之」。〔註32〕

但是，由於後漢初建，國內即發生河中李守貞之叛、鳳翔王景崇之叛、永興趙思綰之叛，史稱「三叛連衡」。後漢傾全力於平叛，使河北防禦力量顯得不足，爲契丹入冦創造了條件。乾祐二年（949）十月，契丹入冦，殺掠吏民，「數州之地，大被其苦，藩郡守將，閉關自固」，〔註33〕這是後漢時契丹冦邊最嚴重的一次。後漢隱帝遣樞密使郭威督師抵禦契丹，任命他爲鄴都留守、天雄節度使、樞密使如故，並詔河北，「兵甲錢穀，但見郭威文書立皆稟應」。契丹聞漢兵渡過黃河，乃引去。郭威軍至鄴都，即分軍趨鎮、定各州，加強了對契丹入犯的防禦。郭威曾請示勒兵入契丹境挑戰，後漢朝不願意尋釁，沒有允准。此後，郭威即忠實地執行了朝廷的防禦政策，「戒邊將謹守疆場，嚴守備，無得出侵掠，契丹入冦，則堅壁清野以待之」。〔註34〕後漢還任命侍衛步軍都指揮使、寧江節度使王殷將兵屯澶州以備契丹。邊防的鞏固，加上契丹主兀欲「荒於酒色，侮諸宰執，由是國人不附，諸部反叛，興兵追討，故數年不暇南征」。〔註35〕故終後漢之世，契丹的冦掠並不嚴重。

〔註31〕《新五代史》卷73。
〔註32〕《資治通鑒》卷288。
〔註33〕《舊五代史》卷119。
〔註34〕《資治通鑒》卷290。
〔註35〕《契丹國志》卷4。

五

後周初建，力圖與契丹搞好關係，以為國內的政治改革及經濟建設創造良好的社會環境。廣順元年（915）二月，契丹主遣其臣裊骨支與朱憲偕來賀郭威即位。後周太祖郭威也遣尚書左丞田敏出使契丹，「約歲輸錢十萬緡」，〔註36〕以求和平共處。但後周試圖與契丹建立和睦關係的願望未能實現，原因是北漢也在積極投靠契丹。北漢主向契丹表示：「欲循晉室（後晉）故事，求援北朝」，以叔父事契丹主〔註37〕。由於北漢與契丹毗鄰，有唇齒相依之關係，又可成為契丹入犯擄掠的急先鋒，因此，契丹積極扶持北漢與後周為敵。

和好不成，便加緊防禦。「帝（郭威）以鄴都鎮撫河北，控制契丹，欲以腹心處之。乙亥，以寧江節度使、侍衛親軍都指揮使王殷為鄴都留守、天雄節度使、同平章事，領軍如故，仍以侍衛司從赴鎮」，〔註38〕將自己原來肩負的禦邊重任交付大將王殷。

廣順元年十月，契丹將蕭禹厥將奚、契丹兵 5 萬會北漢兵攻晉州；二年九月，契丹將高謨翰以葦筏渡胡盧河，至冀州；三年正月，契丹寇定州、鎮州……契丹的多次入寇，都被後周守軍擊退，或知後周有備而自引兵還。廣順三年（953）十二月，後周太祖郭威死，世宗柴榮繼立。契丹與北漢以為機會難逢，聯兵入寇。結果高平一戰，契丹與北漢聯軍大敗。之後，周世宗更加強了對契丹的防禦。

周世宗南征，奪取了南唐江北之地，疆域擴大了，加之改革的成功，使後周經濟發展，國內安定，國力增強，軍隊士氣高昂。後周由防禦轉入進攻，對契丹發動戰爭，奪回後晉時割讓給契丹的燕雲十六州之地的時機已經成熟。於是，顯德六年（959）四月，周世宗發起了對契丹的出擊戰爭，契丹守將紛紛迎降。至五月，「關南平，凡得州三，縣十七，戶一萬八千三百六十。是役也，王師數萬，不亡一矢，邊界城邑皆望風而下」。〔註39〕可惜周世宗突然病倒，出擊戰爭只好中止。

〔註36〕《資治通鑒》卷 290。
〔註37〕《資治通鑒》卷 290。
〔註38〕《資治通鑒》卷 290。
〔註39〕《舊五代史》卷 119。

六

五代對契丹民族政策的演變至少可以給我們提供兩點啓示。

一、國家統一、富強，才能有效地防禦邊患。唐代強盛，周邊各少數民族（包括契丹族）賓服，形成眾星拱月之勢，民族關係和睦，天下太平；安史之亂後，大唐帝國衰落，邊境民族開始入侵；至五代時期，中原地區分裂內亂更加嚴重。分裂造成了中原王朝的衰弱，內亂又使中原王朝內顧不暇，這就爲周邊一些少數民族的發展壯大以及進犯創造了便利條件。縱觀五代歷史，在分裂內亂最嚴重的汴晉爭衡時期、後唐廢帝時期、後晉出帝時期，契丹的入犯也最頻繁，危害最大，甚至將中原國家滅掉（後唐、後晉政權都是被契丹推翻的）；而在國家相對統一穩定的後唐莊宗、明宗時期，後周時期，由於邊防鞏固，契丹的入犯就較少，或雖入犯而難以深入，禍害較小。

二、民族間的和睦關係具有重要意義，爲此而付出一定的代價（包括物質上的和精神上的）也是值得的。縱觀中國歷史，民族關係緊張，必然導致民族的戰爭，必然使兩個民族在鷸蚌相爭中兩敗俱傷。因此，民族之間和睦關係的建立和維持很重要，中國歷史上不少漢族及少數民族開明的統治者都能認識到這一點。漢代及隋唐時期，漢族封建統治者與匈奴、突厥、吐蕃等強悍的少數民族之間實行的「和親」；宋代在我國北方強盛的党項、契丹、女眞等族政權的軍事壓力下，漢族統治者與之簽定和約，稱臣稱侄，外加歲輸鉅額財物，甚至割讓部分土地，目的都在於與之建立和睦的關係。眾多的少數民族統治者向中原漢族大國稱臣、納貢、求冊封，亦是爲了與漢族和平共處。五代後晉前期，推行的是與契丹的「和親」政策，使契丹族數年間不南犯；後期，出帝在某些大臣的蠱惑下，狂妄地向契丹挑戰，結果導致兩個民族都傾全力於數年的混戰，造成了嚴重的後果。

引用文獻

〔1〕司馬光等，《資治通鑒》〔M〕，北京：中華書局，1956 年。

〔2〕脫脫，《遼史》〔M〕，北京：中華書局，1974 年。

〔3〕歐陽修，《新五代史》〔M〕，北京：中華書局，1974 年。

〔4〕葉隆禮，《契丹國志》〔M〕，上海：上海古籍出版社，1985 年。

〔5〕薛居正等，《舊五代史》〔M〕，北京：中華書局，1976 年。

二十四、論南越國與南漢國歷史的異同

在嶺南古代歷史上，曾先後建立過兩個割據一隅的地方政權：一是秦漢之際的南越國，建國者是眞定（今河北正定縣）人趙佗，歷四代五主，93 年；一是唐宋之際的南漢國，立國者爲上蔡（治所在今河南上蔡縣西南；一說爲彭城，即今江蘇徐州市）人劉龑（又名龔、龑、陟等），歷三代四主，54 年。這兩個割據政權都以廣州（南越國時稱「番禺」，南漢國時稱「興王府」）爲統治中心。以兩廣爲主要統治區域（南越國境土比南漢國更廣闊，西南至越南中、北部，其後西漢平南越，在其地置交趾、九眞、日南三郡；南漢國西界亦曾包括越南北部的交州，後因戰敗失去）。兩個割據政權的存在是嶺南區域史，同時也是廣東地方史重要的歷史問題。學術界對南越國歷史的研究較充分，研究者中外皆有；南漢國史也有若干研究成果。而運用比較研究法對這兩個割據政權進行比照，考察其異同，以探尋嶺南歷史發展規律及其特點的研究則未之見。筆者不揣淺陋，對此略作試探。

一、南越國與南漢國歷史的相似性

比照來看，可以發現，南越國與南漢國歷史有許多相似之處：從性質上說，兩個都是割據政權；從歷史的發展趨勢而言，又都如南漢國主劉龑所感歎的「如鼠入牛角，勢當漸小」，即一代不如一代，前景日漸黯淡；從對嶺南區域歷史發展的影響而言，又都是在改朝換代，天下大亂之際，營造了一方相對安定的社會局面，使嶺南之民免受兵燹之災，生產也得以持續向前發展；從外交關係上說，都重視與中央政權或毗鄰封國（割據政權）或地區的和睦友好關係的構建，等等。

（一）興亡大勢方面

兩者都是乘改朝換代，天下戰亂，中央政權鞭長莫及之機而立國嶺南，割據一隅的。而最終又都是在中原新興一統王朝試圖通過和平方式解央割據問題未能湊效的情況下，以強勢軍事征服而亡國的。

秦朝統一嶺南，揭開了嶺南地區向封建時代邁進的新的一頁，歷史意義深遠。在統一嶺南的七年之後，以陳勝、吳廣為領袖的秦末農民起義爆發，中原大地陷於戰亂。諸侯、豪傑並起，互相爭雄。強大的秦王朝迅速被推翻。在戰爭中崛起的楚、漢兩大勢力又展開角逐，爭鼎中原。是為楚漢戰爭，歷時四年。中原大地連綿的戰亂，為趙佗在嶺南立國割據創造了良機。

其實，萌生割據嶺南念頭的人物，最初並非趙佗，而是任囂。任囂作為率領秦軍統一嶺南的將領之一，統一後受任為南海郡尉。當時，南海、象、桂林三郡均不設太守，郡尉執掌軍、政大權，實為嶺南三郡地位最尊、權力最大的職官，可以號令桂林、象二郡。史載，西元前 209 年，農民起義爆發後，任囂即已有割據嶺南之念，其目的是「一以休息其民，一以割據為天命，亦以身本秦將，姑待諸侯之變而不忍言共誅無道也」。[註1] 所謂「休息其民」，即不願讓嶺南廣大越族、漢族之民被捲入戰爭漩渦，成為戰亂的犧牲品；「不忍言共誅無道」，當時農民起義提出「伐無道，誅暴秦」的鬥爭口號，此言任囂不願與農民起義為伍，共同起來反秦。作為一名深受倚重的秦將，對秦畢竟還懷有忠誠，意欲先割據一方，保境安民，一旦將來秦朝統治重歸穩定，再放棄割據不遲。

但就在秦末農民起義之後不久，任囂即病危。即使如此，任囂仍不忘劃嶺而治，保境安民。他將時任龍川縣令的趙佗召至身邊，把自己的割據之志向趙佗推心置腹地和盤托出。其後，趙佗繼承了任囂的割據之志，很大程度上是對任囂割據計劃的逐步實現。所以，史籍皆異口同聲，稱「（趙）佗之王，（任）囂成之」；[註2] 任囂「卒教尉佗成其業」、「尉佗之自立也以任囂」；[註3] 乃至稱「天下大亂，而南海（嶺南）晏然，不被兵革」，亦是「（任）囂之力」也。[註4] 這些說法都是有根據的。

〔註1〕《翁山文鈔》卷3。
〔註2〕梁廷楠《南越五主傳‧先主傳》，廣東人民出版社1982年版。
〔註3〕《廣東新語‧墳語》。
〔註4〕阮元《廣東通志》卷231。

任囂死，趙佗接替任囂任南海郡尉。他首先傳令各關口嚴兵防守，阻止嶺北「盜兵」南進。《史記‧南越列傳》謂：趙佗「移檄告橫浦、陽山、湟溪關，曰：『盜兵且至，急絕道聚兵自守！』」這三關位於秦所開闢的通嶺南的兩條「新道」上，是中原向嶺南進軍的必經之路，故亦是嶺南勢力必爭之地。絕此三關，使秦軍或諸侯之兵不得南侵，割據嶺南才有可能。其次，趙佗誅秦吏代以黨羽，即尋藉口誅戮、撤換秦王朝所任命的嶺南郡縣官吏，而以自己的心腹親信取而代之。據史載，秦統一嶺南，在嶺南設三郡，每郡之下又設數縣，許多郡、縣官吏是由秦中央任命漢人擔任的，故當時「南海猶多秦吏」。〔註5〕這些秦吏可能忠誠於秦，不支持趙佗割據，不除之可能成為後患。這樣，趙佗才真正成為了嶺南的最高軍事、行政長官，為以後稱王建國奠定了基礎。

再看南漢國的建立，中原地區的動亂同樣是劉巖在嶺南建立割據政權的「溫床」。

唐末，農民起義爆發，軍閥崛起，群雄競逐。嶺南地區也出現了小股農民起義，地方勢力也趁亂跋扈，開始抵制唐朝廷派遣到嶺南來赴任的節度使，企圖行割據事。這為劉氏勢力的崛起並割據創造了可乘之機。

劉氏勢力最早的奠基人物是劉謙。在前宰相韋宙任嶺南節度使時，劉謙為牙校。劉謙在鎮壓嶺南多處起義軍及叛亂隊伍中有功，為後來的嶺南節度使劉崇龜所賞識，表薦為封州（治今廣東封開縣）刺史、賀江鎮遏使，防禦梧州、桂州以西。「歲餘，有兵萬人，戰艦百餘艘」。〔註6〕在嶺南算得上一支強大的武裝力量了。劉謙死，其長子劉隱因鎮壓內亂有功，被署為右都校，襲其父位，復領賀水鎮遏使、封州刺史。劉隱「用法清肅，威望頗振」。〔註7〕劉崇龜死，唐廷任命宗室嗣薛王李知柔為嶺南節度使。李知柔至湖南，嶺南將盧琚、覃玘發動兵變，阻擋李知柔入粵赴任。劉隱發封州兵攻殺二將，迎李知柔蒞任，以功擢為行軍司馬。軍旅財賦，一以委之。劉隱因此成為其後嶺南節度使倚重的人物。由於時局動亂，唐朝委任的官員不敢到嶺南來，即使來了也難以使嶺南安靖。於是，唐朝廷不得不任命劉隱為嶺南節度使留後。

〔註5〕呂思勉：《呂思勉讀史札記》上冊之《秦營南方（上）》，上海古籍出版社，1982年版。

〔註6〕《新五代史》卷65，《南漢世家》。

〔註7〕《舊五代史》卷135，《劉隱傳》。

爲了早日「轉正」，劉隱遣使者持厚幣重禮賄賂當時掌握著唐朝實權的大軍閥朱溫（全忠），得到支持。唐廷乃任劉隱爲嶺南節度使。後梁建國後，劉隱向後梁稱臣獻禮，大得後梁太祖朱溫歡心，給以榮寵，授檢校太尉兼侍中，封大彭郡王，旋又加檢校太師兼中書令，兼領安南都護，充清海、靜海兩軍節度使，進爵南海王。於是，劉隱遂得到獨霸嶺南的合法治權。

劉隱死後，其異母弟劉巖襲位，遂於後梁貞明三年（917 年）在廣州稱帝，初定國號爲「大越」，以嶺南爲越人世居之地之故而取名；後又以劉姓故，改「大越」爲「漢」，史稱「南漢」。

南越國與南漢國的亡國情形也極相似：在兩國政治日趨敗壞，國力已大爲削弱之際，中央政權試圖通過和平方式令嶺南放棄割據，重新回歸統一王朝版籍。在未能湊效的情況下，才勞師遠征。

趙佗死後，孫趙胡（又名眛）繼位。趙胡雖繼承其祖父治國之策，尊奉漢朝，以諸侯自居，但其文治武功畢竟大不如其祖父。他遇事少斷，多聽命於軍政臣僚，對漢朝又過分依賴，以致閩越國發兵攻掠南越；南越國對邊遠地區的控御也逐漸力不從心，一些少數民族開始反叛。趙胡死後，子嬰齊繼位。他沉迷於奢侈放蕩的糜爛生活，使南越國政治大權旁落到以丞相呂嘉爲首的政治集團手中。呂嘉爲了取趙氏而代之，加緊進行陰謀篡權活動。這時候，西漢遣使至南越，欲說服南越國放棄割據。《漢書·終軍傳》載：西漢諫儀大夫終軍奉命出使南越，「（終）軍遂往說越王，越王聽許，請舉國內屬。天子大悅，賜南越大臣印綬，一用漢法，以新改其俗，令使者留鎮撫之。越相呂嘉不欲內屬，發兵攻殺其王，及漢使者皆死。」

呂嘉殺漢使及越王（趙興）叛亂，另立趙建德爲南越王，時在漢元鼎五年（前 112 年）四月。這時，正是西漢王朝國力最強盛的時期。經過「文景之治」，西漢王朝積纍了雄厚的物質基礎；武帝出兵北伐匈奴又連戰連捷，軍威大振。在此歷史背景下，武帝當然不會容許嶺南再行割據。元鼎五年秋，武帝組織 10 萬樓船水師，由伏波將軍路博德、樓船將軍楊僕率領，順連江、湞水南下，直搗番禺，很快將呂嘉叛亂平定。歷時 90 多年的南越國宣告滅亡。

北宋建立後，按照「先南後北」的戰略方針展開了統一戰爭。但北宋並非一味依靠武力，而是持愼戰態度，對於割據政權，能勸降則不動武。在出兵嶺南之前，宋太祖趙匡胤曾試圖「不戰而屈人之兵」，以和平方式解除南漢的割據，讓嶺南重歸中央政治版圖，曾令與南漢國關係良好的南唐國主修書

致南漢國主劉鋹以勸降，以免宋師征討。〔註8〕但劉鋹拒不接受勸降，以爲其軍隊有能力抗衡宋師；即使不能抗衡，還可以出逃海外。在此情勢下，北宋才決定出師征討。北宋滅南漢之戰役始於開寶三年（970年）九月，至次年二月攻陷廣州。劉鋹出逃不成，被擒。南漢滅亡。

可以說，沒有天下動亂，便不會有嶺南的割據；而一旦動亂結束，國家一統，社會重新安定，嶺南便亦失去了割據獨立的合理性和條件；再度回歸中央統治是誰也阻擋不了的歷史必然！這是嶺南地區歷史發展的一條客觀規律。

（二）外交關係方面

兩者都重視與毗鄰政權或地區睦鄰關係的構建及經貿交流的開展。與南越國毗鄰的政權，東北面是閩越國，北面是長沙國，西面是以夜郎國爲主的西南夷，包括毋斂、句町等小國。這幾個小國都是西漢王朝冊封的諸侯國。

閩越國以閩江流域爲統治中心。秦統一中國前，閩越人即已建立閩越王國，國王爲無諸。其後，秦平閩越，以其地置閩中郡，將無諸「廢爲郡長」。〔註9〕無諸自然於心不甘，時刻企圖復國，重爲國王。因此，當秦天下一亂，無諸即趁機率領閩越人投奔鄱君吳芮而與之共同「佐漢」。及至劉邦稱帝建漢，無諸因佐漢有功，受封爲閩越王，恢復了在閩越地區的統治。但儘管如此，這距無諸恢復秦統一前那種完全獨立，不受任何控制的統治狀態尚有距離，因而無諸與西漢王朝之間仍存在著潛在的矛盾。這正是趙佗可以爭取閩越，聯合以抗衡西漢中央政權的前提條件。南越國通過對閩越國的經濟援助，得以對其「役屬之」，〔註10〕使閩越國「奉（趙）佗政令」。〔註11〕換言之，在南越國的爭取下，閩越國「一腳踏兩船」，既稱藩於西漢，又稱臣於南越。這種關係，終趙佗在位保持不變。其後，西漢發兵攻閩越，閩越國一分爲二——越瑤王和閩越王。越瑤王仍保持與南越國的友好關係；閩越王雖一面發兵八千聲稱助漢攻南越，中途卻又按兵不動，並派人向南越國通風報信，「陰使兩端」。說到底，閩越國並不希望看見南越國被滅的結局。

夜郎國早在先秦之世已存在，位於南越國西部。轄境在今貴州、雲南及

〔註8〕《十國春秋》卷60，《南漢三·後主本紀》。
〔註9〕梁廷楠《南越五主傳·先主傳》，廣東人民出版社1982年版。
〔註10〕《史記·南越列傳》；《史記·西南夷列傳》。
〔註11〕梁廷楠《南越五主傳·先主傳》，廣東人民出版社1982年版。

四川南部地區。史載，自南越建國，南越國與夜郎國就建立了友好關係，使之倚重、役屬於南越國，即建立起了一種鬆散的隸屬關係。這種關係一直維持至南越亡國。漢元鼎五年（前 112 年），武帝決定出兵征討南越國。夜郎國以「恐遠行，旁國虜其老弱」為藉口，拒不奉命，甚至「與其眾反，殺（漢）使者及犍為太守」。〔註12〕這是南越國與之長期「睦鄰」的結果。對西南夷其他國家和地區，趙佗也未忽視。史載南越國的使者就曾到達同師（在今雲南西部保山縣一帶），向其國君、酋長贈以禮物，使西南夷這些小國和部族與南越國也建立了鬆散的役屬關係。

長沙國在南越國北面，大約相當於今湖南大部分及江西部分地區。漢初分封長沙王時，漢王朝故意將趙佗實際控制著的嶺南三郡也劃為長沙國封地，此舉顯然是要挑動南越國與長沙國的對立和鬥爭，以便在兩國兩敗俱傷之時坐收漁人之利。但趙佗也認識到，漢初劉邦剷除異姓王，並作出「非劉氏而王，天下共擊之」的盟誓，卻唯獨留下長沙王吳芮這異姓不除，顯然是要利用其對付南越國。長沙王也應該明白，南越國不存在了，其自身也該被剷除了。故兩國雖有矛盾，卻盡量避免戰爭。南越國雖在呂后對南越國實行經濟封鎖時懷疑是長沙王的「餿主意」而遷怒並發兵攻長沙國，但也僅是掠數縣而退。兩國雖不交通，卻也基本相安無事。

再看南漢國。南漢國東北方面是閩國、吳越、南唐，北面是馬楚，西北面是前蜀和後蜀，西面是長和國（即唐時南詔）。南漢國統治者奉行「保境安民」政策，也致力於與毗鄰政權構建睦鄰關係，其主要途徑，一是遣使問遺，二是與之聯姻。南漢與閩國幾乎沒有爭戰；與南唐也長期相安，只是在南唐滅楚，取潭、衡二州，向南推進，對嶺南構成了威脅之時，南漢才予以反擊，挫敗南唐兵，奪得郴州。這是以攻為守之策。南漢與楚國為爭奪嶺南嶺北之地曾戰爭稍多；及至馬氏取得桂、賀、連、韶諸州後，雙方便偃旗息鼓，罷兵媾和，並結為姻親，自是不復干戈相見。

南越國與南漢國都重視「睦鄰」，並不惜為之花費大量錢財，是因為，在割據狀態下，偏安一隅的割據政權與統治著中原廣大地區的中央政權力量對比，輕重懸殊，一旦中原王朝國內穩定，國力恢復，集中兵力南下，南越、南漢均難以再維持割據局面。因此，「睦鄰」就顯得意義重大：它可以紓緩矛盾。減少紛爭，避免因戰爭造成互相削弱；當受到中原王朝軍事攻擊之時，

〔註12〕《史記·南越列傳》；《史記·西南夷列傳》。

還可以求得援助。可以說,「睦鄰」是南越、南漢兩國求生存之道,忽視不得。

在「睦鄰」的同時,南越和南漢國還與毗鄰政權和地區開展了經貿交流活動。互通有無,啟動經濟。

(三)開展對外貿易方面

《漢書‧地理志》記載,漢武帝平南越後,組織官辦船隊自徐聞、合浦等港口出海,與東南亞一帶國家和地區進行貿易。許多人認為這是我國對外貿易的開始。其實,南越國時期,嶺南的對外貿易已在進行。這有不少出土文物為證。有學者指出:「南越國的造船技術應是比較先進的。有了船,再加上越人習水性,掌握海洋季風的變化,利用星辰來辨別方向,南越國完全可以進行海上貿易活動。最近,我國考古工作者又在海南西沙群島的甘泉島上發現有與南越王墓出土的相類同的南越陶器,證明南越國時期已開始和東南亞一帶進行貿易交流。」〔註13〕西漢時期的對外貿易實際是在南越國外貿的基礎上進行的,並非前無古人的開拓之舉。關於南漢國的對外貿易情況,已有學者作了專門的探討論述,〔註14〕此不復述。

從眾多的考古材料看,古越人是開發海上航海、貿易的先驅。既然有著得天獨厚的航海條件及從事對外貿易的歷史與經驗,那麼,南越國及南漢國統治者,重視開展對外交流與貿易,以獲得大量海外珍品,一來可以作為與中原王朝或周邊政權交往的禮品,二來可以滿足統治者奢侈生活的需要,再者通過收稅以增加財政收入,更是任何統治者都不會忽視的必然選擇。

二、南越國與南漢國歷史的差異性

就像世上沒有兩片完全相同的樹葉一樣,由於兩個割據政權所處的時代不同,形勢不同,因而,兩國歷史也有不少的差異。

(一)與中央政權的政治關係不同

在南越國 93 年的歷史中,與漢朝的政治關係大致可劃分為三個時期:一是稱臣時期,時在西元前 196～西元前 183 年。西元前 196 年,西漢派陸賈出使南越,封趙佗為「南越王」,建立了南越國對西漢的臣屬關係。二是對抗時

〔註13〕參見馮雷《南越國與海外交流》,載《嶺南文史》2000 年第 3 期。

〔註14〕參見張金銑《略論五代廣州的中外經濟交流》,載《嶺南文史》1993 年第 1 期;周加勝《南漢時期的海外貿易管理制度研究》,載《求索》2008 年第 3 期。

期，時在西元前 183 年～西元前 179 年。西元前 183 年，呂后「別異蠻夷」，禁南越關市，不准向嶺南輸出急需的鐵製生產工具，牛馬只給雄性不給雌性。這一經濟封鎖政策激怒了趙佗。趙佗於是稱帝，並發兵攻漢長沙國。三是再度臣服時期，時在西元 179 年—西元前 111 年。西元前 179 年，漢文帝繼位後，改變呂后不明智的對南越國的歧視和制裁政策，著意修復與南越國早前的藩屬政治關係。趙佗去帝號，復上書向漢稱臣，重新恢復了對漢的隸屬關係。這種關係直維持至南越亡國。可見，除了其中四年趙佗稱帝，與漢朝分庭抗禮之外，其餘漫長時間，南越國都稱臣於漢，以藩屬國地位自居。

南漢與中原王朝的政治關係經歷了一個由稱臣藩屬到稱帝獨立的過程。劉隱掌政時，爲了取得朱溫及朱氏後梁政權的支持，曾屢屢遣使，以大量嶺南奇珍異寶爲貢獻。以稱臣爲條件，換取中央政權賜予的各種稱號及政治權力。及至劉巖繼位，嶺南廣大地區已在劉巖治下，劉氏所追求的目標——嶺南治權已經獲得，便覺得再稱臣貢獻有屈尊紆貴之嫌。他於西元 917 年稱帝建國改年號。這種割據獨立狀態維持至南漢亡國。

南越國之所以要稱臣於西漢，是由當時特定的時勢決定的。一方面，漢朝建立後，雖百廢待興，北邊又有強盛匈奴的威脅，但畢竟實現了國家統一，社會秩序漸趨穩定，加上漢朝採取「與民休息」政策，經濟持續發展，國力不斷增強，西漢王朝與南越國力量的對比，強弱不言自明。在這樣的情況下，趙佗若公然稱帝，與西漢分庭抗禮，無疑自置於強大的西漢王朝的敵對面，招致西漢王朝的征討。而稱臣於漢，以封國自處，則可乘漢朝「無爲而治」之機求得存在，並可保持較大的獨立性。另一方面，從南越國方面看，秦統一嶺南僅數年光景，嶺南的開發才剛剛起步，仍未擺脫原始落後狀態，地廣人稀，森林密佈，亟需從中原地區得到鐵製生產工具、牛、馬等畜力以及生產技術諸方面的支持。只有稱臣於漢，這些渴求才可得到滿足。因此，南越國稱臣於漢是最合適的政治選擇。

南漢國時期，形勢已大不相同。一方面，中原一統的唐王朝已亡。代之以後梁、後唐、後晉、後漢、後周五個朝代。這幾個朝代不僅統治區域狹小，僅局限於中原一區，境土只比周邊割據政權略大，視之爲割據政權之一也未嘗不可；而且中原王朝始終處於無休無止的外戰內亂之中，經濟衰敗，人口大減，根本無力顧及嶺南偏遠之區；另外，中原王朝四周，分別爲北漢、吳、南唐、吳越、閩、楚、前蜀、後蜀等國割據一隅，勢均力敵，互相牽制，任

何一個政權如若侵犯南漢，都會遭到鄰國的算計。另一方面，從嶺南方面說，秦漢以來，嶺南地區已獲得大開發，經濟發展已處於較高水準。不再像南越國時期那樣諸多方面有求於中原政權；反之，歷經連年戰爭，社會混亂，經濟凋敝，中原王朝倒是渴望得到南方在經濟上的支持（其後北宋立國，之所以要採取「先南後北」戰略開展統一工作，目的即在於從南方取得財物以支持統一戰爭）。在這樣的歷史背景之下，南漢劉氏統治者才敢趾高氣揚，蔑視中原王朝為「僞庭」，稱中原王朝統治者為「洛州刺史」；其公然稱帝建國而不願俯首稱臣是自然而然之事，況且，當時，割據政權統治者稱「帝」者大有人在。可見，時勢不同，政治格局也自然不同。

（二）統治者的施政及生活作風不同

南越國歷時 90 多年，其中趙佗執政 70 年。趙佗可以算得上是一位勵精圖治之君。他始終推行「和輯百越」的治國之策，「和」是他政治作風的最大特點，「和」即「仁政」。故南越統治嶺南近百年，局勢安定，民人安居樂業。趙佗在生活作風上亦有可圈可點之處。他曾上書漢文帝，自述在南越執政期間，「夙興夜寐，寢不安席，食不甘味，目不視靡曼之色，耳不聽鐘鼓之音」，專心致志於治國理民上。〔註15〕劉邦雖然不滿意趙佗割據嶺南，但對趙佗的評價也很高，謂：「南海尉（趙）佗居南方長治之，甚有文理。中縣（中原）人以故不耗減，粵（越）人相攻擊之俗益止，俱賴其力。」〔註16〕可見趙佗的自述並非自吹自擂。趙佗以後的南越統治者，除趙嬰齊有奢侈放蕩記錄之外，其他幾位君主，雖無甚治國才能，生活上似乎還是較廉潔的。

與南越國大不相同，南漢國幾代統治者都以殘暴、奢侈、荒淫而著稱。史載劉巖「每視事則垂簾於便殿，使有司引罪人於殿下，設其非法之具而屠膾之。故有湯鑊、鐵床之獄，又有投湯鑊之後，更加日曝，沃以鹽醋，肌體腐爛，尚能行立，久之乃死。其餘則錘鋸互作，血肉交飛，腥穢之氣，冤痛之聲，充沸庭廡。而（劉）巖之唇必垂涎及頤頷，若嗜膏血之氣者，久之方復常態。」〔註17〕這些史料讀之也令人毛骨悚然。這是劉巖政治作風殘暴的一面。其後繼者也繼承了他的這種動輒施酷刑、誅九族的殘酷作風，甚至連諸同胞兄弟也被視為「危險人物」，必欲置之死地而後快。另外，南漢統治者的

〔註15〕《漢書·南粵傳》。
〔註16〕《漢書·南粵傳》。
〔註17〕《五國故事》下。

奢侈、荒淫也是很突出，令歷史上許多昏君也相形見拙。

何以南越國統治者政治、生活作風較好而南漢統治者政治、生活作風卻如此殘暴、窮奢極侈？

筆者認為，這也與時勢有關。南越國時期，面對統一、強大的西漢王朝，南越國統治者為了圖存，不得不「勵精圖治」，以「仁政」及廉潔作風爭取人心凝聚。南越國時，嶺南經濟發展水平尚低下，對外貿易也不甚發達，南越國既要以大量財物交換北方的鐵器及牛、馬等生產所需物資，又須以財物結好於鄰國，使之聽命於自己，故也沒有多少財物供統治者任意揮霍。再者，趙佗執政期間，正是西漢王朝「文景之治」局面形成時期。文、景二帝都以勵精圖治及生活作風儉樸而著稱，這不能不對趙佗及其後繼者產生影響。

南漢統治時期，中原王朝戰亂不已，自顧不暇，對偏遠的南漢國構不成威脅（南漢與中原王朝之間隔著楚國）。故南漢統治者敢於公然稱帝，儼然已為「九五之尊」。作為封建專制之君，最關注的莫過於牢牢掌握皇權，以傳之萬世，為此而猜忌、防範大臣，甚至以嚴刑峻法誅戮大臣，都是常見的現象。此所謂「飛鳥盡，良弓藏，狡兔死，走狗烹」。西漢劉邦依靠各路英雄打敗強大的項羽，建國稱帝後便要剷除「異姓王」，並立下「非劉氏而王，天下共擊之」之盟誓；明代朱元璋稱帝後也大興冤獄，動輒誅殺、鞭撻大臣，一起冤案常常禍及千百無辜；隋煬帝、唐太宗、宋太宗等封建統治者，為了奪取政權，鞏固政權，都有弒父或殺兄的醜惡記錄。南漢統治者前期倚賴、依靠眾文臣武將而立國，立國之後卻疏遠、排斥文臣武將，委政於閹宦群小，並「酷毒」異常，實質上是欲以此威懾臣民，維護和鞏固其君權，與上述封建帝王可謂一丘之貉。而奢侈又是封建時代專制之君生活常見的作風；加之唐代廣州對外貿易發達，南漢時外貿也在繼續，因而積纍了大量奇珍異寶供南漢統治者揮霍。另外，五代時期，各國統治者多醉生夢死，生活奢侈，已成為一種「風氣」。〔註18〕這種「風氣」自然也會對南漢統治者有較大的影響。

（三）歷史地位不同

南越國統治嶺南近百年。這期間，在趙佗的悉心經營下，嶺南地區的歷史面貌發生了巨大的變化，從原始社會後期（部分地區已邁進奴隸制社會）躍進至封建社會。因此，南越國對嶺南地區的封建化進程起了重要的推動作用。

〔註18〕參見曾國富《五代時期統治者奢侈生活述論》，載入《學術研究》2009年第4期。

首先，從嶺南社會秩序的安定方面看，秦統一嶺南，推行郡縣制，嶺南地區那些失去昔日權位的酋長頭領們自然不甘心。因此，當秦天下一亂，嶺南越族各部落便有蠢蠢欲動，志在起兵割據，要再回到過去那種酋長執政，各無君主的原始狀態去者。在此關鍵時刻，趙佗發兵將各處動亂平定，又兼併桂林、象郡，使嶺南政令歸一，避免了「新造未集」的嶺南再陷入分裂倒退，使先進的郡縣制得以在嶺南持續發展。

其次，從經濟發展方面看，南越國時期是嶺南經濟第一次全面開發的時期。由於嶺南地處邊陲，又有崇山峻嶺阻隔，影響了和中原地區的交往，使這裏的經濟發展長期緩慢、落後。秦統一後，開始在嶺南建立封建秩序，將先進生產工具及技術輸入嶺南。南越國推行「和輯百越」政策，並倡導漢、越兩族通婚，使入嶺漢人與廣大越人能和平共處，共同成爲開發嶺南的生力軍。南越國又以稱臣的條件，與漢開展邊關貿易，以嶺南特產換取中原生產的鐵製生產工具及牛、馬等畜力，在嶺南推廣牛耕，大大提高了嶺南地區的生產力水平，爲嶺南經濟的發展創造了良好的條件。有學者評論說：「南越國時期是嶺南農業經濟發展的第一個高峰」。〔註19〕這是有道理的。

再次，從民族關係的發展來看，南越國「和輯百越」的民族政策，尊重越族的風俗習慣，任用越人首領爲官，鼓勵漢人與越人通婚，使南越國實際上成爲了漢、越聯合而治的政權。這有利於消除民族隔閡，促進越族的漢化，民族的融合。

第四，再從促進嶺南地區文化發展方面看，嶺南地區原來文化落後，尚未見文字出現。南越國統治期間，趙佗大力傳播漢文化，包括使用秦朝統一的文字，沿用漢族先進的禮樂制度，使漢文化因素在南越國中逐步佔據了重要的地位。故有學者稱：「廣東之文始尉佗」。〔註20〕

與南越國在政治、經濟、文化等多方面均有建樹不同，南漢國在歷史發展過程中留下的值得肯定的內容實在太少。學者們在論及南漢國歷史時，也是褒少貶多。如沈起煒先生說：「南漢的統治並沒有什麼興革。這原因很簡單：唐末農民起義軍雖曾進入廣東，很快就撤走，影響不大。唐軍也沒有與起義軍在這個地區打過大仗，戰爭的破壞也不顯著。這個從統治階級上層產生的地方勢力完全按照老規矩辦事，根本想不到有興革的必要。」又說：「南漢政

〔註19〕張榮芳、黃淼章《南越國史》，廣東人民出版社 1995 年版，第 385 頁。
〔註20〕《南粵叢錄》卷 31，《粵記》。

權的設施，只有一件事情可以肯定，即促進了海上貿易。」〔註21〕鄭學檬先生亦說：「南漢雖爲海隅之國，但其侵伐無虛日，內亂成積習。高祖劉龑時，西與馬殷爭容、桂，相繼武力取容、邑，又耀兵交州；殤帝劉玢時，張遇賢起義陷循州，擊敗前來圍剿的越王洪昌、循王洪杲，『嶺東皆亂』；中宗劉晟時，趁楚大亂攻賀州，連克桂州等地，還進兵郴州。至於內亂之酷，一言難盡。」〔註22〕總之，南漢國的施政可謂「乏善可陳」，而其統治者的奢侈、荒淫、殘酷則可謂「罄竹難書」。

正因爲歷史地位不同，故南越國史吸引了眾多的研究者，中外皆有，成果也異常豐碩；而南漢國史則幾乎成爲被人遺忘的「角落」，研究者及研究成果均寥寥無幾。

此外，南越國與南漢國統治者爭取和依靠的對象也不同：南越國爭取和依靠的是嶺南地區廣大的越族人民和從中原南下的漢人，不僅努力「和輯百越」，尊重越人風俗習慣，還大力起用越人爲官。官至南越國丞相的呂嘉即爲越人。而南漢國統治者依靠的卻是人數眾多的宦官，不僅以宦官監視宗室、大臣，還以宦官充任將領，領兵作戰；欲爲官者須先接受閹割成爲宦官。之所以有此不同，是因爲，南越國時期，嶺南地區生活著的人口，除了部分來自北方的漢人外，主要的是南越族人。南越族支系、部落眾多，所謂「各有種姓」。其中，聚居於桂林郡的西甌、雒越人就有 30～40 萬人眾。能否爭取這些人口眾多的越人的支持，關係到南越國能否在嶺南長治久安。因此，民族問題不能不成爲南越國施政的重點。而到了唐、宋時期，經過漢末至南北朝長期的戰亂，北方大量漢人南下，嶺南越人已基本漢化，民族問題已不再是統治者關注的焦點；統治者關注的是君主集權問題。而南漢統治者認爲士人都存在大一統的中央集權專制主義思想，不會誠心誠意地支持其割據統治；只有不學無術的宦官才是可以信賴和依靠的對象。因此，排斥士人，重用宦官。從這方面來說，南越國統治者是明智的，而南漢國統治者是愚昧的。

〔註21〕沈起煒《五代史話》，中國青年出版社 1983 年版，第 49～50 頁。
〔註22〕鄭學檬《五代十國史研究》，上海人民出版社 1991 年版，第 14 頁。

二十五、論南漢宦官專政

　　說起宦官專政，稍通歷史者，莫不以爲漢、唐、明三代宦官爲害最酷烈。其實，五代時期，中原王朝（如後唐）及周邊一些小國（如前蜀、南漢等）都曾出現過宦官專政，造成嚴重危害的局面。尤其是南漢，僻處嶺南一隅，地廣人稀，宦官卻佔了南漢人口的較大比例，而且地位崇高，掌握軍政大權；宦官專政成爲南漢歷史的一個重要內容，與前朝宦官專政相比，有其特色。正如學者余華青在其所著《中國宦官制度史》中所言：「南漢政權是中國歷史上一個奇特的宦官王國」。以下，從南漢宦官政治的特點、宦官專政的條件、宦官專政的危害等幾個方面，對此問題進行論述，以使讀者對南漢宦官專政有一個明確的認識。

一、南漢宦官政治的特點

　　縱觀中國古代史，歷代王朝都在內廷中保持著一支規模可觀的宦官隊伍，以服務於皇帝、皇室及人員眾多的後宮。每一個新王朝建立之初，一般尚能注意控制宦官的數量和規模；其後，如果當政者年紀幼小，或素質低劣，沒有勵精圖治的志向，追求紙醉金迷的生活，宦官勢力就會失去約束，其數量會急劇上昇，其權勢會迅速擴張，以至對整個國家的政治、經濟、軍事各方面造成重大的影響。唐代如此，南漢也不例外。

　　南漢劉龑（高祖）在乾亨元年（後梁貞明三年，917 年）八月，以廣州爲興王府，建立南漢國。當年，除置百官，建三廟外，還立皇后，建「內宮」。宦官隊伍也於此時建立。劉龑雖用宦官，但對之尚能有所限制，其數量才三百餘，職位也不過披庭諸局令丞而已。南漢中宗（劉晟）時，宦官增至千餘

人。逮南漢後主劉鋹即位，大用宦官，「凡群臣有才能及進士狀頭或僧道可與談者，皆先下蠶室，然後得進，亦有自宮以求進者，亦有免死而宮者，由是宦者近二萬人」。〔註1〕眾所共知，唐代宦官為禍最嚴重的唐憲宗、唐穆宗時期，宦官人數也只有四千六百餘人。據《宋史·太祖紀》載：至南漢為北宋所滅，共轄有「州六十，縣二百十四，戶十七萬二百六十三」，以每戶六口計算，南漢人口總數約為一百萬左右。可知，南漢宦官約占總人口的百分之二。這個比例數字，在中國古代的宦官專政史上，是絕無僅有的，堪稱中國歷史之最。由於宦官人數眾多，以至閹人在南漢成為一種特有職業，從此業者稱「閹工」或「椓人」。北宋攻滅南漢時，「斬（南漢）閹工五百餘人」。〔註2〕這種畸形的社會現象，從一個側面反映了南漢宦官隊伍之龐大。

南漢宦官人數眾多，與南漢統治者重用宦官，宦官地位崇高，權勢顯赫有密切關係。南漢宦官除用於內庭雜役外，還被任用於各個方面，計有：出任總管內廷事務之職；出任外朝官職；出任地方官職；〔註3〕出任軍職（監軍、將帥）；出任使職，等等。尤其是使職，主要由宦官充任，「諸使名多至二百」。〔註4〕至後主時，宦官「加三公、三師者，不一而足」，〔註5〕說明南漢宦官甚至得以就任太師之職。太師在封建時代為正一品官，可謂位極人臣。宦官得就任此職者，除北魏時期以外，尚無先例。同時，由於後主年幼（十七歲即位），不能治國，「政事咸委於閹官」，〔註6〕宦官實際上成了全國的最高統治者。由於宦官地位崇高，權力隆盛，「文武百官多入知內侍省」。〔註7〕朝官爭奪宦官之職，說明朝官已被宦官架空。

南漢宦官直接出任軍職的現象十分普遍。唐代，宦官主要通過專典中央禁軍，利用禁軍作為其專政的後盾；對地方軍隊，只是通過擔任監軍，傳達聖旨，監督將帥，間接地對地方軍隊施加一定的影響，地方軍的實權仍掌握在將帥手中。南漢則不然，宦官除擔任監軍、內中尉、觀軍容使等職務外，不少宦官還直接出任方面軍的主將。如吳懷恩曾擔任西北面招討使、桂州管

〔註1〕 《資治通鑒》卷 294，後周紀五。

〔註2〕 《宋史》卷 481，世家四，南漢劉氏。

〔註3〕 《續資治通鑒長編》卷十二云：「會僞漢所署知州、宦官鄧存忠劫土人二萬餘眾，攻圍州城七十餘日。」

〔註4〕 《南漢書·後主紀》。

〔註5〕 《十國春秋》卷 60，後主本紀。

〔註6〕 《舊五代史》卷 135，劉鋹傳。

〔註7〕 《十國春秋》卷 65，陸光圖傳。

內招討使、桂州團練使；邵廷琄曾任東西面招討使；潘崇徹等宦官也擔任過方面軍的招討使，等。在伐楚、拒宋戰役中，南漢多任宦官指揮軍隊。

二、南漢宦官專政的條件

宦官干預國家政治，幾乎是古代中國君主專制體制下不可避免的現象。如前所述，南漢宦官隊伍龐大，地位崇高，造成中國古代史上奇特的「貴顯用事之人，大抵皆宦者」〔註8〕的局面。國家各方面的實際大權，甚至包括皇權，都已落入宦官手中。

南漢宦官得以弄權專政，是因為具備了適合的條件。

首先，南漢統治者都存在著一種荒謬的共識，認為士人有家室，有私利，難以忠心耿耿地為南漢的長久統治服務；而宦官無妻室兒女，無牽無掛，可以盡忠王事。這一思想的產生，又是南漢統治者對自己統治地位憂慮的結果。南漢是乘唐末戰亂之機，割據嶺南而建立的。在封建時代，這種行為被認為是大逆不道，是「僭僞」；這樣建立的國家，得不到一些受封建思想薰陶的士人的支持，是可想而知的。例如，趙光裔自少力學修行，為唐末進士，原仕後梁，會梁太祖敕劉隱為清海、靜海節度使，命趙光裔充官告使，劉隱遂留之不遣，辟置幕府。趙光裔身在嶺南，「恥事霸國，常怏怏思歸」。〔註9〕南漢建立者劉龑也明白這一點。他建國稱帝，對士人是懷有疑忌的。南昌人王定保是唐末進士，遭時亂滯留嶺南，為劉隱招禮，辟為幕府。劉龑欲稱帝，「憚定保不從，先遣定保出使荊南」，〔註10〕以排除障礙。建國後，雖然萬機待理，不得不任用文臣武將，但我們從南漢統治者用刑特別殘酷這一點，仍能窺見其對文武官員的疑忌。史載，劉龑「用刑殘酷，果於殺戮。設湯鑊鐵牀諸具，有灌鼻、割舌、支解、剮剔、炮炙、烹蒸之法。間聚毒蛇水中，以罪人投之，謂之水獄。或投湯鑊之後，更加日曝，沃以鹽酢，肌體腐糜，尚能行立，久之乃死。至若錘鋸互作，血肉交飛，冤痛之聲充沸庭廡」；〔註11〕後主劉鋹也「作燒煮剮剔、刀山劍樹之刑，令有罪者搏象擊虎」。〔註12〕南漢統治者用刑之殘酷在中國歷史上是罕見的。這一點，曲折隱晦地透露了他們對統治地位的憂慮。他們創造使用這些水

〔註 8〕 《資治通鑒》卷 294，後周紀五。
〔註 9〕 《十國春秋》卷 62，趙光裔傳。
〔註 10〕 《十國春秋》卷 62，王定保傳。
〔註 11〕 《十國春秋》卷 58，高祖本紀。
〔註 12〕 《十國春秋》卷 66，余延業傳。

獄、湯鑊、鋸解、剝炙之刑，實質上是殺雞儆猴，向大臣將領們暗示：無論是誰，只要觸犯了統治者的尊嚴，危及其統治，被定爲罪人，就將受到同樣的酷刑處罰。大有五年（932年），劉龑實行分封，封其十九子爲王，分鎮各地；大有七年，命秦王劉弘度判六軍。分封制及親王掌兵，是造成國家動亂的隱患。歷史上這樣的教訓不少。西漢的七國之亂，西晉的八王之亂即是。同平章事（宰相）楊洞潛曾對此進行諫阻。劉龑沒有接受。這說明劉龑對武將的不信任。由此可見，南漢統治者內心是充滿矛盾的：一方面，爲建設國家，開拓疆土，不得不任用文臣武將；另一方面，對文臣武將又不能信任，在想方設法地加以限制，剝奪其權力，甚至用酷刑震懾。劉龑晚年，這種對文武的疑忌更加表露無遺。史稱劉龑「後尤猜忌，以士人爲子孫計，故專任閹人，由是國中宦者大盛」。〔註13〕中宗劉晟亦然，「不能任臣下，而獨任其嬖幸宦官、宮婢（林）延遇、（盧）瓊仙等」。〔註14〕後主劉鋹也「遺傳」了其祖、父這一思想，「以謂群臣皆自有家室，顧及子孫，不能盡忠，惟宦者親近可任，遂委其政於宦者龔澄樞、陳延壽等」。〔註15〕由於對文武的猜忌，南漢統治者不得不把目光轉向與自己親近，地位卑下，易於控制，又無子孫家室可顧慮的宦官，將文武手中之權移交給他們，以至南漢出現「群臣有欲用者，皆閹然後用」〔註16〕的畸形現象。

其次，南漢三代四帝都素質低劣，缺乏遠見，追求醉生夢死的腐化糜爛的生活方式，對國事漠不關心。南漢立國之初，庶事草創，劉龑不是把物力、財力用於國家建設之上，而是用於奢侈性的消費上。他「僭位之後，廣聚南海珠璣，西通黔、蜀，得其珍玩，窮奢極侈，娛僭一方」；「末年起玉堂珠殿，飾以金碧翠羽，嶺北行商，或至其國，皆召而示之，誇其壯麗」；〔註17〕又作殿於內宮，曰昭陽殿，「以金爲仰陽，以銀爲地面，簷楹榱桷皆飾以銀，殿下設水渠，浸以珍珠，又琢以水晶、琥珀爲日月，列於東西樓之上，親書其榜」；〔註18〕追求的是「風流天子」的生活，自以爲隋煬帝莫及。南漢第二代統治者是殤帝和中宗。殤帝劉玢原名弘度，是劉龑的第三子，因二兄早死，依次得繼皇位。劉玢未繼位時，就以「驕奢」出名。劉龑認爲他不是理

〔註13〕《十國春秋》卷58，高祖本紀。
〔註14〕《新五代史》卷65，劉鋹傳。
〔註15〕《新五代史》卷65，劉鋹傳。
〔註16〕《新五代史》卷65，劉鋹傳。
〔註17〕《舊五代史》卷135，劉陟傳。
〔註18〕《廣東通志·前事略》卷4，「五代·南漢」引《五國紀事》。

想的繼承者，打算讓他出鎮邕州（今廣西南寧市），而立「頗孝謹」的第五子越王劉弘昌爲嗣，因大臣反對未成。光天元年（942 年）三月，劉玢殺父奪位，在位時間不長（一年），卻「大恣荒淫」，〔註19〕不親政事，醉心於與伶人作樂飲酒；宮中裸男女以爲樂；或衣墨縗，與娼女夜行，出入民家。結果，南漢山海間「盜賊」競起，殤帝絲毫不覺。中宗當政後，也「作離宮遊獵。益修葺南宮、大明、昌華、甘泉，玩華、秀華、玉清、太微諸宮，凡數千，不可勝紀」；〔註20〕又「縱長夜之飲」。〔註21〕後主的奢侈更甚於其祖、父。他「又踵祖、父之奢，立萬政殿，飾一柱，凡用白金三千鋌。又以銀爲殿衣，間以雲母，無名之費日有千萬」；「所居宮殿以珠、玳瑁飾之，益置魚英托鏤、椰子立壺諸寶器於其中」。〔註22〕所謂「魚英」，是用魚腦骨煉製而成，在當時是罕有之物。後主不僅好奢，更好淫亂，「與宮婢波斯女日淫戲後宮，甚嬖之，賜號曰『媚豬』，自稱『蕭閒大夫』，不復出省事」。〔註23〕在嶺南荔枝成熟時，又大設「紅雲宴」，以樂後宮，歲以爲常。劉鋹曾以眞珠結鞍馬爲戲龍之狀，尤爲精妙。宋滅南漢時，宋太祖出示讓尙方諸工官觀看，眾皆駭伏。宋太祖因對左右大臣說：「（劉）鋹好工巧，遂習以成性，倘能移於治國，豈至滅亡哉！」。〔註24〕

統治者既然醉心於奢靡的生活，又不能信任文武，其結果必然是寵用家奴，默許宦官專政。史載劉鋹「委政於宦官龔澄樞、陳延壽及才人盧瓊仙等，臺省官僅充員而已，機密事多不與」，〔註25〕即是一例證。

再次，統治階級內部爭權奪利的鬥爭，又爲宦官登上南漢政治舞臺創造了可乘之機。如果說，南漢高祖劉龑對文武充滿疑慮，不能信任，而不得不實行分封，以瓜分軍權，以作藩屏的話，南漢殤帝、中宗則比其父有過之而無不及，連諸兄弟也列於疑忌和打擊之列。殤帝是殺父奪位的，憂慮好景不長，「常猜忌諸弟，每宴集，令宦者守門，群臣、宗室，皆露索，然後入」，〔註26〕把維護其腐朽統治的希望寄託在宦官身上。中宗是殺兄奪位的，他認

〔註19〕《舊五代史》卷 135，劉玢傳。
〔註20〕《十國春秋》卷 59，中宗本紀。
〔註21〕《舊五代史》卷 135，劉晟傳。
〔註22〕《十國春秋》卷 60，後主本紀。
〔註23〕《十國春秋》卷 60，後主本紀。
〔註24〕《續資治通鑒長編》卷十二。
〔註25〕《十國春秋》卷 60，後主本紀。
〔註26〕《資治通鑒》卷 283，後晉紀四。

爲諸兄弟有朝一日也會步其後塵。因此，他認爲父親分封的諸王，是對自己權位最具威脅性的潛在力量，必須及時剷除。於是，即位後，他通過殺戮、幽禁、強迫致仕等喪盡天良的手段，將兄弟手中的權利徹底奪回。誅殺諸王，在主觀上說，免除了統治者的後顧之憂；在客觀上，這一行動無疑既把統治者孤立了起來，成爲名副其實的孤君寡人，又爲宦官專政排除了障礙，便於宦官對君主的擺佈。另外，中宗「既弒兄，立不順，懼眾不伏，乃益峻刑法以威眾」；〔註27〕「置湯鑊、鐵床、剮剔等刑，號曰『生地獄』」，使「內外皆懼不自保」。〔註28〕在屠刀酷刑的恐怖氛圍中，誰還敢執掌南漢的朝政？討得皇帝歡心的宦官於是乘虛而入。在中宗朝，由於「宗室勳舊，誅戮殆盡，惟宦官林延遇等用事，外內專恣」。〔註29〕

除了以上客觀條件外，宦官爲了取得專制君主的寵信倚任，以奪取權勢，在主觀上也爲自己創造了一些有利的條件。突出的表現就是，在南漢統治者奢侈生活、宗室相殘之中，以迷惑爲手段，起著推波助瀾的作用。如宦官陳延壽，迎合統治者的奢侈欲望，「作奇技淫巧，日費金錢鉅萬，宮城左右離宮數十，（縱帝）遊幸無虛日，率以豪民爲課戶，供宴犒費」；〔註30〕宦官李託則投後主淫樂之所好，收養了兩位美豔之女，進獻於後主，一被封爲貴妃，一被封爲美人。後主遂任李託爲內太師、六軍觀軍容使，並下詔朝廷百官，「政事必稟（李）託而行」。〔註31〕李託在事實上已成爲皇帝的替身，掌握了皇權。宦官們還根據南漢統治者愚昧迷信的特點，對他們進行愚弄，從而取得權力和鞏固自己的地位。如後主時，宦官與女巫樊胡子相勾結，對後主大肆愚弄。樊胡子自言玉皇降身，騙得後主崇信，「於內殿設帳幄，陳寶貝，（樊）胡子冠遠遊冠，衣紫霞裾，坐帳中宣禍福，呼（劉）鋹爲太子皇帝」，借「玉皇」的靈光，把自己置於國主之上，由是「國事皆決於胡子」。樊胡子又詐言盧瓊仙、龔澄樞、陳延壽等「皆上天使來輔太子，有罪不可問」，〔註32〕給專政的宦官、宮人都戴上「天使」的頭銜，爲其胡作非爲作了輿論上的準備。如前所述，宗室相殘，有利於宦官專政；而在宗室相殘中，宦官也是火中澆油。如中宗時，陰險奸詐的林延遇爲甘泉宮

〔註27〕《新五代史》卷65，劉晟傳。
〔註28〕《資治通鑑》卷285，後晉紀六。
〔註29〕《十國春秋》卷59，中宗本紀。
〔註30〕《十國春秋》卷66，余延業傳。
〔註31〕梁廷楠《南漢書·宦官傳》。
〔註32〕《新五代史》卷65，劉鋹傳。

使，甚受中宗倚任；中宗「誅滅諸弟，皆（林）延遇之謀也」。〔註33〕林延遇死時，南漢舉國相賀，可見南漢人民對他的切齒痛恨。後主當政，宦官「陳延壽謂（劉）鋹曰：『先帝所以得傳陛下者，由盡殺群弟也。』勸鋹稍誅去諸王，鋹以爲然」；〔註34〕未幾，桂王劉璿興被誅。南漢宦官正是通過這些卑鄙手段，在權位、聲色、物欲諸方面，最大限度地滿足統治者的要求，以此換取統治者的好感和信賴，得以分割皇權、相權和軍權的。

三、宦官專政的危害

南漢宦官勢力，雖然沒有像唐代那樣，「立君弒君廢君，有同兒戲」，〔註35〕構成對皇權的嚴重威脅，但他們在皇權的卵翼之下，直接掌握了南漢的軍政大權，凌駕於朝官集團之上。宦官集團除了個別人物之外，大多爲不學無術、貪婪無恥、狡詐狠毒、鼠目寸光之徒。他們專政，與漢、唐時期宦官專政一樣，對國家政治、經濟、軍事，都造成了嚴重的危害。

封建時代，正常的情況下，國家大部分權力掌握在朝官手中。宦官要奪權，要專政，必然首先要站在朝官的對立面上，以朝官作爲打擊的對象。南漢時期，「貴顯用事之人，大抵皆宦者也，謂士人爲門外人，不得預事」。〔註36〕因而，排斥朝臣，陷害忠良，便是南漢宦官專政的危害之一。

南漢宦官隊伍龐大，勢力強盛，誰要觸犯了這個集團的利益，對其成員構成哪怕絲毫的威脅，就會很快地成爲這群螻蟻利爪下的犧牲品。鍾允章之死就是一個顯例。鍾允章，番禺（今廣州市）人，「博學贍文辭，爲人侃直，不畏強禦」，在高祖、中宗時，曾是朝廷倚靠的得力大臣。後主繼位，鍾允章因素疾宦官用事，請求誅殺亂法宦官數人，以正綱紀。後主沒有接受，宦官輩已人人切齒痛恨。於是，宦官許彥眞、龔澄樞，李託等合謀，共誣鍾允章與二子謀反，將其族誅。忠良之喪，國人「皆爲掩涕」。〔註37〕鍾允章爲前朝功臣，又曾承命爲後主師傅，有教導之恩。後主嗣位後，曾以鍾允章爲藩府舊僚，頗加敬禮，擢爲尚書左丞，參知政事，尚且一朝慘遭族滅；其他朝臣誰還敢觸犯閹宦？鍾允章死後，朝野屏氣，「居職無所短長，充位而已」；

〔註33〕《資治通鑑》卷293，後周紀四。
〔註34〕《新五代史》卷65，劉鋹傳。
〔註35〕趙翼《廿二史箚記》，「唐代宦官之禍」。
〔註36〕《資治通鑑》卷294，後周紀五。
〔註37〕《十國春秋》卷64，鍾允章傳。

〔註38〕「自是宦官益橫」。〔註39〕總之，「鯁直性生，侃侃不撓」，不願與宦官同流合污的朝臣，「或則謫死外郡，或則族及妻孥」，誠如史家所論，處南漢「衰亂之朝，其能免於僇辱者，鮮矣！」〔註40〕由於南漢肆意「屠戮忠良」，番禺主薄李延珙知南漢必亡，於大寶九年（966年）四月降宋，並獻《平嶺表策》；在潘美南征時，又爲宋師作向導。可見宦官專政，已喪盡人心。

宦官慫恿君主肆施酷刑，以及靡費財貨，在國內也造成了極壞的影響。中宗劉晟在宦官的蠱惑下，「得志之後，專以威刑御下，多誅滅舊臣及其昆仲，數年之間，宗族殆盡。又造生地獄，凡湯鑊、鐵床之類無不備焉。人有小過，咸被其苦」。〔註41〕後主在宦官唆使下誅殺諸弟，雖屬統治階級內爭，但也造成了「上下咸怨，而紀綱大壞」〔註42〕的局面。不僅統治者濫旋酷刑，宦官龔澄樞、李託、薛崇譽之流，爲鞏固自己的權位，也「置酷法之具，以震讋國中，民甚苦之」，〔註43〕簡直把南漢國弄成了一座人間地獄。淫刑峻法施行的結果，南漢一些地方官棄官入山，遁迹空門；一些士子則終生隱身不仕。宦官們慫恿統治者沉迷於奢靡生活，造成人力物力的巨大浪費，又必然要加重南漢統治區內人民的負擔。例如，史記南漢「賦斂煩重，邑（州）民入城者，人輸一錢。瓊州斗米稅五錢」。〔註44〕後主還「私制大量（器），重斂於民，凡輸一石，乃爲一石八斗」。〔註45〕一些地方的民眾，肩負不起沉重的租賦，只得背井離鄉，流落異域。周渭就是避南漢「繁賦」而逃亡入汴京的。宋建立後，他上書宋太祖，陳時務策，建議太祖興兵滅南漢。壓在南漢人民肩上的沉重的賦斂，直到北宋開寶四年（971年）十月，宋廷下詔「嶺南諸州劉鋹日煩苛賦斂並除之」〔註46〕才得以免除。後主還在合浦縣設置「媚川都」，募兵能採珠者二千人，令他們腳上捆綁上大石，然後沉入五百尺以下的海水中採珠，溺死者甚眾。〔註47〕爲了獲取離宮之費，統治者還經常派兵入海搶

〔註38〕《十國春秋》卷64，陳偓傳。
〔註39〕《資治通鑑》卷294，後周紀五。
〔註40〕《十國春秋》卷64，論曰。
〔註41〕《舊五代史》卷135，劉晟傳。
〔註42〕《十國春秋》卷60，後主本紀。
〔註43〕《十國春秋》卷66，龔澄樞傳。
〔註44〕《十國春秋》卷60，後主本紀。
〔註45〕《續資治通鑑長編》卷十二。
〔註46〕《續資治通鑑長編》卷十二。
〔註47〕《續資治通鑑長編》卷十三。

掠過往商人的金帛財物，既敗壞了南漢國的聲譽，又破壞阻滯了南漢的對外貿易經濟。在此基礎上，建立了南宮、大明、昌華、甘泉、玩華、秀華、玉清、太微諸宮。

奢侈性的生活消費，是社會經濟發展的贅疣。它所造成的後果，就是生產的萎縮或停滯。正如恩格斯所指出的，「如果剩餘勞動中直接表現爲奢侈品形式的部分過大，很明顯，它一定會妨礙積纍和擴大再生產」。〔註48〕南漢之所以成爲貧窮之國，其原因正在於此。

宦官專政，還嚴重地削弱了南漢的軍事防禦力量。眾所周知，歷史上有作爲的封建王朝，將帥都從戰陣中考察選拔，故能成爲拓疆衛國的棟梁。南漢將帥則多由宦官充任。這些宦官並無武藝韜略，也無戰場經歷；擁兵爲將後，有些「擁眾不戰，志在懟君」；有些是「斗筲之流，未嫻武略」；有些是「志大器小」者。〔註49〕例如，「備扈駕弓箭之職」的宦官余延業，被俘入宋時，宋太祖令取弓矢授之。余延業「極力控弦，不能開」。〔註50〕他們任職後，往往把軍事防禦視爲兒戲，「掌兵者惟宦者數輩，城壁壕隍，但飾爲宮館池沼，樓艦器甲，輒腐敗不治」。〔註51〕戰爭開始後，他們就手足無措。如此將帥，南漢軍隊何來戰鬥力！尤爲嚴重的是，南漢統治者對一些能幹的戰將懷有疑心，常委派宦官監視。宦官一爲希旨，二爲忌功，往往想方設法地造謠惑主，將這些將帥除去：或殺之，或罷之，從不顧及國家利益。例如，後主時，潘崇徹任西北面都統，肩負著防禦宋軍南下的重任。潘崇徹「頗讀兵書，立戰功」。後主既用之又疑之，遣宦官薛崇譽出使其軍以察之。薛崇譽還，誣陷潘崇徹「日以伶人八百餘，衣錦綃，吹玉笛，爲長夜之飲，不恤軍政」。〔註52〕後主偏聽則信，召歸，奪其兵柄。宦官毀壞了南漢北面「長城」，宋師乘虛而入，兵圍賀州（今廣西賀縣）。後主召大臣合議。眾皆以爲舊將多以讒死，宗室又翦滅殆盡，無將可任，只有潘崇徹才能將兵抗拒北師。但潘崇徹採取不合作態度，辭以目疾。後主只得任命伍彥柔將兵出戰，結果大敗。南漢軍「死者十七八」。〔註53〕攻陷賀州後，宋軍大治戰艦，聲言順流直趨廣州。後主窘

〔註48〕《剩餘價值理論》第三冊上，269 頁。

〔註49〕《十國春秋》卷 65，論曰。

〔註50〕《十國春秋》卷 66，余延業傳。

〔註51〕《續資治通鑒長編》卷十一。

〔註52〕《十國春秋》卷 65，潘崇徹傳。

〔註53〕《續資治通鑒長編》卷十一。

迫，又軟硬兼施地加潘崇徹爲內太師、馬步軍都統，令其領兵五萬（或曰三萬）戍賀江。潘崇徹厭恨後主的昏聵，上任後，極端消極，「不爲效命，擁眾自保而已」。〔註54〕不久，宋將潘美連克英（廣東英德縣）、雄（廣東南雄縣）二州。潘崇徹終於率其眾歸降。潘崇徹投降後，南漢軍隊即兵敗如山倒，宋軍至韶州（廣東韶關市）時，南漢都統李承渥領兵十餘萬，陣於蓮花峰下，不敢應戰。卻教大象爲陣，每象載十數人，皆執兵仗，凡戰，必置陣前，以壯軍威。宋軍集勁弩射之，大象奔蹂，乘者皆墜，反踐南漢軍。南漢軍遂大敗。韶州是南漢的北大門。宋軍攻佔韶州，南漢統治大勢已去，敗局已定。時任六軍觀軍容使的宦官李託，卻阻撓和議，鼓動後主孤注一擲，負隅頑抗。後主竟然信任宮嫗梁鸞眞之薦，任命其養子郭崇岳爲招討使。郭崇岳「本無將才」，所將殘兵又「鬥志皆盡」，只得堅壁自守，晝夜禱祠鬼神。宋軍用火攻，攻破郭崇岳營柵，南漢最後一道防線徹底崩潰。在此之際，宦官集團之首龔澄樞、李託、薛崇譽等聚謀，將南漢國庫中積存的珍寶財貨盡行焚毀，只留下廣州一座空城。開寶四年（971年）二月辛末，宋軍入廣州。南漢後主劉鋹素服出降。統治嶺南地區凡五十五年的南漢至此國亡。

四、餘 論

在揭露和評論了南漢宦官專政蠹國殃民的同時，也應該如實地說明，南漢宦官集團中，並非所有成員都是胡作非爲的反面人物，都在南漢歷史上起著反動的或者消極的作用，其中有些成員，從維護南漢封建統治長久利益出發，忠於職守，絕不侵攬朝政，如趙純節等；也有一些在維護皇權，開拓疆域，鞏固南漢國防諸方面，起到了積極的作用。例如，殤帝在位時，剛愎自用，「左右忤意輒死，無敢諫者」。內常侍吳懷恩卻敢於「屢諫」；〔註55〕雖不被採納，卻體現了吳懷恩的勇氣和憂國之思。在軍事上，吳懷恩還是一員出色的將帥。他在出任西北面招討使、桂州管內招討使、桂州團練使時，「治兵最嚴整有法，所向皆克捷，當時戰功推首」。〔註56〕在中宗時，他曾將兵擊楚，拔賀州，陷昭州；又帥師北征，佔有蒙、桂、宜、連、梧、嚴、富、昭、柳、象、龔等十一州，「南漢始盡有嶺南之地」。〔註57〕邵廷琄也是一位

〔註54〕《十國春秋》卷65，潘崇徹傳。
〔註55〕《資治通鑒》卷283，後晉紀四。
〔註56〕梁廷楠《南漢書·吳懷恩傳》。
〔註57〕《資治通鑒》卷290，後周紀一。

頗有正義感，又有才能，有遠見的宦官。他在北宋建立之際，曾於朝中向後主進言，曰：「（南）漢承唐亂，居此五十年，幸中國（中原）有故，干戈不及，而（南）漢益驕於無事，今兵不識旗鼓，而人主不知存亡。夫天下亂久矣，亂久而治，自然之勢也。今聞眞主已出，必將盡有海內，其勢非一天下不能已」，〔註58〕請後主飭兵備，且遣使通好於宋。他的一番忠言，不僅沒有爲後主接受，反而招致後主的忌恨。邵廷琄曾任東西面招討使，「最善騎射，當時倚爲良將」；他在地方招輯亡叛，繕治甲兵，親爲訓練，「邊禁嚴明」，使敵「無敢犯」，〔註59〕國人賴以少安。內侍省丞潘崇徹在中宗朝，協助將軍謝貫攻取郴州（湖南郴縣），保衛郴州，功勞也是不小的。但是，數輩宦官在歷史上所起的積極作用，是無論如何抹煞不了南漢宦官集團在南漢歷史上所起的破壞作用的。

綜而論之，南漢初期，由於有趙光裔、楊洞潛、李殷衡、劉濬等正直賢良的大臣輔弼，君主雖然能力有限，畢竟還有一些機制，促使其向善向明，南漢政治上一度出現清明的局面，「府庫充實，政事清明，輯睦四鄰，邊境無恐」；〔註60〕又「廣延中州人士置之幕府，選爲刺史，俾宣政教」；並「立學校，開貢舉」，〔註61〕文教事業開始復興。但是，從劉龑後期開始，宦官勢力得到迅速的擴張，並開始專斷朝政。宦官們爲了鞏固既得之地位、特權，極力促使統治者向驕、奢、昏、暴、惰、淫的方向發展，使南漢歷史發生了轉向，導致政治腐敗，社會黑暗。南漢國成爲宦官張牙舞爪的螻蟻巢穴。宋初，宋太祖謀劃下蜀，當他從所俘獲的南漢宦官余延業口中瞭解到南漢的腐敗、黑暗後，「大驚，曰：『吾當救此一方民！』」〔註62〕於是決計先滅南漢。清代吳任臣著《十國春秋》，對南漢宦官專政曾有一段精闢的論述。他說：自古禍人國者，惟宦官爲甚。其結主也，以善柔而情，常昵於不可解；其毒人也，以險鷙而患，每發於有所忽。粵漢（南漢）及唐，其較著者也。劉氏自乾和以後，奄寺（宦官）至七千餘人，而舞法擅政者，若（林）延遇之陰狡善謀，（龔）澄樞之險詐亂國，（許）彥眞之殘忍妒賢，（陳）延壽之淫巧惑上，（李）託則納女以操國柄，（薛）崇譽則握算以竊主權，議出多門，內外朋比，君既

〔註58〕《新五代史》卷65，劉鋹傳。
〔註59〕梁廷楠《南漢書・邵廷琄傳》。
〔註60〕《十國春秋》卷62，趙光裔傳。
〔註61〕《十國春秋》卷62，楊洞潛傳。
〔註62〕《十國春秋》卷66，余延業傳。

不恤，國亦隨之。雖昔伊戾禍宋，豎刁亂齊，未有若此之烈也，要其所從來漸矣。」〔註63〕

南漢宦官亂政，當時人人切齒。宋將潘美攻入廣州時，南漢閹工五百餘輩（或曰百餘）盛服請見，潘美下令全部斬殺。潘美把南漢宦官亂政歸罪於閹工，實屬誤會，其誅之戮之，也太冤枉。應該明白，在專制集權的封建時代，統治者總是把宦官作為保護自身地位和權力的必不可少的一種力量，大加培植。因此，南漢宦官專政，是南漢封建專制統治極端腐朽的結果。南漢宦官魁首，如龔澄樞、薛崇譽、李託等被俘入宋後，被斬於千秋門外，南漢宦官集團至此徹底覆滅。但是，只要封建專制主義制度未徹底根除，宦官生成的土壤就依然存在，宦官專政的局面就難免再度重演。其後，明代出現嚴重的宦官專政，就是一個例證。

〔註63〕《十國春秋》卷66，論曰。

二十六、略論五代後唐「小康」之局

摘 要

　　五代後唐時期一度出現「小康」之局，表現在疆域擴大，國力強盛，四方來朝，局勢安定，經濟得到發展，文化有所成就。這是後唐莊宗、明宗採取的與民休息、整飭吏治、廣招賢能、虛懷納諫等政策的結果。但後唐「小康」之局未能維持多久，其遽然喪失是由封建專制制度的腐朽性決定的。

　　關鍵詞：五代；後唐；莊宗；明宗；「小康」

在中國古代史上，政治清明，社會安定，經濟發展，民眾生活相對穩定、富足的歷史時期，常被封建統治者及封建史家美譽爲「治世」、「盛世」、「中興」，諸如西漢「文景之治」，東漢「光武中興」，唐代「貞觀之治」、「開元盛世」，清代「康乾盛世」等。這些「治世」、「盛世」多出現於大一統時期。這是因爲，國家統一，國力強盛，保證了社會局勢的穩定；加之統治者的開明，施政得力有效，吏治清明，就爲經濟的恢復、發展創造了條件，民眾安樂，歌舞升平的局面便隨之而來。「治世」、「盛世」極少出現於戰爭、割據的時代，其顯而易見的緣故是，割據必然導致頻繁的戰爭，戰爭必然導致國力的削弱、經濟的凋敝、民眾的流離失所及生靈塗炭。但亂世中的「治世」亦非絕無僅有，如南北朝有劉宋的「元嘉之治」；五代時期，在後唐朝也曾出現過爲封建史家所歌頌的「小康」之局，「兵革粗息，年屢豐登，生民實賴以休息」。〔註1〕然而，這一「小康」之局未能維持太久，隨著統治集團內部爭權奪利鬥爭的激化，接踵而來的是戰爭，改朝換代，「小康」之局亦如曇花一現般成爲歷史。研究這一未爲學界同仁關注的課題，對於我們總結歷史的經驗教訓，深入認識封建制度的本質及其腐朽性，都是有意義的。

一

後唐的「小康」之局表現在疆域擴大，四方來朝，局勢相對安定，經濟得到恢復發展以及在文化上有所成就等方面。

後唐是由唐末以沙陀族首領李克用、李存勖父子爲首的晉軍事集團發展壯大，經過數十年艱苦卓絕的戰爭，由弱而強，轉被動爲主動，消滅了篡唐而建的朱氏後梁政權而君臨中原的。由於李克用父子在唐末效忠於李唐王朝，被賜姓李，加之李克用父子一向以恢復唐朝封建統治相號召，因此，滅後梁後建立的新王朝，仍以「唐」爲國號，史稱後唐。後唐的建立，被時人及史家視爲唐朝的「中興」。〔註2〕

莊宗（李存勖）建立後唐王朝（都洛陽）後，未滿足於取後梁而代之，而是欲乘勝消滅各地割據政權，實現國家的大一統。其軍事行動的第一步是滅前蜀。

〔註1〕《新五代史》卷6，《唐本紀第六》。
〔註2〕《北夢瑣言》卷18，第286頁。

　　後唐同光三年（925）九月，莊宗以其子、魏王繼岌充西川四面行營都統，命侍中、樞密使郭崇韜充西川東北面行營都招討制置等使，調集荊南、鳳翔、陝州諸道馬步軍六萬，浩浩蕩蕩進發西征。由於前蜀國政治敗壞，人心離散，面對後唐大軍的西征，前蜀國軍隊迅速瓦解，紛紛迎降。前蜀國昏君王衍遣使上表請降，前蜀國滅。後唐「自出師至克蜀，凡七十日。得節度十，州六十四，縣二百四十九，兵三萬，鎧仗、錢糧、金銀、繪錦共以千萬計。」〔註3〕滅後梁及對前蜀國的兼併，不僅大大拓展了後唐王朝的疆域，「比五代的其他四代，都要大得多」，〔註4〕而且充實了後唐的國力，更提高了後唐王朝的聲威，對毗鄰的割據政權及邊疆地區各民族造成了極大的威懾。國內割據政權，吳越、閩、荊南、楚等向後唐稱臣、朝貢，南方強盛的吳（後稱南唐）雖不稱臣，但使節頻繁往來，關係和好。邊疆各民族，如回鶻、党項、突厥、吐蕃、黑水、女真等，皆遣使頻繁朝貢；連遠隔千山萬水的雲南地區的百蠻都首領李卑晚、六姓蠻都首領勿鄧摽莎等，也「梯航之道路才通，琛贐（禮物）之貢輸已至」，「其嶲州刺史李及、大鬼主離吠等，或遙貢表函，或躬趨朝闕」，亦獲後唐「特授官資」。〔註5〕外國，新羅等國也頻頻遣使貢方物。

　　從社會形勢方面說，局勢動蕩是五代歷史的顯著特點之一。這是各朝頻繁對外戰爭對內平叛的結果。相比較而言，後唐13年的統治中，由於國力較強盛，對前蜀的戰爭歷時僅兩月，如風捲殘雲，輕易取勝；對荊南及對後蜀的戰爭都是知難而退；國內雖也有叛亂，但旋即被平定。因而，後唐社會秩序較好，形勢較穩定。

　　從社會經濟方面說，由於中原地區歷經汴、晉兩大軍事集團長期的戰爭，後唐建國之際，面對的是一個經濟凋敝的「爛攤子」。莊宗在同光三年（925）閏十二月給中書門下的詔書中曾述及當時經濟的窘迫形勢：「被甲冑者何嘗充裕，趨朝者轉困支持，州閭之貨殖全疏，天地之災祥屢應。以至星辰越度，旱潦不時，農桑失業於丘園，道殣相望於郊野。」〔註6〕但自後唐明宗（李嗣源）即位，隨著局勢的逐漸安定，朝廷若干澄清吏治、惠民利民措施的貫徹實施，經濟開始復蘇。天成二年（927）十二月，蔚州（今河北蔚縣）刺史周

〔註3〕《資治通鑑》卷274，《後唐紀三》。
〔註4〕《五代史話》，第54頁。
〔註5〕《舊五代史》卷37，《明宗紀第三》。
〔註6〕《舊五代史》卷33，《莊宗紀第七》。

令武歸闕，明宗問其北邊情勢，令武謂：「山北甚安，諸蕃不相侵擾。雁門已（以）北，東西數千里，斗粟不過十錢」。數日後，明宗會見宰臣於元德殿，言及民事，馮道也稱頌明宗在位期間「歲時豐稔」，雖有譽美之意，亦當有現實依據。〔註7〕至長興元年（930），「潼關以西，物價甚賤」。〔註8〕

在文化事業方面，後唐也取得了一定的成就。一是史料的積纍、史籍的編纂，二是經籍的雕版印行。後唐的兩位君主莊宗、明宗皆出自沙陀部落，文化水平低下；在莊宗、明宗朝擔任重要職位樞密使的郭崇韜、安重誨等，又都是軍職出身，故被一些學者認為「是個文化修養很低下的政府」；〔註9〕然而，後唐統治者對文化事業卻比較重視。莊宗即位時，即頒詔境內：「詔天下有能以書籍進納者，各等第酬獎。」〔註10〕並設立史館，由宰相監修，組織學士編撰史籍。明宗對於史館的編修工作也予以高度重視，長興三年（932）二月，「詔司天臺，除密奏留中外，應奏曆象、雲物、水旱，及十曜細行、諸州災祥，宜並報史館，以備編修。」〔註11〕八月，委任宰相李愚監修國史。十一月，史館鑒於唐末北方久罹兵火，典籍、資料散失難尋，而湖南、閩、越三地偏僻，士人會聚，富有群書，故奏請明宗頒詔於兩浙、荊湖購募野史及相關史料，以便史館編修尚屬闕如的唐末宣宗、懿宗、僖宗、昭宗以上四朝實錄，也得到明宗的支持。明宗下詔，「委各於本道探訪宣宗、懿宗、僖宗、昭宗以上四朝野史，及逐朝日曆、除目、銀臺事宜、內外製詞、百司沿革簿籍，不限卷數，據有者抄錄進上。若民間收得，或隱士撰成，即令各列姓名，請議爵賞。」〔註12〕在君主的支持及史臣的努力下，天成四年十一月，史館張昭遠等以新修的後唐懿祖（朱耶執宜）、獻祖（李國昌）、太祖（李克用）《紀年錄》20卷、《莊宗實錄》30卷呈獻朝廷。〔註13〕另外，長興三年（932）二月，「中書門下奏：『請依石經文字刻《九經》印板。』敕：令國子監集博士儒徒，將西京石經本，各以所業本經句度抄寫注出，仔細看讀，然後雇召能雕字匠人，各部隨帙刻印板，廣頒天下。如諸色人要寫經書，並須依所印敕

〔註7〕　《舊五代史》卷38，《明宗紀第四》。
〔註8〕　《舊五代史》卷41，《明宗紀第七》。
〔註9〕　《五代史話》，第60頁。
〔註10〕　《舊五代史》卷31，《莊宗紀第五》。
〔註11〕　《舊五代史》卷43，《明宗紀第九》。
〔註12〕　《五代會要》卷18，《史館雜錄》。
〔註13〕　《五代會要》卷18，《修國史》。

本，不得更使雜本交錯」。獲明宗批准。〔註14〕「九經」指《三禮》、《三傳》、《易》、《書》、《詩》九部儒家典籍。據史記，雕版印書大約出現於唐末；五代初，前蜀國大臣毋昭裔曾出私財百萬營學館，且請板刻《九經》。後唐滅前蜀後，明宗借鑒前蜀國刻書經驗，命太學博士李鍔書《五經》仿其製作，刊板於國子監，為監中刻書之始；後進一步刻板印行《九經》。「當五季亂離之際，經籍方有託而流布于四方，天之不絕斯文，信矣。」〔註15〕這是封建史家對於後唐王朝在文化受到嚴重摧殘的五代時期對於文化事業所做出的貢獻給予的高度評價。

國家局部統一，社會局勢穩定，吏治較清明，經濟得到發展，文化有所成就，遺憾的是維持不久。這是封建史家稱做後唐「小康」的原因。

二

後唐「小康」之局主要出現於明宗在位的 8 年間，因而常被封建史家當做明宗的歷史貢獻予以美化和歌功頌德。如《五代史闕文》云：「明宗出自沙陀，老於戰陣，即位之歲，年已六旬，醇厚仁慈，本於天性。每夕宮中焚者仰天禱祝云：『某番人也，遇世亂為眾推戴，事不獲已，願上天早生聖人，與百姓為主。』故天成、長興間，比歲豐登，中原無事，言於五代，粗為小康。」〔註16〕《舊五代史》史臣也評論曰：明宗「及應運以君臨，能力行於王化，政皆中道，時亦小康，近代以來，亦可宗（尊奉）也。」〔註17〕即便當代學者，也認為是莊宗「在治國上卻一塌糊塗」，而「明宗統治期間政治上的若干改革，帶來了社會秩序的好轉，為農業、手工業生產的發展創造了條件」。〔註18〕然而，實際上，自後唐建立始，在郭崇韜等開明有為大臣的輔助下，莊宗已採取了多方面穩定社會、惠民利民的施政；其後明宗的許多政治措施都是在此基礎上沿續和創新的。因此，筆者認為，論後唐「小康」之局，不能無視莊宗的貢獻。莊宗、明宗在位的 11 年中，與後唐「小康」之局的形成有密切關係而值得稱道的施政主要有：

〔註14〕《五代會要》卷8，《經籍》。
〔註15〕《舊五代史》卷 43，《明宗紀第九》注引《舊五代史考異》。
〔註16〕《五代史闕文・明宗》。
〔註17〕《舊五代史》卷 44，《明宗紀第十》「史臣曰」。
〔註18〕《五代十國史研究》，第 6～7 頁。

（一）遣散囚徒，召集流移，配合多方面的為民、惠民及利民措施，以保障農業生產的恢復發展及民眾的休養生息

戰爭動亂時世，動輒觸犯禁網而被投諸囹圄者眾。莊宗及明宗兩朝，多次頒佈詔令，「大赦天下」，規定在某一時段內，除十惡五逆、屠牛鑄錢、故意殺人、合造毒藥、持杖行劫、官典犯贓等當時被統治者視為嚴重犯罪的若干情形外，其他普通犯罪「咸赦除之」。明宗在位，欲效法堯、舜「恤刑」作風，當即位改元或遇天災之時，都頒詔各地，要求地方官審查囚犯，除罪大惡極者外，一概釋放。大批囚徒的釋放，不僅可以爭取人心，有利於階級矛盾的緩和，同時也有利於鞏固後唐的封建統治。此外，唐末五代初期，歷經多年戰爭，潰逃的軍人，為躲避兵役、戰亂而逃亡他鄉的民眾，因後梁朝覆滅而畏「罪」潛逃的大小官吏以及被擄掠的民眾……設法讓這些流移者回歸故里，不僅關係到生產的恢復發展，也關係到社會的治安。為此，後唐朝廷規定安置流散、撫恤貧困為地方官職責之一。莊宗曾頒詔：「其有先投過偽廷（後梁）將校官吏等，一切不問」；還要求「鰥寡煢獨，無所告者，仰所在各議拯救」。〔註19〕同光二年（924）二月又詔：「應有百姓婦女，曾經俘擄他處為婢妾者，一任骨肉識認。男子被刺面者，給予憑據，放逐營生」。〔註20〕

在經濟凋敝、社會初定之時，欲使回歸的民眾安居樂業，首要措施是「薄賦」。莊宗對於「薄賦」在治國安邦中的重要意義即有清楚的認識。在同光元年（923）十月乙丑日所頒詔書中，他說：「理國之道，莫若安民；勸課之規，宜從薄賦」。因此，輕繇薄賦，與民同息，恢復發展農業，成為後唐立國之初就確立了的經濟政策。莊宗在同上詔書中宣佈：「應諸道戶口，並宜罷其差役，各務營農。所繫殘欠賦稅及諸務懸欠積年課利，及公私債務等，其汴州城內，自收復日已前，並不在徵理之限；其諸道，自壬午年十二月已前，並放（免）。」〔註21〕明宗也曾下詔各道州府，要求「每逃戶歸業後，委州司各與公憑，二年內放免兩稅差科。如有違，許州論訐勘責」；同時鼓勵地方官員召集流散，「若州縣官招得五百戶已上，乞等第獎酬」。〔註22〕北邊常遭契丹入寇擄掠，生產發展失去保障。因此，後唐統治者常常頒詔，減免北部邊鄙民眾的賦稅，

〔註19〕《舊五代史》卷30，《莊宗紀第四》。
〔註20〕《舊五代史》卷31，《莊宗紀第五》。
〔註21〕《舊五代史》卷30，《莊宗紀第四》。
〔註22〕《五代會要》卷25，《逃戶》。

如同光元年詔：「雲、應、蔚、朔、易、定、幽、燕及山後八軍，秋夏稅量與蠲減。」〔註23〕減免賦稅的詔令在明宗朝也多次頒佈。

後唐統治者爲使民眾能安居樂業，還在生活、生產方面採取多項便民、利民措施，如開麴禁，限制高利貸盤剝等。麴爲釀酒、製醋必用配料，鐵器爲民眾生產不可須臾離棄之具，原均由官府壟斷經營，民眾嚴禁生產、銷售。洛陽曾有人犯麴禁而一家被殺。明宗天成三年（928）弛麴禁，許民自造，於秋苗上納徵麴價，畝出五錢；長興二年（931）更宣佈：「應田畝上所徵麴錢並放，鄉村人戶一任私造」。〔註24〕同年十二月又「詔開鐵禁，許百姓自鑄農器、什（雜）器之屬，於秋夏田畝上，每畝輸農器錢一文五分」。〔註25〕〔註26〕禁高利貸令則規定，「私債出利已經倍者，祇（只）許還本，已經兩倍者，本利並放。」〔註27〕遭遇水災的地區，除要求地方官依等第賑貸外，還須向遭災人戶支借麥種。這一切，都是旨在維持小農經濟的存在、發展，同時也是爲了鞏固後唐封建統治。

（二）精簡機構，節儉生活，節省財政開支

減免賦稅，開放麴禁、鐵禁等項惠民、利民措施的施行，必然減少了國家的財政收入。爲維持財政出入平衡，後唐朝廷採取了多項節流措施：

1、精簡機構，裁減冗員。後唐建國之初，「兵革雖寧，支費猶闊」。面對這一現實，中書門下提出了精簡機構、裁減冗員的建議：「應諸寺監各請置卿、少卿監、祭酒、司業各一員，博士兩員，餘官並停……其王府及東宮官、司天五官正、奉御之屬，凡關不急司存，並請未議除授，其諸司郎中、員外應

〔註23〕《舊五代史》卷29，《莊宗紀第三》。

〔註24〕《舊五代史》卷42，《明宗紀第八》。

〔註25〕《舊五代史》卷42，《明宗紀第八》。

〔註26〕後唐明宗一度實行的弛麴、鐵之禁，著名史評家王夫之持否定態度，謂「李嗣源天成三年，聽民造麴，而於秋稅畝收五錢，又三年，聽民鑄農器，於夏秋稅二畝收農具三錢，自謂寬政，而不知其賊民之益甚也。造麴者非必有田，有田者待麴於人而不知造，無端而代鬻麴者以輸稅，其稅之也何名？至於鑄農器者，不耕而獲農人之粟，哀此貧農，輟餐裋衣以博一器，而又爲冶人代稅。二者橫征，而後農民之苦日積而月深矣。」（《讀通鑒論》卷二九，《五代中·八》）筆者認爲，弛麴、鐵之禁雖仍有剝削及不合理成分，但歷史地看問題，這兩項政策比諸麴、鐵官榷，仍屬利民便民措施，否則，不會「敕既下，人甚便之」；三司也不會因爲恐「課額不迨」，而要求「請準前麴法」了。（《五代會要》卷二六，《麴》）

〔註27〕《舊五代史》卷41，《明宗紀第七》。

有雙曹者，且置一員。左右常侍、諫議大夫、給事中、起居舍人、補闕、拾遺，各置一半……其停罷朝官，仍各錄名銜，具罷任時日，留在中書，候見任官滿二十五個月，並據資品，卻與除官」。不僅對文官，對武官也作如是精簡。莊宗接受了這一合理建議。〔註28〕這一舉措雖招致一些反對之聲，但它大大節省了王朝的財政開支，為統治者蠲免民眾賦稅負擔創造了前提條件。

2、生活簡樸。君主生活奢侈，不僅耗費府庫錢財，而且上行下效，敗壞吏治。明宗即位，即大量裁減宮人、宦官等為君主生活服務的人員，「量留後宮百人，宦官三十人，教坊百人，鷹坊二十人，御廚五十人，自餘任從所適。諸司使務有名無實者皆廢之」。為防止地方官剝下奉上，明宗還申令「節度防禦等使，正、至、端午、降誕四節聽供奉，毋得斂百姓；刺史以下不得貢奉」。〔註29〕

3、於邊地設場市馬，節省蕃人「貢馬」的接待及賞賜費用。後唐朝，党項等西北諸蕃常千里迢迢驅趕群馬入京，「以貢馬為名，國家約其直（值）酬之，加以館穀賜與，歲費五十餘萬緡；有司苦其耗蠹，故止之。」〔註30〕通過沿邊置場買馬，阻止蕃部直至闕下，節省鉅額接待及賞賜等項開支，還可保證馬匹質量。

此外還有多項節流舉措。如，後唐建國初，莊宗曾「詔以（唐）昭宗、少帝山陵未備，宜令有司別選園陵改葬，尋以年饑財匱而止」；〔註31〕天成四年，重修廣壽殿成，有司請以丹漆金碧飾之，明宗曰：「此殿經焚，不可不修，但務宏壯，不勞華侈」。〔註32〕可以說，生活較儉樸，注重節流，是莊宗、明宗為政的特點之一。

（三）整飭吏治

作為官吏，必須忠於職守，嚴格奉行朝廷政令。然而，在唐末五代歷史上，官吏瀆職、陽奉陰違、剝下奉上，甚至在轄境內隨意巧立名目苛斂百姓以飽私囊的吏治敗壞的現象卻司空見慣。因此，不整飭吏治，再好的政令也將成為具文，難以惠及民眾。

〔註28〕 《舊五代史》卷30，《莊宗紀第四》。
〔註29〕 《資治通鑒》卷275，《後唐紀四》。
〔註30〕 《資治通鑒》卷276，《後唐紀五》。
〔註31〕 《舊五代史》卷32，《莊宗紀第六》。
〔註32〕 《舊五代史》卷40，《明宗紀第六》。

明宗朝，對吏治尤爲重視，對地方官府隨意向民眾苛斂加賦一再申令嚴禁。後唐樞密院曾據明宗的吏治精神，要求「諸道節度使、刺史內有不守詔條，公行苛斂，須行止絕。州使所納軍糧，不得更邀加耗……州府不得賒買行人物色，兼行科率」。爲防「上有政策下有對策」，樞密院還規定，對於所列各項規定，「州吏如敢犯違，許人陳告，勘詰不虛，（對陳告人）量加獎賞」。〔註33〕從史籍記載看，嚴禁中央及地方官吏稅外科率的詔令是得到了認眞貫徹執行的，一批官吏因無視詔令或相關部門的規定而受到嚴懲，即使高高在上的宰臣也不例外。如：莊宗曾一再頒佈減免賦稅詔令，但租庸使孔謙卻對詔令視若無睹，對民眾百般苛斂，「凡赦文所蠲者，（孔）謙復徵之。自是每有詔令，人皆不信，百姓愁怨」。〔註34〕明宗即位，指斥孔謙「濫承委寄，專掌重權，侵剝萬端，奸欺百變。遂使生靈塗炭，軍士饑寒，成天下之瘡痍，極人間之疲弊」，削奪其在身官爵，並「正極誅之典」（處死），籍沒所有財產。〔註35〕豆盧革和韋說是明宗繼位之初重用的二要員，均爲宰相，但二人恃寵生驕，肆無忌憚，「任官匪（非）當，黷貨無厭」，爲諫議大夫蕭希甫彈劾。結果，豆盧革被貶辰州刺史，韋說被貶徐州刺史，最後都被賜死。地方官因瀆職苛斂而受嚴懲的例子也不少。史載「明宗皇帝尤惡貪貨，鄧州留後陶玘爲內鄉縣令成歸仁所論稅外科配，貶嵐州司馬，掌書記王惟吉奪歷任告敕，配綏州長流百姓；亳州刺史李鄴以贓穢賜自盡；面戒汝州刺史萇茍，爲其貪暴，汴州倉吏犯贓，內有史彥珣，舊將之子，又是駙馬石敬瑭親戚，王建奏之，希免死。上（明宗）曰：『王法無私，豈可殉親。』由是皆就戮。」〔註36〕總之，在明宗朝，「吏有犯贓，輒置之死，曰：『此民之蠹也！』以詔書褒廉吏孫岳等，以風示天下」。〔註37〕通過獎懲兼施，促使吏治清明。

除嚴懲貪官污吏外，後唐還制定了對官吏的嚴格的考覈制度，「有政聲者就加恩澤，無課最者即便替移」。〔註38〕值得注意的是，後唐整飭吏治的手段不全是冷酷無情的「鐵血」，還有溫情脈脈的人文關懷。如天成元年十月，明宗「詔賜文武百僚冬綿帛有差」，以後則「據品資之差，以定春冬之賜，其後

〔註33〕《舊五代史》卷37，《明宗紀第三》。
〔註34〕《資治通鑒》卷273，《後唐紀二》。
〔註35〕《舊五代史》卷35，《明宗紀第一》。
〔註36〕《北夢瑣言》卷18，第290頁。
〔註37〕《新五代史》卷6，《唐本紀第六》。
〔註38〕《舊五代史》卷37，《明宗紀第三》。

遂以爲常」，發展成爲制度。瀆職者受懲，守職者有賞。總之，後唐統治者通過告誡、懲治、考覈、黜陟及人文關懷等手段，促進內外文武官員忠於職守，創造良好政績，爲鞏固後唐王朝的封建統治服務。

（四）重視選人，廣開言路

後唐王朝建基於軍事征服基礎之上。在開國之君身邊，武功之將如林。然而，武將可以打天下，卻難以協助君主治天下。因此，後唐統治者對人才的選拔十分重視。同光元年（923），莊宗給中書門下的詔書中即強調選拔人才是中書門下的重要職責，謂：「百辟之內，群后之間，莫不有盡忠者披掩其能，抱器者覯陳其力。或草澤有遺逸之士，山林多屈滯之人，爾所不知，吾將安訪！」「當宜歷告中外，急訪英髦。應在仕及前資文武官已下，至草澤之士，有濟國治民、除奸革弊者，並宜各獻封章，朕當選擇施行」。〔註39〕明宗朝也積極倡導現任官員薦舉人才。爲保證舉人質量，特採取「連坐」制，所謂「功過賞罰，與舉者同之」：「其所舉人，仍於官告內標所舉姓名，或有不公，連坐舉主」。〔註40〕除官員薦舉外，科舉取士也是後唐選人的重要途徑之一。後唐朝對科舉選人也同樣十分重視，中書門下對禮部院所錄取的及第進士要「詳覆」，對失職的知貢舉官員要嚴肅處罰。賢能任職，爲後唐建設做出了重要貢獻。如任圜被任爲相，「圜憂國如家，簡拔賢俊，杜絕僥倖，期年之間，府庫充實，軍民皆足，朝綱粗立。」〔註41〕

莊宗、明宗政治作風比較開明的表現之一是廣開言路，從善如流。莊宗即位之初，詔書中即提倡：「內外文武職官，並可直言極諫，無有隱諱」；「敕書有所未該（賅），委所司條奏以聞」。〔註42〕正是由於君主廣開言路，從善如流，才使大臣敢於批評時政，陳獻建議，大有裨益於政治。

（五）鞏固邊防，消除內亂因素

後梁時期，由於汴（後梁）、晉爭戰不止，北部邊防空虛，強盛的契丹族乘虛南寇，對邊疆地區民眾的生活生產造成了嚴重的破壞，邊民無安寧之日。後唐建國後，隨著戰爭的基本結束，精兵可以移屯邊境，北疆邊防也隨之得以鞏固。契丹幾次對後唐的寇掠都被打得大敗，垂翅而歸，不敢輕易寇邊。

〔註39〕《舊五代史》卷33，《莊宗紀第七》。
〔註40〕《舊五代史》卷38，《明宗紀第四》。
〔註41〕《資治通鑒》卷275，《後唐紀四》。
〔註42〕《舊五代史》卷29，《莊宗紀第三》。

與軍事防禦、打擊同時，後唐還注重派遣使者出行及對其貴族進行賞賜等，推行與契丹的睦鄰政策。

與此同時，後唐統治者還重視消除內亂因素。一是善待前朝降將，宣佈除「首惡」外，其餘大小文臣武將或可官復原職，或既往不咎；舉行宴會，昔日在戰場上是冤家對頭的後梁故將也得與席，顯示了後唐君主的寬大為懷。這使大量原來效勞於敵對政權的文臣武將可以竭心盡智報效於新朝，消除了他們的疑慮，防止了他們的反叛。二是下令拆除堅固的城防。五代時期，大小將領擁兵據城叛亂是常見之事。由於城防堅固，常使平叛戰爭曠日持久，勞民傷財。同光二年（924）五月，莊宗「詔天下州鎮無得修城濬隍，悉毀防城之具」；〔註43〕六月又「詔諸方鎮撤防城之備」。〔註44〕後唐朝內憂外患不算嚴重，國內局勢較穩定，與此有關。

由以上論述可見，有些學者所持的「後唐的統治者專做壞事，簡直不做一點好事」；「這個新王朝（按，指後唐）對滿目瘡痍的中原，根本沒有考慮過恢復生產的措施」，〔註45〕並不符合歷史實際；亦由此可見，後唐的「小康」之局，並非明宗獨立營造，事實上，它是由莊宗奠基，明宗繼承其未竟事業而持續努力的結果。

三

從主觀上說，明宗之後繼位的閔帝、末帝都是有志圖治之君。末帝對唐代「貞觀之治」十分向往，他「常覽貞觀故事，見太宗之治理，以貞觀升平之運，太宗明聖之君，野無遺賢，朝無闕政，盡善盡美，無得而名」，企圖效法唐太宗，勵精圖治，開創後唐「盛世」局面。〔註46〕然而，後唐「小康」局面只維持了短短數年，隨著後唐明宗的年老病逝，統治集團內爭的激化，「小康」之局也隨之喪失。「小康」之局來之不易，為人心所向，故其遽然而失令人痛惜。關於後唐「小康」之局的不葆，封建史家歸因於大臣非才，謂：「儻使（安）重誨得房、杜之術，從榮有啟、誦之賢，則宗祧未至於危亡，載記或期於綿遠矣。惜乎！君親可輔，臣子非才，遽泯炎嘗（國祚），良可深歎矣。」

〔註43〕《資治通鑑》卷273，《後唐紀二》。
〔註44〕《舊五代史》卷32，《莊宗紀第六》。
〔註45〕《五代史話》，第55頁。
〔註46〕《舊五代史》卷47，《末帝紀中》。

〔註47〕又謂：閔帝未能繼承和維持莊宗、明宗開創的「小康」之局，「蓋輔臣無安國之謀，非少主有不君之咎」。〔註48〕

筆者認為，後唐「小康」之局的難以維持，其責不全在大臣非才。五代時期，歷史狀況已大不相同於唐初。唐初，中央集權，海內歸一，君主開明（且在位時間長），臣下竭智盡力，因而可保持較長時期的國泰民安，出現「貞觀之治」；而五代時期，藩鎮割據，將領專兵，皇權已大為削弱，統治階級內部的鬥爭錯綜複雜，此起彼伏，君主已失去從善如流的胸襟。在此形勢下，即使如房玄齡、杜如晦之類賢能大臣在位，亦難以力挽狂瀾。

明宗在位期間，沒有確立皇位繼承人。因此，明宗臨終之際，諸子都在覬覦皇位。當時秦王李從榮為天下兵馬大元帥，手握重兵，急於奪位，倉猝發動兵變，但兵敗被殺。長興四年（933）十一月，明宗病逝，宋王李從厚（從榮弟）繼立，是為閔帝。閔帝為明宗第三子，嫡出，雖「有德望」，「有令聞」，但畢竟年少（繼位時19歲），欠缺功勳、威望；而潞王李從珂雖為明宗養子，但頗得明宗寵愛，且時年五十餘，老成持重，有功勳，有威望，更擁有實力。這就難免對閔帝構成威脅。閔帝欲遷徙李從珂以消除威脅。從珂不願束手就範，興兵反叛，奪了從厚的皇位，是為後唐末帝。

末帝繼位，與大將石敬瑭的矛盾又迅速尖銳化。石敬瑭跟隨莊宗、明宗多年征戰，出生入死，功勳顯赫，威望崇高，且是明宗之婿，備受明宗信賴。當時，石敬瑭受明宗重託，任河東節度使兼大同、彰國、振武、威塞等軍蕃漢兵馬總管，肩負防禦契丹重任，在北邊屯駐重兵。這對通過反叛戰爭奪得皇位的末帝而言無疑是個很大的威脅。末帝欲調虎離山，遷徙石敬瑭。石敬瑭同樣不願束手就範，舉兵反叛，勾結契丹為援，奪了末帝的皇位，建立後晉王朝。在後唐最高統治者為爭奪皇權而展開血腥廝殺的同時，西川節度使孟知祥與東川節度使董璋都有志割據一隅稱帝。終於，孟知祥打敗董璋，並有東西兩川，建立後蜀王朝。

在統治階級內爭激烈之際，無論誰做君主，都難以再行與民休息之政，也難以保持從善如流的政治作風。

末帝在位，一方面有志於圖治，欲繼承莊宗、明宗以來的與民休息政策；另一方面，為鞏固自己的政治地位，又不得不大肆搜刮民眾以賞賜軍人。據

〔註47〕《舊五代史》卷44，《明宗紀第十》「史臣曰」。
〔註48〕《舊五代史》卷45，《閔帝紀》「史臣曰」。

載，末帝即位當年（清泰元年，934）六月，三司使劉昫上奏，要求改變莊宗、明宗以來「累行蠲放，漸失稅額」的惠民政策，「差朝官一概檢視」，徵收賦稅，增加財政收入。末帝對此奏疏「不報」。八月，末帝「詔蠲放長興四年十二月以前天下所欠殘稅」；十一月，又因契丹侵邊而「詔振武、新州、河東西北邊經契丹蹂踐處，放免三年兩稅差配」。〔註 49〕可見末帝不乏蘇息民困之志。而另一方面，末帝是依靠軍隊的支持登上皇位的，軍人對經濟利益的要求，末帝不能置若罔聞。史載，末帝剛即位，即「詔河南府率京城居民之財以助賞軍」；「又詔預借居民五個月房課，不問士庶，一概施行」；「至是，以府藏空匱，於是有配率之令，京城庶士自絕者相繼」；甚至太后、太妃也要「出宮中衣服器用以助賞軍」。〔註 50〕然而，軍人欲壑難填，一再賞賜仍然牢騷滿腹。正如五代史家陶懋炳先生所言：「驕兵悍將視君主爲其邀功請賞、陞官發財的奇貨，而爲了滿足他們的貪欲，朝廷對百姓敲骨吮髓，無所不至，眾怒沸騰，上下離心。」〔註 51〕在此形勢下，利民政策自然無法貫徹推行。

此外，末帝雖欲圖治，卻已不具備納諫作風。末帝登基，不合封建禮法，故急需尋求支持。這就使大批見利忘義、看風使舵的庸碌、奸詐之輩得以充斥官場。太常丞史在德就官場上魚龍混雜問題上疏末帝，指出當時「朝廷任用率多濫進。稱武士者，不閑（嫻，熟悉）計策，雖被堅執銳，戰則棄甲，窮則背軍（反叛）。稱文士者，鮮有藝能，多無士行，問策謀則杜口，作文字則倩（請）人。所謂虛設具員，枉費國力」，請求革此弊端，對文武之士加以考試黜陟：「臣請應內外所管軍人，凡勝衣甲者，請宣下本部大將一一考試武藝短長，權謀深淺。居下位有將才者便拔爲大將，居上位無將略者移之下軍。其東班臣僚，請內出策題，下中書令宰臣面試，如下位有大才者，便拔居大位，處大位無才者即移之下僚」。這本是澄清吏治，改良軍隊，提升國力的良好建議；然而，這一建議觸動了在位者的既得利益，因而遇到極大的阻力。宰相盧文紀「見其奏不悅，班行亦多憤悱」，「中書覆奏亦駁其錯誤」，連末帝本人也認爲「史在德語太凶，其實難答」。〔註 52〕雖然末帝最終「優容」史在

〔註 49〕《舊五代史》卷 46，《末帝紀上》。
〔註 50〕《舊五代史》卷 46，《末帝紀上》。
〔註 51〕《五代史略》第 89 頁。
〔註 52〕《舊五代史》卷 47，《末帝紀中》。

德，沒應滿朝官員的要求將史在德貶逐，但建議被束之高閣。此事堵塞了言路，養成了官場苟且偷安之風，甚至連宰相盧文紀對於朝政也已不敢進言，遇事轉彎抹角，言不及義，被末帝痛斥為「每一相見，除承奉外，略無社稷大計一言相救，坐視朕之寡昧，其如宗社何！」〔註53〕殊不知，末帝痛恨的這種苟安作風，正是其本人造成的！在此形勢下，即使房玄齡、杜如晦復生，對政治清明又能起多大作用？

在封建時代，「盛世」、「治世」來之不易，哪怕是「小康」之局亦不例外。它需要一、兩代君主在一個較長的歷史時期裏勵精圖治才可獲得；然而，其喪失卻極其容易。艱難得來輕易失，可謂封建時代「盛世」、「治世」歷史發展的一條規律。這是由封建專制制度的腐朽性決定的。封建君主專制，使國家成為「家天下」，使社會成為人治社會，也使皇位成為政治野心家及軍閥覬覦的主要目標。最高統治者的品德，能力如何，與社會治亂密切相關。君主品德良好，思想開明，有較強的政治能力，君臣團結，政治就清明，「治世」就出現；反之，君主為所欲為，臣下勾心鬥角，就吏治腐敗，社會黑暗，民不聊生。歷史實踐證明，後一種狀況遠多於前一種狀況。這是君主專制，人治社會的通病。另外，封建君主的嫡長子繼承制也是招致動亂，破壞「盛世」、「治世」的常見因素之一：一旦「英主」去世，皇位常成為眾皇子（包括養子）們覬覦爭奪的目標。皇位該由血緣身份「純正」者繼承，還是該由君主憑「寵愛」而確定的「皇太子」繼承，還是該由大臣認定的品才兼備者繼承，還是該由擁有最強實力者繼承？這些不確定性，常成為統治集團內爭的誘因。而這種內爭並不因為某一君主地位的確立而消除，常常要持續一個較長的歷史時期，並且愈演愈烈。後唐「小康」之局的喪失，一個重要原因就是明宗的病故引發的圍繞皇位繼承而展開的統治集團的激烈內爭。正如王夫之所言，「流血濺於宮庭，攘奪懸於眉睫，如是而欲求斯民一日之安，其可得乎？」〔註54〕由此而言，封建時代「盛世」、「治世」（包括「小康」之局）的出現，通常就像海市蜃樓一般，看起來生動而美麗，然而卻為時短暫。代代封建統治者及廣大民眾都殷切渴望的「海內晏然」、「長治久安」，在封建時代是不可能長久實現的，只能是曇花一現。這是不以人們意志為轉移的。

〔註53〕《舊五代史》卷47，《末帝紀中》。
〔註54〕《讀通鑒論》卷29，《五代中·九》。

引用文獻

〔1〕 歐陽修，《新五代史》〔M〕，北京：中華書局，1974 年。

〔2〕 孫光憲，《北夢瑣言》〔M〕，西安：三秦出版社，2003 年。

〔3〕 司馬光等，《資治通鑒》〔M〕，北京：中華書局，1956 年。

〔4〕 沈起煒，《五代史話》〔M〕，北京：中國青年出版社，1983 年。

〔5〕 薛居正等，《舊五代史》〔M〕，北京：中華書局，1976 年。

〔6〕 王溥，《五代會要》〔M〕，上海：上海古籍出版社，1978 年。

〔7〕 王禹偁，《五代史闕文》〔M〕，文淵閣四庫全書本。

〔8〕 鄭學檬，《五代十國史研究》〔M〕，上海：上海人民出版社，1991 年。

〔9〕 王夫之，《讀通鑒論》〔M〕，北京：中華書局，1975 年。

〔10〕 陶懋炳，《五代史略》〔M〕，北京：人民出版社，1985 年。

二十七、五代南平史三題

一、南平並未建國稱帝，不應作一國看待

從北宋以來，歷史上多把南平（荊南）作為一個國家看待，與五代時期同時並存或前後相承的吳、南唐、吳越、楚、閩、前蜀、後蜀、南漢、北漢相提並論，結合中原嬗遞的五個朝代，總稱為「五代十國」時期。最早稱南平為「國」的，大約是宋太祖趙匡胤。宋初，湖南張文表發動叛亂，地方向北宋請兵援助平叛。宋太祖想一箭雙雕，趁機兼併南平，與宰相范質謀曰：「江陵四分五裂之國，今出師湖南，假道荊渚，因而平之，萬全策也。」〔註1〕以後，史臣作史，即因襲太祖之說，將南平作為一國記述。北宋歐陽修作《五代史》（《新五代史》），設「南平世家」，說「荊南地狹兵弱，介乎吳、楚為小國」；北宋張唐英作《九國志》，也給南平以一國之席，只是因高季興曾被後唐追贈為「楚王」，為與馬殷建立的楚國相區別，名之曰「北楚」；清吳任臣撰《十國春秋》亦然，只是以南平所據之地稱之，作「荊南」。今天，我們使用的歷史教科書、專家出版的專著、學者發表的論文，都相沿不變地將南平作為一國而論。但是，我們仔細閱讀有關史籍，就會發現，南平的情況與當時諸國的情況不盡相同。其他國家的統治者確實建國稱帝，採用國家的官僚體制，獨立行政；不少國家還更用新的年號。綜合《新五代史》及《資治通鑑》的記載可知，錢鏐在同光元年（923）自稱吳越國王，更名所居曰宮殿、府曰朝，官屬皆稱臣；吳國楊隆演在貞明五年（919）建宗廟、社稷，設百官

〔註1〕《十國春秋》卷一○，荊南二。

如天子之制，改元武義，大赦境內；南唐李昪在天福二年（937）建齊國，置宗廟、社稷，改元昇元，後更名爲唐；楚國馬殷於天成二年（927）以潭州爲長沙府，建國承制，自置官屬；閩國王延翰在天成元年（926）十月建國稱王；南漢劉龑在貞明三年（917）即皇帝位，國號大越（後改漢），改元乾亨，立三廟，置百官；前蜀王建在開平元年（907）九月即皇帝位，封其諸子爲王，改元武成；後蜀孟知祥在清泰元年（934）即皇帝位，國號蜀，改元明德；北漢劉旻在廣順元年（951）正月即皇帝位於太原。這些割據勢力，都正式建立了割據一方的封建政權，稱之爲國家是可以的。但割據荊南的高季興及其世襲的後繼者，並未建立宮殿（皇權的象徵），也從未稱孤道寡，更用新的年號；連官僚制度，也是藩鎮的一套，而非作爲一個國家必須具備的自成體系的官制；並且，南平在五代時期，自始至終，均與中原王朝在政治上、經濟上、軍事上保持著密切的聯繫（後詳）。因此，我認爲，從嚴格意義上說，南平在性質上仍然是中原王朝的一個藩鎮，而不是一個脫離於中原王朝的獨立國家，只是它得天獨厚，比其他藩鎮擁有的獨立性更大一些，自主權更多一些，更桀驁不馴一些而已；而擁有獨立性和桀驁不馴，又是唐末五代藩鎮的共同特點，否則就不叫做「藩鎮割據」了。

在五代史上，對國家的劃分，通常有三種不同的標準：一是以地方勢力首腦被封爲節度使，割據一方算起。如《十國春秋》卷第一百一「荊南二」云：「自梁開平元年武信王據有荊州，旋得歸、峽，傳襲四世五帥，至宋乾德改元，國除，凡五十七年」；二是以地方勢力首腦被冊封爲王算起，史稱「南平國」，即是因爲高季興在後梁末年被冊封爲「南平王」；三是以地方勢力首腦擺脫中原王朝的控制，在地方上建國號，稱皇帝，自署百官僚屬算起。我認爲第三種標準較爲符合情理。因爲唐末五代，國家分裂，藩鎮林立，無地無割據，無將不封王；尤其「（後）唐、（後）晉失德之後，亂臣黠將，僭竊者多」，〔註2〕國家劃分的標準應嚴格。唐朝末年，朱溫勢力強盛，割據河南，受封爲梁王，不僅不向朝廷貢賦，而且政由己出，極端跋扈。我們並沒有因此而將這段歷史算作後梁王朝的歷史，仍將其作爲唐朝的一個方鎮看待。直到 907 年，朱溫使人弒唐昭宣帝，在汴梁稱皇帝，建「梁」朝，用「開平」年號，才算開始了後梁的歷史。同樣，在後梁統治時期，李克用父子割據河東，受唐封爲晉王，不承認後梁政權，不向後梁貢賦。但後唐作爲一個國家，

〔註2〕《宋史》卷二六九，陶穀傳。

我們也是從李存勗攻陷梁都汴京，在洛陽稱帝建號始算起的。高季興的情況
與朱溫、李氏父子早期情況相似，割據荊南一隅，受封爲南平王；所不同的
是，高季興及其後繼者從未建國稱帝，也沒有自己獨立的政治與經濟。因此，
我認爲，南平是不應該算作國家的。在五代史上，岐王李茂貞在開平元年
（907）「開岐王府，置百官，名其所居爲宮殿，妻稱皇后，將史上書稱牋表，
鞭、扇、號令多擬帝者」；〔註3〕幽州劉守光也在乾化元年（911）「即皇帝位，
國號大燕，改元應天」，並設立左、右相、御史大夫等職官。〔註4〕但五代史
並沒有將它們視作二國，蓋因地狹民貧兵弱，或因旋興旋滅，沒有較爲獨立
的政治、經濟內容可言。南平與之相比，可稱「國」的優勢在哪裏呢？北宋
薛居正作《五代史》（《舊五代史》），將南平置於《世襲列傳》中，而不置於
《僭僞列傳》，是合理的。北宋司馬光編撰《資治通鑑》，以及南宋李燾編撰
《續資治通鑑長編》，都將南漢、吳越、南唐等稱「國」或「主」，而將荊南
稱「節度使」。

其實，在五代時期，中原各王朝，以及荊南高氏統治集團，都是把南平
作爲藩鎮，而不是作爲國家看待的。例如，《十國春秋》卷第一百二載：「梁
亡，唐莊宗入洛，下詔慰諭藩鎮，（司空）薰勸武信王（高季興）朝京師，用
結唐主心」。如果南平不是把自己看作藩鎮，完全可以對唐莊宗的詔令置若罔
聞。《宋史》卷二六三《竇儀傳》載：後周顯德年間，竇儀奉使荊南。「荊南
自唐季以來，高氏據有其地，雖名藩臣，車服多僭侈逾制，以至司賓賤隸、
候館小胥，皆盛服影纓，與王人亢禮」。這段史料說明，荊南自唐以來，名義
上都是中原王朝的「藩臣」，只是官僚隊伍從上至下，追求奢侈的生活，在車、
服格式上未能遵從封建禮規。針對這種情況，竇儀「諷以天子在上，諸侯當
各守法度，悉令去之，然後宣達君命」。如果荊南統治者把自己的地方政權視
作獨立一國，是斷然不會接受中原政權一介使者之「令」，甘願遵守「法度」，
聽從「君命」的。須知，五代時期，各小國與中原王朝的交往，是很講究名
分禮節的。同光元年（923），後唐使節出使吳國，書稱「詔」，吳國君臣即不
肯接受。後來，莊宗「易其書」，改用敵國之禮，書稱「大唐皇帝致書於吳國
主」，吳國復書稱「大吳國主上大唐皇帝」，兩國才得交通。〔註5〕南平對中原

〔註3〕《資治通鑑》卷二六六，後梁紀一。

〔註4〕《資治通鑑》卷二六八，後梁紀三。

〔註5〕《資治通鑑》卷二七二，後唐紀一。

王朝出兵助戰，也是稱「本道兵」，而不是像其他國家那樣稱「本國兵」。後唐初，高季興入朝，莊宗想乘機阻留他。樞密使郭崇韜表示反對，說：「(後)唐新滅(後)梁得天下，方以大信示人，今四方諸侯相繼入貢，不過遣子弟將吏，季興獨以身述職為諸侯率，宜加恩禮以諷動來者。」〔註6〕只有臣屬對君主「述職」，沒有一國之君對另一國之君述職。可見，後唐統治者也是將南平作為藩鎮看的。即使在史著體例上將南平列為一國的史家，在敘述南平史事時，也是作藩鎮歷史來敘述而非作國史來敘述的。吳任臣《十國春秋》卷第一百二，敘述唐末進士梁震，說「(梁)震自以唐臣，恥為強藩屬吏」；敘述南平謀士孫光憲，說「光憲事南平三世，皆處幕中」。「幕」即「幕府」，是藩鎮的別稱。同書卷第一百一云：「自梁開平元年武信王據有荊州，旋得歸、峽，傳襲四世五帥，至宋乾德改元，國除，凡五十七年」。照慣例，封建史家敘述五代歷史，從正統觀念出發，稱中原王朝統治者為「皇帝」或「帝」，稱各建國稱帝的割據政權統治者為「國主」或「主」，稱藩鎮統治者為「帥」。這裏，史家既以「帥」視高氏，又以「國」稱南平，這就是以南平為國，違背了歷史事實而造成的牴牾和混亂。

那麼，趙匡胤為什麼將南平稱「國」呢？我認為，趙匡胤所說的「國」，並非指國家，而是指地方割據勢力。因為，五代亂世，割據者紛紛稱王稱帝，儼然獨立王國。河東李克用、李存勗父子在同光元年（923）滅朱梁入汴京之前，從未稱帝，但河東官吏卻也自視為一國。乾化元年（911），劉守光在幽州稱帝，國號「大燕」。晉王李存勗遣太原少尹李承勳通使。「太燕」典客要求晉使行臣禮。李承勳說：「燕王自可臣其境內，豈可臣他國之使乎！」〔註7〕或者史臣誤解了趙匡胤之語，勉強將南平作一國看待？

五代時期，天下分崩離析。天子兵強馬壯者為之。正如王夫之《讀通鑑論》所言：「自唐以來，強臣擅兵以思篡奪者相沿成習，無有寧歲」，「主臣蹀（喋）血以競雌雄，敗則族，勝則帝，皆徼倖於不可知之數」。〔註8〕吳、吳越、閩、楚、蜀、南漢等國因而紛紛崛起。割據荊南的高季興也曾蠢蠢欲動，有過與中原王朝劃江而治，建國稱帝的企圖，但被其謀士梁震阻止，通過曉之以理，使高季興放棄了裂土為皇的念頭，與中原朝廷重新修好〔註9〕。高季

〔註6〕《十國春秋》卷一○○，荊南一。
〔註7〕《資治通鑑》卷二六八，後梁紀三。
〔註8〕《讀通鑑論》卷三○之一○。
〔註9〕《舊五代史》卷一三三，注引《五代史補》。

興爲什麼不建號稱帝呢？

首先，南平轄地只有荊、歸、峽三州，領域狹小，「以三郡（州）之地介乎強國之間，惴惴僅能自全」，〔註10〕立足尚且不易，立國更加艱難了。南平統治者雖曾竭力想擴大統治區域，無奈使用武力未能奏效，使用奸詐伎倆，也是妄想。三州之地，只相當於五代一個小藩鎮，如何立國？其次，沒有穩固的經濟基礎。南平處四戰之地，自唐末以來，多次經歷戰火的摧毀，民不聊生，經濟凋弊。唐末，成汭佔據荊州時，江陵城只有十七戶人家；〔註11〕後梁初期，高季興初到荊州，也是「兵火之後，井邑凋零」，〔註12〕滿目瘡痍。高季興據有荊南後，要在這裏發展壯大勢力，將吏的俸祿，軍隊、軍事的開支，靠的是什麼？靠的是對轄境人民沉重的剝削，靠的是中原王朝及各國的「恩賜」，甚至靠搶劫。高季興初到荊州，即「厚斂於民，招聚亡命」，〔註13〕擴大自己的軍事實力。以後，他雖然採取了一些招集流散的措施，使農業生產得以恢復發展，但由於地狹民寡，仍難免要從民眾身上極力榨取。宋太祖派出偵察南平狀況的使者回報說，南平「年穀雖登，而民困於暴斂」。〔註14〕正是由於經濟基礎薄弱，財政入不敷出，南平統治者不得不撕下臉皮，乞取各國施捨，搶劫過境的各國財物。史載，南平對當時各國「所向稱臣」，〔註15〕包括與南平並不接壤的國家，如南漢、閩等。稱臣的目的在於「利其賜予」。賜予不足便勒索搶劫。當時各國朝貢中原王朝，多須經過南平。南平即「雁過拔毛」，或截留部分貢物，或乾脆全部沒收。待各國移書責誚，或出兵攻伐時，才如數歸還，且毫無愧色。天成元年（926），後唐滅蜀，得蜀金帛四十餘萬，自峽沿江而下，經過南平轄境。這時，高季興聞唐莊宗被弒，京師有變，即殺後唐使者十餘人，盡劫財物。後唐問罪，高季興抵賴說是後唐船隊江中覆舟，要問罪向水神問去吧！真是一副無賴嘴臉。當時各國都把高季興稱作「高賴子」或「高無賴」。《管子》「牧民」篇說，「倉廩實則知禮節，衣食足則知榮辱」。南平倉廩不實，衣食不足，自然不知禮節與榮辱。此外，南平還以稱藩於中原王朝爲條件，求得中原王朝的經濟援助。後梁時，隨高季

〔註10〕《資治通鑒》卷二七四，後唐紀三，胡三省注。
〔註11〕《舊五代史》卷一七，成汭傳。
〔註12〕《新五代史》卷六九，南平世家第九。
〔註13〕《舊五代史》卷一三三，世襲列傳第二。
〔註14〕《十國春秋》卷一○，荊南二。
〔註15〕《新五代史》卷六九，南平世家第九。

興入荊南的五千牙兵，「衣食皆給於梁」；後唐時，朝廷「歲給以鹽三千石」，其後雖一度中斷，至後周世宗時仍命泰州如數供給〔註16〕。經濟上存在著極大的依賴性，基礎不牢固，要維持一部國家機器的正常運轉，是很困難的。再次，高季興是以朱梁所給五千牙兵為資本，在荊南起家的。以後，這支軍隊雖然得到發展，建設起一支水陸兼備的武裝，但數量也只是三萬，〔註17〕與諸國相比，力量還是太小了。割據幽燕，不堪一擊的劉守光即有兵力三萬，號稱三十萬。憑藉這支軍隊，想要擴大轄境都十分艱難，更不用說能承受得起建國稱帝後不可避免的來自中原王朝的巨大軍事壓力了。

這幾個方面的情況，決定了南平不具備立國的條件。

二、南平夾縫中幸存的條件

南平轄區狹小，環境又十分惡劣，「南邇長沙（楚），東距建康（吳），西迫巴蜀（前蜀、後蜀），北奉朝廷（中原政權），其勢日不暇給」，〔註18〕發展前景是十分艱難的。但南平並沒有在夾縫中被擠貶，被吞併，而是幸存了下來，並有所發展，對歷史有所貢獻。這是什麼原因呢？

陶懋炳先生著《五代史略》認為，「『賴子』為王，割據一隅，傳之四世，歷時數十年，看來是滑稽可笑的怪事。其實，這不過是分裂割據下出現的特殊情況而已。江陵處四戰之地，得之不足以益財賦、兵力，反而招致諸方攻奪；在還沒有出現能夠統一全國的力量之前，諸方相峙，互不能下，勢必留為緩衝，以為己之屏障。所以，數十年間，無論是中原的梁、唐、晉、漢四朝，或者是南方的吳（和後來的南唐）、楚、兩蜀，都不吞併荊南，置以緩衝」。這個結論是有一定道理的。但我認為，南平能幸存數十年，還有其他重要的條件：

第一，南平統治者不走建國稱帝的道路，始終保持自己作為中原王朝一個藩鎮的身份地位，並且在政治、經濟、軍事各方面，與中原王朝保持著密切的關係，使自己免遭中原王朝強有力的打擊。南平雖然割據一方，跋扈不馴，但在政治上，仍然承認中原王朝「共主」的地位，世代接受中原王朝的冊封，其主死後也由中原王朝定諡。在經濟上，則保持向中原王朝貢賦。史載，「荊南自後唐以來，常數歲一貢京師，而中間兩絕。及世宗時，無歲不

〔註16〕《新五代史》卷六九，南平世家第九。
〔註17〕《十國春秋》卷一〇，荊南二。
〔註18〕《十國春秋》卷一〇，荊南二。

貢矣」。〔註19〕所謂「中間兩絕」，一指絕後唐之貢。後唐滅前蜀，高季興因請夔、忠等州為屬郡，未能如願，並受到後唐的攻擊，貢賦於是乎絕。但不久，高從誨繼位，立即進贖罪銀三千兩，重修職貢。二指劉知遠入主中原，建立後漢，南平求郢州為屬不逞，遂自絕於後漢。但「逾年，復通朝貢」。及至從誨子高保融繼位，更覺得貢賦「皆土地常產，不足以徼誠節，乃遣其弟保紳來朝」，受到周世宗的嘉獎。同時，在軍事上，南平經常主動派兵配合中原王朝作戰。例如，後唐伐蜀，高季興「請以本道兵先進」，被後唐任命為峽路東南面招討使；後晉時，高從誨對晉使說：「吳、蜀不賓久矣，願修武備，習水戰，以待師期」，受到晉高祖的賞賜；襄州安重進反，晉師致討，高從誨發舟師為應，終使安重進伏誅；周世宗南征，高保融也遣指揮使魏璘率兵三千，出夏口以為應。總之，除拒絕中原王朝除授官吏外，中原王朝要求藩鎮做到的，南平基本上做到了。因此，北宋初年，宋廷出軍平湖湘之亂，向荊南借道。有人向高繼沖建議早作戰備，以防宋軍突襲。高繼沖自信地說：「吾家累歲奉朝廷，必無此事。」〔註20〕不具備這個基本條件，中原王朝能滅掉關山阻隔、富饒強盛的前蜀，難道就不能滅掉毗鄰而又「地狹兵弱」的南平？後唐初，南平謀士司空薰曾規勸高季興入洛，以表明藩屬關係。其後，後唐滅前蜀，史家評論說：「（後）唐捨江陵而竟先滅蜀者，亦（司空）薰一言之力也」。〔註21〕這是有道理的。

第二、搞好睦鄰關係，以求諸國的支持與庇護。諸國利用南平作為緩衝，作為屏障，以抵禦別國的侵犯；南平也利用諸國，以求得支持和庇護。當時，各國勢均力敵，其中的關係複雜而又微妙。南平很善於利用這些關係。它向所有的國家稱臣，不僅是為求得到賜予，也是為了睦鄰和爭取援助。因此，當遭到一國攻擊時，南平會很順利地求得別國的援助，將入犯者趕走；而一旦與中原王朝發生尖銳矛盾，感受到巨大壓力時，南平就會一方面負荊請罪，另一方面拜託與中原王朝關係較好的別國代為說情，以讓步為條件，求得重歸於好。史臣說，南平「以一方而抗衡諸國間，或和或戰，戲中原於股掌之上，其亦深講乎縱橫之術哉！」〔註22〕說明高氏統治集團縱橫捭闔的外交才

〔註19〕《新五代史》卷六九，南平世家第九。
〔註20〕《續資治通鑑長編》第四。
〔註21〕《十國春秋》卷一○二，荊南三。
〔註22〕《十國春秋》卷一○○，荊南一。

能，使南平化險爲夷，在艱難中求得生存。

第三、建設起一道堅固的城防，使南平經歷了多次戰火的洗禮後，依然巍然屹立。高氏統治集團既以江陵作爲其存在和發展的根據地，對江陵的戰備工作就十分重視。據《十國春秋》卷一百載：乾化二年（911），高季興「潛有據荊南之志」，就開始「治城塹，設樓櫓」，將兵火焚毀的江陵城重新建設起來，並加強了戰備；又「築江陵外城，增廣□□丈，復建雄楚樓、望江樓爲捍敵。執畚鍤者十數萬人，將校賓友皆負土相助」；次年，又「造戰艦五百艘，修飾器械，爲攻守之具」；貞明五年（919），「改建內城東門樓曰江漢樓，又築仲宣樓於荊州城之東南隅」；翌年，「遣都指揮使倪可福督修江陵外廓」。由於戰備工作做得紮實，城防堅固，江陵城歷經多次戰火的洗禮，始終巍然不動。天成二年（927），後唐發步騎四萬，會東川、湖南軍三面進攻江陵，久攻不克。這除卻「江陵卑濕，復值久雨，糧道不繼，將士多疾疫」〔註23〕等因素外，城防堅固也是重要的原因。

第四、南平統治者重視人才，重用人才，群策群力，使南平能擺脫一個個誤區，順利地渡過一個個急流險灘。高季興及其後代，對人才都十分重視，努力「招致四方之士」。南平統治集團，就是由梁震、司空薰、孫光憲、王保義等謀士和倪可福、鮑唐等猛將組成的。梁震是唐末進士，因戰亂流寓京師，後梁初歸蜀，道過江陵，高季興「喜其才識，留之不遣」，置於身邊作謀士，並時時尊之爲「先輩」。高從誨繼位，「尤委任（梁）震，以兄禮事之」。孫光憲在唐末時任陵州判官，在職「有聲」，很有才乾和聲望。天成初避亂江陵，高季興用爲掌書記。高從誨時，「悉以政事委光憲」；「光憲事南平三世，皆處幕中」。王保義是江陵人，高季興署爲行軍司馬，對南平統治「多所裨益」。司空薰「與梁震、王保義等偕居幕府，遇事時多匡正」。〔註24〕這些人才，在南平統治中發揮了重要作用。他們或通過喻以利害，使南平統治者克服了妄自尊大、奢侈腐化的念頭，保持謹慎、廉潔、勤政的良好作風；或糾正統治者一次次的魯莽行動，使南平免遭滅頂之災。總之，謀士獻智，猛將禦邊，爲南平創造了一個相對安定的局面，使南平在戰火紛飛的亂世中得以恢復發展生產，蘇息民困。所以，史家評論說：「南平起家僕隸，而能折節下賢，……卒之保有荊土，善始善終。區區一隅，歷世五主，夫亦得士力哉！」〔註25〕

〔註23〕 《資治通鑒》卷二七五，後唐紀四。
〔註24〕 《十國春秋》卷一○二，荊南三。
〔註25〕 《十國春秋》卷一○二，荊南三。

以上幾個條件不具備，南平是很難在「以相吞噬爲志」的列國夾縫中求得生存的。

三、南平在歷史上的貢獻

南平由於「地狹兵弱」，軍事擴張無所成就；又夾處諸國之間，爲求生存而疲於奔命。正因爲如此，南平統治者不得不居安思危，時刻繃緊求治的神經。他們不像別國統治者那樣，貪圖逸樂，爭權奪利。他們在主觀上爲圖自存的所作所爲，在客觀上則爲歷史的發展作出了一定的貢獻。這主要表現在發展地方經濟和積極支持、配合統一事業等方面。

前已述及，荊南歷經唐末五代多次的戰火焚蕩，城市殘破，生靈塗炭，經濟上是個爛攤子。高氏南平要想在荊南割據統治，僅靠乞取別國恩賜和趁火打劫，顯然是不能滿足需要的，必須恢復發展當地的經濟。南平統治者也認識到了這一點，重視水利工程的興建和爲商業發展創造有利條件，就是他們在恢復發展地方經濟上所作的努力。

高季興初到荊南，即「招輯離散」，使「流民歸復」。〔註26〕貞明三年（917）夏，高季興「築堤自安遠鎮北、祿麻山南至沱步淵，延亙一百三十里，以障襄漢之水，居民賴焉。名日『高氏堤』。」〔註27〕後周顯德元年（954），南平修江陵大堰，改名爲『北海』。」〔註28〕水利工程的興建，奠定了荊南經濟恢復發展的基礎。另外，南平區域雖小，但地處水陸交通要衝，百貨在此集散，商業貿易繁盛。周世宗柴榮，即位前也曾與大商賈頡跌氏在此貿易贏利。商業在南平國民經濟中佔有重要地位。南平曾一度與後漢斷絕關係。政治影響到經濟，「北方商旅不至，境內貧乏」。南平統治者立即「遣使謝罪，乞修職貢」，以沉重的代價換取與中原王朝的修好，爲商業的發展繁榮創造了條件。〔註29〕

五代末年，經過半個多世紀的分裂混戰，人心厭戰；各國力量發展不平衡，均勢業已打破，統一已成爲歷史發展的必然趨勢。南平統治集團能認清形勢，密切地配合了後周和北宋的統一戰爭。五代末，南平軍隊發展到三萬，

〔註26〕《舊五代史》卷一三三，世襲列傳第二。
〔註27〕《十國春秋》卷一○○，荊南一。
〔註28〕《十國春秋》卷一○，荊南二。
〔註29〕《十國春秋》卷一○，荊南二。

包括水軍、陸軍，而且「訓練甚備」，〔註30〕具有一定的戰鬥力。這是南平割據荊南的資本。但在後周、北宋發動統一戰爭的過程中，南平軍隊並沒有阻擋歷史車輪的前進。後周伐蜀，南平「請以水軍趣（趨）三峽」，以爲應援；世宗征淮南，向南平徵兵，南平毅然命魏璘帥兵三千人趨夏口，以會周師；戰爭開始後，又命魏璘統率戰艦五百艘駐鄂州助戰，並遣使勸南唐納土歸順。宋初，湖南發生張文表叛亂，宋太祖命慕容彥釗等率軍往討，詔江陵發水軍赴潭州爲援。南平即遣李景威將兵三千以待。〔註31〕北宋出兵之前，宋太祖決定借「假道」之機，一舉兼併南平。南平統治集團也很明白宋太祖的意圖。但除個別將領主張負隅頑抗之外，多數人主張「去斥候（堠），封府庫以待」，〔註32〕最後，南平接受了北宋的「和平解放」。於此可見南平統治集團的遠見和明智。

〔註30〕《十國春秋》卷一〇三，荊南四。

〔註31〕《十國春秋》卷一〇三，荊南四。

〔註32〕《新五代史》卷六九，南平世家第九。

二十八、後唐莊宗失政及其歷史教訓

摘　要

　　同光三年（923），李存勗（莊宗）建立後唐王朝。但他只維持了 4 年的
統治，皇權就在國內動亂中喪失了，史稱莊宗「失政」。用人不當；追求奢靡、
放蕩的生活方式；貪婪成性，使朝中賄賂公行；放任伶人、宦官擅權亂政；
誅斂黎民，失撫將士，等等，既是莊宗失政的表現，亦是其統治曇花一現的
根源。後唐莊宗失政，給我們留下了深刻的歷史教訓。

　　關鍵詞：後唐；莊宗；失政；教訓

後唐莊宗李存勗，沙陀部族人，後梁開平二年（908）繼承父（李克用）位爲晉王。此後，李存勗作爲河東晉軍的最高統帥，統率蕃、漢千軍萬馬馳騁於黃河南北廣大地區，兼併了我國北方一些強悍的軍閥勢力，打敗過頻頻南犯的契丹大軍，經過15年艱苦卓絕的鏖戰，最終滅掉了篡唐而建的後梁王朝，於同光元年（923）稱帝，建立後唐王朝，定都洛陽，是爲後唐莊宗。在十餘年的戰爭中，李存勗顯示出了其傑出的軍事才華，不僅爲當時的軍閥們歎服，也爲後世的史學家、軍事家所讚賞。但是，李存勗稱帝建國後，沒能治理好國家，在短短幾年內就把國家統治得烏煙瘴氣，造成各種矛盾尖銳激化，導致了地方和宮禁叛亂的發生，李存勗也在叛亂中被射殺，結束了他爲期 4 年的統治。李存勗是沙陀部族的一位英雄人物，也是我國歷史上一位悲劇角色。也許因爲如此，李存勗這位五代史上第一個入主中原的少數民族歷史人物，至今仍爲史學研究者所冷落。筆者認爲，李存勗雖然是一位失敗的帝王，但考察、分析其失敗的根源，從中吸取歷史教訓，作爲後車之鑒，還是有意義的。

莊宗李存勗滅後梁入洛陽時，其嫡母皇太妃劉氏曾祝願說：「願吾兒享國無窮」！但是，由於治國無方，莊宗的統治只是曇花一現！

那麼，莊宗治國，失誤何在？歸納而言：

一、用人不當

1、按門第取士任官　國家依靠各級官吏去治理。因此，選人用人政策的正確或錯誤，就直接影響到國家的治亂興衰。昔日唐太宗已認識到「致安之本，惟在得人」；他曾說過：「吾爲官擇人，惟才是與」。基於這樣的正確認識，唐太守宗用人能盡量擺脫門第、地域和親疏關係的限制，把地主階級中各地區各階層的人才搜羅起來，爲鞏固其封建政權服務。這是貞觀年間國家政治清明，經濟發展，人民安居樂業，以致出現「貞觀之治」繁盛局面的一個重要原因。但是，以紹繼唐朝統治（李存勗因父祖曾受唐朝賜姓爲李，建國號亦稱「唐」，後世史家稱「後唐」）自居的李存勗，卻沒有借鑒唐太宗的這一科學的用人政策，反而逆歷史潮流而動，將盛行於魏晉南北朝時期，現已成爲歷史沉渣的按門第取仕任官的老一套撿起來，作爲國家的用人政策。同光元年（923），莊宗下「教」置百官，要求在藩鎮判官中「選前朝士族，欲以

爲相」。〔註1〕按此原則，選了豆盧革和盧程，分別任爲左、右丞相；蘇循本爲唐臣，出身名門，後梁篡代之際，極盡諂媚之能事，爲後梁宰相敬翔所鄙夷，貶官回鄉。聞莊宗「求訪本朝衣冠」，即應召求見，受任爲禮部尙書兼河東節度副使。〔註2〕結果如何呢？「豆盧革、盧程皆輕淺無他能，上（莊宗）以其衣冠之緒，霸府元僚，故用之。」胡三省對莊宗的如此用人之道亦很不以爲然，以注評論曰：「興王之君，命相如此，天下事可知矣。」〔註3〕按門第族望任官的結果，或尸位素餐，或蠹國害民，對國家建設毫無積極意義可言。

無宰相之名有宰相之實的樞密使郭崇韜，「積極」貫徹執行了莊宗的這一用人政策。郭崇韜首先和唐代名將郭子儀攀親，稱爲其後裔，以名門自居，藉此鞏固自己的地位；在用人上，他也不講才能功勞，只看門第高低。他「多甄別流品，引拔浮華，鄙棄勳舊。有求官者，崇韜曰：『深知公功能，然門地寒素，不敢相用，恐爲名流所嗤。』」結果使「勳舊怨之於外」。〔註4〕

那些出生入死爲莊宗打天下的功臣、宿將與莊宗有了矛盾。

2、隨心所欲用人。莊宗用人失誤不僅表現在按門第取仕任官上，還表現在隨心所欲命官上，即將自己喜歡、親信的一些素質低劣甚至惡劣者（尤其是伶人、宦官），委任爲中央或地方要官；更有甚者，莊宗有時候竟將國家官職視爲賭注。據《新五代史》卷36李存賢傳記載，一次，莊宗與將領李存賢打賭角抵，說，「爾能勝我，與爾一鎭。」結果李存賢勝。其後幽州守將李存審病篤，莊宗便以李存賢代之，表示「角抵之勝，吾不食言。」如此隨心所欲地任官，結果造成了國家吏治的敗壞和局勢的動盪、混亂。

二、追求奢靡、放蕩的生活方式

歷史上的亡國之君，幾乎都少不了這一條。莊宗稱帝後，沒有考慮過，更沒有與大臣們討論過如何治理國家的問題；卻在一群伶人、宦官的慫恿之下追求奢靡放蕩的生活方式。首先是廣選美女以充後宮。莊宗初入洛陽，在宦官的教唆下，命宦官王允平、伶人景進四出採擇民間女子，以充後庭，不

〔註1〕《資治通鑑》卷272。
〔註2〕《舊五代史》卷60，《蘇循傳》。
〔註3〕《資治通鑑》卷272，胡三省註。
〔註4〕《資治通鑑》卷273。

嗇 3000 人。其次是崇飾宮殿，勞民傷財。同樣是在宦官的教唆下，莊宗命宮苑使王允平主持興建避暑宮殿。樞密使郭崇韜諫阻無效。工程「日役萬人，所費鉅萬。莊宗還千方百計搜尋奇珍異寶以自娛。他派遣客省使李嚴出使蜀國，主要的使命是「令往市蜀中珍玩」。但蜀國嚴禁奇貨出境，允許出境的東西被稱作「入草物」。李嚴無法帶回珍貨，莊宗爲此大怒，說：「物歸中夏者命之曰『入草』，王衍寧免爲入草人耶！」由是決定發動滅蜀戰爭。〔註 5〕莊宗發動的滅蜀戰爭雖然取得了勝利，但他的統治地位也隨之失去了！

此外，莊宗還以好畋獵而著稱。也許是出身於邊疆少數民族的緣故，愛好畋獵是莊宗的一個特點。早在戎馬倥傯的歲月裏，莊宗就常常利用戰爭空隙進行畋獵，有時候則在急行軍中也不廢畋獵。如，同光元年，晉軍佔據的楊劉城（山東東阿縣東北）被後梁軍圍困，晉守軍向晉王李存勗告急，請求以日行百里的速度往救。李存勗引兵救之，「日行六十里，不廢畋獵」，〔註 6〕致使楊劉城幾乎不守。如果說戰爭年代的畋獵還含有保持勇武精神和磨練殺敵本領的積極意義的話，建國後的畋獵活動則性質已經改變，成爲一種消遣娛樂的方式。這種生活方式如果有節制，其消極作用還不大；然而莊宗在這方面卻不知節制。每次外出畋獵，莊宗都帶著親兵隨員，人馬眾多，規模龐大，而且常常縱馬踏壞大片農田莊稼。史稱「莊宗好獵，每出，未有不蹂踐禾稼」。〔註 7〕一次，莊宗獵於洛陽近郊，洛陽縣令遮馬進諫曰：「陛下賦斂既急，今稼穡將成，復蹂踐之，使吏何以爲理，民何以爲生！」〔註 8〕對莊宗沉迷於畋獵提出了尖銳的批評。又一次，在中牟縣（河南中牟縣）行獵，「踐民田」。中牟縣令當馬切諫。莊宗怒，要殺縣令。〔註 9〕外出畋獵不僅弊在蹂踐了禾稼，更使許多士兵及沿途百姓遭殃。《資治通鑑》卷 273 記載，莊宗出獵，「涉歷山險，連日不止，或夜合圍；士卒墜崖谷死及折傷者甚眾。」同光三年（925），「是歲大饑，民多流亡，租賦不充，……軍士乏食，有雇妻鬻子者，老弱採蔬於野，百十爲群，往往餒死，流言怨嗟」。在這樣的景況下，莊宗依然未意識到潛伏的危機，依然是「遊畋不息。……時大雪，吏卒有僵僕於道路者。伊、汝間饑尤甚，衛兵所過，責其供餉，不得，則壞其什器，撤（拆）

〔註 5〕《舊五代史》卷 33，《莊宗紀第八》。
〔註 6〕《資治通鑑》卷 272。
〔註 7〕《舊五代史》卷 34。
〔註 8〕《資治通鑑》卷 273。
〔註 9〕《新五代史》卷 37，《伶官傳第二十五》。

其室廬以爲薪，甚於寇盜，縣吏皆竄匿山谷」。〔註10〕

檢閱史籍可知，一方面是莊宗孜孜追求著奢靡逸樂的生活方式；另一方面側是社會處處呈現出凋弊景象：「州閭之貨殖全疏，天地之災祥屢應。……旱澇不時，農桑失業於丘園，道殣相望於郊野」。〔註11〕總之，莊宗的所作所爲不僅喪盡了軍心，亦喪盡了民心。歷史上沒有一個失去軍民支持的封建帝王是能夠長久在位的。

三、貪婪成性，使朝中賄賂公行

官場中賄賂公行是前朝後梁敗亡的原因之一。晉滅後梁前夕，後梁將領康延孝降於晉。晉王李存勖問後梁內情。康延孝答曰：「（後）梁朝地不爲狹，兵不爲少；然迹（考察）其行事，終必敗亡。何則？主既暗懦，趙（巖）、張（漢傑、漢瓊）兄弟擅權，內結宮掖，外納貨賂，官之高下唯視賂之多少，不擇才德，不校勳勞……」。〔註12〕但前車之覆，未能成爲莊宗後車之鑒。自立國起，莊宗即坦然接受各官進送的鉅額賄賂，並默許夫人、權貴、伶人、宦官收受賄賂。例如，滅梁後，宋州節度使袁象先率先入朝表示歸順，「象先輦珍貨數十萬，遍賂劉夫人及權貴、伶官、宦者，旬日，中外（朝廷內外）爭譽之，恩寵隆異」；滑州留後李紹欽（後梁降將段凝）「因伶人景進納貨於宮掖，除泰寧節度使」；匡國節度使溫韜入朝，「多齎金帛賂劉夫人及權貴伶宦，旬日，復遣還鎮」；李繼韜在汴（後梁）、晉爭衡中叛晉歸梁，晉滅梁後，繼韜母楊氏素「善蓄財，家貲（資）百萬，（李繼韜）乃與楊氏偕行，齎銀四十萬兩，他貲稱是，大布賂遺」。劉夫人、伶人、宦官受了他的賄賂，爭相爲李繼韜開脫罪責。李繼韜「留月餘，屢從（莊宗）遊畋，寵待如故」……由於莊宗寵幸伶人，對伶人言聽計從，因此，伶人也成了各路地方官行賄的對象：「諸伶人出入宮掖，侮弄縉紳，……四方藩鎮爭以貨賂結之」。〔註13〕

總之，只要接受了賄賂，各路官員的一切罪過都可赦免！那些通過賄賂求得恩寵和權位的罪人、小人，手中有了權力，自然會更瘋狂地搜刮民脂民膏，以補償其行賄所受的「損失」；或者利用職權大肆挪用、揮霍國家資財，

〔註10〕《資治通鑑》卷274。
〔註11〕《舊五代史》卷33，《莊宗紀第七》。
〔註12〕《資治通鑑》卷272。
〔註13〕《資治通鑑》卷272。

以滿足自己奢侈的欲望。這樣的貪官污吏竟然還得到了莊宗的庇護！一個典型的例子是後梁降將段凝因行賄受莊宗寵幸後,「居月餘,用庫錢數十萬」。有司請責其償還,莊宗釋之;宰相郭崇韜固請要追究段凝的罪責,莊宗竟然大發脾氣,「終釋之」。〔註14〕

上行下效,有恃無恐。那些受莊宗寵幸放縱的伶人、宦官,已不滿足於被動地接受賄賂,他們還赤裸裸地向文臣武將索取賄賂,不能如願即羅織罪名將其置之死地而後快。同光元年,荊南節度使高季興入朝,莊宗「左右伶官求貨無厭,季興忿之」。〔註15〕高季興後來逃回荊南,終於跳出了伶人、宦官的魔掌;無處可逃的大將朱友謙,因為未能滿足伶人、宦官的求索,竟然慘遭滅族之禍(被殺200餘口),連他的屬下將領亦未能幸免。〔註16〕當然,朱友謙及其屬將的被誅滅,主要是莊宗疑忌功臣的結果,正是封建帝王中盛行的「飛鳥盡,良弓藏,狡兔死,走狗烹」的老一套;但不可否認,求賂不成的伶人、宦官的從中挑唆,也是一個重要的誘因。郭崇韜、朱友謙慘案發生後,後唐將領人人自危,有些將領鋌而走險,興兵造反。後唐統治的根基動搖了,莊宗的帝座也隨之崩倒了!

四、放任伶人、宦官擅權亂政

先說伶人擅權亂政。

伶人即戲曲演員。莊宗雖為武將出身,卻在藝術上頗有造詣。史稱他「既好俳優,又知音,能度曲」,通曉音律,善填詞曲,還酷愛親自演戲,自取藝名「李天下」。至北宋,李存勗譜寫的詞曲還在他發跡之地汾、晉之間的民間傳唱,謂之「御製」。即使在戰事倥傯的歲月,李存勗的「雅興」也不減,「自其為(晉)王,至於為天子,常身與俳優雜戲於庭」。〔註17〕能歌善舞,不論在戰爭年代,還是在太平時世,作為軍事活動、政治活動之餘的一種娛樂方式,本應無可厚非;甚至,據史載,晉王李存勗作戰時,「前後隊伍皆以所撰詞授之,使揭聲而唱……至於入陣,不論勝負,馬頭才轉,則眾歌齊作。故凡所鬥戰,人忘其死」,被舊史家稱為「用軍之一奇」;〔註18〕但沉溺於此道,

〔註14〕《資治通鑑》卷272。
〔註15〕《資治通鑑》卷272。
〔註16〕《新五代史》卷45,《朱守殷傳》。
〔註17〕《新五代史》卷37,《伶官傳第二十五》。
〔註18〕《舊五代史》卷34。

不理朝政，甚至以伶人為官，放縱伶人專政，問題可就嚴重了！

被莊宗授以官職的伶人，見於史籍記載者有：陳俊，授景州刺史；儲德源，授憲州刺史；〔註19〕景進，「官至銀青光祿大夫、檢校左散騎常侍兼御史大夫、上柱國」；〔註20〕史彥瓊，授鄴都監軍；〔註21〕王承顏，授興州刺史；〔註22〕郭從謙，授從馬直（親軍）指揮使〔註23〕，等等。

這些為官的伶人，有些權力很大，如鄴都監軍史彥瓊，「魏、博等六州軍旅金穀之政皆決於彥瓊，威福自恣，陵忽將佐」，自興唐尹王正言以下皆詔事之。〔註24〕一些伶人雖然未被授予軍政官職，但他們以歌舞見幸於莊宗，莊宗成了他們的靠山；他們在莊宗面前的說話，不僅可以左右一個大臣、將領的仕途，甚至可以決定他們的命運。

再說宦官擅權亂政。

李存勗任用宦官早在戰爭年代已開始。後梁貞明五年（919），大將周德威戰死後，李存勗就自領盧龍節度使，以中門使李紹宏（宦官）提舉軍府事，取代原來委任的將領李嗣昭。盧龍為北邊大鎮，士馬強銳，李存勗或許認為由自己及宦官統領，比由其他將領統領更穩妥。胡三省評論此事道：「以宦者代功臣，失之矣。」〔註25〕其後，宦官因慫恿莊宗選採美女，更得寵幸。此舉既討好了莊宗，又為自己的存在發展創造了條件。以後，宦官又迎合莊宗貪婪奢侈的本性，建議莊宗分天下財賦為內外府，州縣上供者入外府，充經費；方鎮貢獻者入內府，充宴遊及給賜左右。莊宗接受了宦官這一餿主意，結果，「外府常虛竭無餘而內府山積」。〔註26〕

莊宗建國時，已有宦官 500 人，但他並不以此為滿足，又下敕，要求各地將前朝宦官及諸監軍並私家所畜閹人，不論貴賤，並遣詣闕，遂使宦官人數增至近 1000 人，「皆給贍優厚，委之事任，以為腹心。內諸司使，自天祐以來以士人代之，至是復用宦者，浸干政事。既而復置諸道監軍，節度使出征或留闕下，軍府之政皆監軍決之，陵忽主帥，怙勢爭權，由是藩鎮皆憤怒」。

〔註19〕《新五代史》卷37，《伶官傳第二十五》。
〔註20〕《新五代史》卷37，《伶官傳第二十五》。
〔註21〕《資治通鑒》卷274。
〔註22〕《舊五代史》卷32，《莊宗紀第六》。
〔註23〕《新五代史》卷37，《伶官傳第二十五》。
〔註24〕《資治通鑒》卷274。
〔註25〕《資治通鑒》卷270，胡三省註。
〔註26〕《資治通鑒》卷273。

〔註 27〕於此可見，莊宗建國後，對文臣武將已不能像戰爭年代那樣信任倚賴了，故用宦官取而代之或監督之。莊宗在主觀上認爲如此才能加強自己的皇權，殊不知事與願違，自國家乍立，藩鎮已開始離心，他的統治基礎已出現裂縫。

總之，在伶人、宦官遍佈的後唐朝廷，賢人君子難有立足之地。郭崇韜不僅在戰爭年代是爲晉軍籌畫軍政大計的智囊，在後唐建國後也是一根重要的支柱。他「位兼將相，復領節旄，以天下爲己任，……嬖幸僥求，多所摧抑，宦官疾之，朝夕短之於上；崇韜扼腕，欲制之不能」。由於有莊宗的庇護和縱容，郭崇韜雖處一人之下萬人之上，亦對這些禍國殃民的宦官無可奈何；甚至到後來，郭崇韜承受不了宦官的壓力，「鬱鬱不得志，與所親謀赴本鎮以避之」。在「勳臣畏伶宦之讒，皆不自安」的情況下，隨李克用、李存勗父子奮戰沙場幾十年，功勳顯赫的蕃漢內外馬步副總管李嗣源亦請求解除兵柄，企望以此去疑免禍。羅貫原爲禮部員外郎，性格強直，爲郭崇韜所知，用爲河南令。羅貫「爲政不避權豪，伶宦請託，書積几案，一（概）不報，皆以示崇韜，崇韜奏之，由是伶宦切齒」。在劉皇后及伶人、宦官的「共毀」之下，莊宗最後尋找藉口將羅貫投獄，令獄吏打得體無完膚，最後傳詔殺之，「暴屍府門，遠近冤之」。〔註 28〕

莊宗死，明宗（李嗣源）當政後，即「詔天下悉捕宦者而殺之。宦官亡竄山谷，多削髮爲浮屠。其亡至太原者七十餘人，悉捕而殺之都亭驛，流血盈庭。」〔註 29〕明宗大誅宦官，說明了明宗對宦官的深惡痛絕；也從一個側面反映了莊宗朝宦官專政蠹國害民之嚴重。

莊宗寵信伶人、宦官並非偶然的。像歷史上許多封建君主一樣，莊宗稱帝後，對於有才能的大臣及有軍功並且手握重兵的將領都不能充分信任；相反，身邊的伶人、宦官等小人，能以小善中君主之意，以小信固君主之心，使君主信而親之；加之伶人、宦官出身微賤，不學無術，無功勞無勢力，對君主皇位的威脅不及大臣、將領之大。這是莊宗寵信伶人、宦官的主要原因。他不僅對伶人、宦官的話言聽計從，還給伶人、宦官授予官職，賦予權力，企圖以伶人、宦官牽制、置換大臣、將領，以此鞏固自己的家天下。但莊宗

〔註 27〕《資治通鑒》卷 273。
〔註 28〕《資治通鑒》卷 273。
〔註 29〕《新五代史》卷 38，《宦者傳第二十六》。

對伶人、宦官日益親昵信用，對朝臣、將領則日益疏遠猜忌，自己就越陷於孤立境地。最後，伶人、宦官有恃無恐，專擅亂政，招致天下大亂，變起肘腋，莊宗也落得個死無葬身之地的悲慘結局。這是莊宗始料不及的！

五、誅斂黎民，失撫將士

　　長期戰亂之後，社會千瘡百孔，百姓處境困苦。莊宗沒有想方設法恢復發展生產，安集流移，卻默許奸官誅斂百姓。孔謙通過賄賂伶人謀得租庸使後，「貸民錢，使以賤估償絲，屢檄州縣督之。」即乘黎民困乏，貸錢與民，而以賤價徵絲，償所貸錢。此舉與放高利貸實質無異。翰林學士承旨、權知汴州盧質給莊宗上奏章，指出後梁趙巖為租庸使時，也是如此舉貸誅斂，結怨於民；希望莊宗吸取教訓，下詔糾正租庸使的錯誤作法。但孔謙克剝百姓的目的在於奉上，因此，莊宗對盧質的勸諫置之不理。另外，孔謙「欲聚斂以求媚，凡赦文所蠲者，（孔）謙復徵之。自是每有詔令，人皆不信，百姓愁怨。」這樣一個「重斂急徵以充帝欲」的為千夫所指的奸官，莊宗居然賜他以「豐財贍國功臣」的稱號。〔註30〕昔唐太宗曾說：「為君之道，必須先存百姓，若損百姓以奉其身，猶割股以啖腹，腹飽而身斃」（《貞觀政要》卷1）。莊宗縱容媚臣奸官殘民自肥，何異於「割股以啖腹」！

　　在後唐建國前的15年的汴、晉相爭中，多少將士出生入死為李存勗打天下，終於推翻了後梁的統治。但建國後，將士未得到莊宗的賞賜安撫，得到賞賜和委任的卻是無咫尺之功的伶人、宦官，結果，「親軍有從帝百戰未得刺史者，莫不憤歎」。〔註31〕不僅如此，在夾河之戰中屢立殊勳的親軍，在後唐建國後，因國家經濟凋弊，京師洛陽倉廩空竭，莊宗沒有兌現當年許下的滅梁後「大加賞賚」的諾言，致使軍士乏食，以致有「雇妻鬻子」者。因此，自莊宗為帝，親軍就有人妄為謠言，扇動叛亂了。

　　親軍倘且如此，其他軍隊更不用說了。導致莊宗失國的魏州（河北冀縣）兵亂，就是因為莊宗失撫士卒而引發的。魏州軍隊的反叛後梁，投靠河東（晉），對於莊宗滅後梁戰役的最終勝利關係極大。建國後，魏州軍卒奉命戍守瓦橋關，「歲滿當代歸，而留屯貝州。是時，（後）唐莊宗已失政，天下離心」。軍卒皇甫暉因而策動兵亂。故史書謂「莊宗之禍自（皇甫）暉始」。〔註32〕

〔註30〕《資治通鑑》卷273。
〔註31〕《資治通鑑》卷273。
〔註32〕《新五代史》卷49，《皇甫暉傳》。

綜上所述，由於莊宗建國後一系列的倒行逆施，造成了國內各種矛盾的迅速激化。這些矛盾彙聚成一個炸藥包，引爆這個炸藥包的導火索就是伶人、宦官挑唆莊宗殺害功宦、名將郭崇韜和朱友謙。隨著二人的被慘殺，國內人情洶洶，眾將人人自危。同光四年（926）正月，一系列叛亂事件接連發生：先是參與平蜀的大將康延孝在回師途中舉兵造反，數日之間眾至 5 萬；接著是滄州軍亂、魏州軍亂；河朔州縣告亂者相繼；二月，莊宗命李嗣源率親軍去魏州平叛。結果，李嗣源被親軍脅逼與叛軍聯合，倒戈進攻京師。在天下大亂的局勢下，四月，從馬直指揮使郭從謙帥所部親兵作亂。莊宗被弒。

後唐莊宗李存勗繼承其父遺願，經過 15 年艱苦卓絕的奮戰才打得了天下，卻在建國稱帝 4 年後，落得個悲慘結局！歐陽修感歎道：「方其盛也，舉天下之豪傑莫能與之爭；及其衰也，數十伶人困之，而身死國滅，為天下笑」。〔註33〕封建史家在論及後唐莊宗的興亡時，有一段很中肯的評語：「莊宗以雄圖而起河、汾，以力戰而平汴、洛，家讎既雪，國祚中興，雖少康之嗣夏配天，光武之膺圖受命，亦無以加也。然得之孔勞（艱難），失之何速？豈不以驕於驟勝，逸於居安，忘櫛沐之艱難，徇色禽之荒樂。外則伶人亂政，內則牝雞司晨。靳吝貨財，激六師之憤怨；徵搜輿賦，竭萬姓之脂膏。大臣無罪以獲誅，眾口吞聲而避禍。夫有一於此，未或不亡，矧咸有之，不亡何待！靜而思之，足以為萬代之炯誡也。」〔註34〕繼莊宗而立的後唐明宗李嗣源，「自初即位，減罷宮人、伶官；廢內藏庫，四方所上物，悉歸之有司」；同時，「不邇聲色，不樂遊畋」。很顯然，明宗吸取了莊宗失政的教訓，努力避免重蹈莊宗的覆轍。因此，他「在位七年，於五代之君，最為長世，兵革粗息，年屢豐登，生民實賴以休息。」〔註35〕契丹族首領耶律阿保機也從莊宗失政中吸取了教訓。阿保機聞莊宗死訊，說：「聞吾兒（按：指李存勗，阿保機與李克用曾約為兄弟）專好聲色遊畋，不恤軍民，宜其及此。我自聞之，舉家不飲酒，散遣伶人，解縱鷹犬。若亦傚吾兒所為，行將亡矣！」〔註36〕

前車之覆，後車之鑒。從後唐莊宗失政中，我們也可以得到一些教訓：

〔註33〕《新五代史》卷 37，《伶官傳第二十五》。
〔註34〕《舊五代史》卷 34，《史臣曰》。
〔註35〕《新五代史》卷 6，《唐本紀第六》。
〔註36〕《契丹國志》卷 6，《太祖大聖皇帝》。

一、用人不可不慎。眾多的歷史事實證明，用人狀況與國家治亂興衰是密切相關的：用賢良，則萬事興旺；用奸佞，則天下大亂。後唐莊宗不明此理，故落得個可悲結局。二、經濟建設工作不可不抓。歷史上，每一個能長治久安的封建王朝，其統治者無不重視經濟建設工作，採取各種措施，安集流散，發展生產。這是封建統治得以穩定建立的物質基礎。後唐建國之初，經過唐末以來長期的戰亂，經濟凋弊，民不聊生，統治者本應該將經濟建設作為重要工作來抓；但莊宗不僅沒有重視經濟建設問題，反而一味追求享樂，勞民傷財，其統治當然不可能長久。三、官場腐敗不可不治。官場狀況可以說是一個國家社會狀況的晴雨錶。官場腐敗，國家未有不亂者。後唐初建，莊宗即肆無忌憚地接受四方賄賂。以此為發端，上行下效，官場腐敗不堪，迅速激化了社會矛盾，推翻莊宗的統治成了人心所嚮之事。在此情形下，莊宗怎能維持他的統治？四、驕傲情緒不可滋長。莊宗在建國前，經過10多年艱苦奮戰才打得了天下。在此過程中，他兢兢業業，一絲不苟，不僅為當時的軍閥所敬服，也為後世史家和軍事家們所稱讚；但建國之後，莊宗產生了驕傲情緒，以為自己很了不起，以為自己的統治固若金湯，於是，為所欲為，短時間內就把千辛萬苦打來的江山斷送了，正如北宋太宗對大臣所言：「後唐莊宗夾河相持，千征萬戰，備嘗艱苦，天下甫定，便恣滋溺惑，不及三年，果致傾覆」。〔註37〕

〔註37〕《續資治通鑑長編》卷24。

二十九、士人的任廢與南漢的興衰

　　南漢，是五代時期以興王府（廣州）為中心，割據偏安於嶺南地區的一個封建小朝廷。南漢的崛起，除卻唐末五代時期天下紛亂，中朝政權無力經營嶺南等客觀因素外，還與士人的大力協助分不開。

　　唐朝自安史之亂，尤其是唐末黃巢起義以後，中原地區一直處於混戰紛爭之中，民不聊生。中原士人紛紛避兵南下。《新五代史》卷六十五「劉隱傳」載：「是時，天下已亂，中朝士人以嶺外最遠，可以避地，多遊焉。唐世名臣謫死南方者往往有子孫，或當時仕宦遭亂不得還者，皆客嶺表。王定保、倪曙、劉濬、李（殷）衡、周傑、楊洞潛、趙光裔之徒，（劉）隱皆招禮之」。南漢國的奠基者是劉隱，開國者是劉隱之弟劉龑（又名巖、陟、龔）。劉隱及當政初期的劉龑，對士人都很重視，千方百計地羅致。在士人的幫助下，劉氏在嶺南的勢力不斷擴大。立國後，南漢在政治上呈現蒸蒸日上的局面。

　　劉氏兄弟羅致士人，主要有以下幾種途徑：一是安撫流寓。如，王定保，南昌人，唐光化三年進士，唐末戰亂，曾南遊湖湘，不為馬氏所禮；到嶺南，劉隱「招禮之，辟為幕屬」。[註1] 倪曙，唐中和時科舉及第，官太學博士，流寓嶺表，劉隱「招禮之，辟置幕中」。[註2] 劉濬也是唐末流寓嶺南的士人，「烈宗（劉隱）據番禺，辟（劉）濬居幕府」。[註3] 周傑，唐開成中登進士，曾官弘文館校書郎、水部員外郎、司農少卿；唐末擾亂，避地嶺南，劉隱「習其名，招至幕府，待之上賓」。[註4] 二是截留奉使命到嶺南來的中朝士人。

〔註1〕　《十國春秋》卷62，王定保傳。
〔註2〕　《十國春秋》卷62，倪曙傳。
〔註3〕　《十國春秋》卷62，劉濬傳。
〔註4〕　《十國春秋》卷62，周傑傳。

趙光裔自少力學修行，於唐末進士及第，官司勳郎中、弘文館學士，改膳部郎中，知制誥；後仕後梁，「會梁太祖敕烈宗爲清海、靜海節度使，命光裔以舊職充官告使，烈宗遂留之不遣。辟置幕府，（而）已奏爲節度副使」。〔註5〕連州（廣東連縣）人陳用拙，唐天祐元年進士，授著作郎，惡朱溫弒君篡位，假節南歸，加劉隱清海節度使、同平章事，「烈宗留用之」。〔註6〕李殷衡，唐宰相李德裕之孫，曾仕後梁，爲右補闕，開平二年，充嶺南官告副使，「至，則烈宗留之幕府。署節度判官」。〔註7〕三是起用本地有德才，有聲譽的士人。如楊洞潛，唐末「爲邕管巡官，秩滿客南海，（劉）隱常師事之，後以爲節度副使」。〔註8〕四是通過科舉考試，選拔當地士子。南漢在乾亨四年（920）春，「置選部，貢舉。放進士、明經十餘人，如唐故事，歲以爲常」。〔註9〕

流寓或出使到嶺南這個當時還是比較荒涼的地方，士人身雖留下，心卻難免不安。如果人在曹營心在漢，於劉氏在嶺南創建大業亦無益。因此，劉氏兄弟在留用士人的同時，也在想方設法地使他們安居樂業。史載劉隱「據南海，僑斷士人」。〔註10〕所謂「僑斷士人」，即劉隱仿傚東晉、南朝統治者的做法，爲籠絡北方士族，因以士族原籍地名僑置州、郡、縣以安置之。劉龑受其兄的影響，對士人也很重視，「多延中國（中原）人士於幕府，出爲刺史」；〔註11〕對於北方南下的士人，爲使其安居嶺南，爲南漢國家建設服務，劉龑也是動了腦筋，作了努力的。如趙光裔，初到嶺南，「自以唐甲族，恥事僞國，常怏怏思歸」。劉龑於是使人摹仿趙光裔手迹，修書一封，遣使間道至洛陽，召其二子趙損、趙益並其家屬皆至。趙光裔大喜，爲南漢的統治盡心盡力。〔註12〕

劉龑建國後，原受劉隱器重信用的一批士人，同樣受到尊敬重用。他們被委任於中央，擔任顯要之職，或被派遣作刺史，主持地方的工作。不僅如此，劉龑還接受士人的建議，辦學校，興教育，開科取士，不斷地爲南漢國家補充進新鮮血液。簡文會、鍾允章、王宏、梁嵩、王翊等人，就是通過科

〔註5〕　《十國春秋》卷62，趙光裔傳。
〔註6〕　《十國春秋》卷62，陳用拙傳。
〔註7〕　《十國春秋》卷62，李殷衡傳。
〔註8〕　《新五代史》卷65，劉隱傳。
〔註9〕　《新五代史》卷65，劉龑傳。
〔註10〕《十國春秋》卷65，馮元傳。
〔註11〕《十國春秋》卷58，高祖本紀。
〔註12〕《新五代史》卷65，劉龑傳。

舉之途進入南漢仕途的。士人在南漢的歷史舞臺上有突出的表演，作出了重要的貢獻。

在政治上，他們不僅協助劉龑制定一系列立國制度，還各從本職出發，提出了許多合理化建議，使南漢在建國初期，採取了各項興利除弊的舉措。例如，兵部侍郎楊洞潛鑒於唐末以來，朝廷任用武人作刺史，導致天下混亂的歷史教訓，「首言刺史不宜用武流，當廣延中州人士置之幕府，選爲刺史，俾宣政教」。〔註13〕這一建議爲劉龑採納。南漢統治嶺南五十餘年，內亂極少，與此大有關係。楊洞潛還「請立學校，開貢舉，設銓選」，〔註14〕使國家制度粗有次序。劉龑在建國初期，好窮兵黷武，以征伐爲事，並沒有認識到創造一個安定政治局面，推行與民休息政策的重要性。這一失誤也得到士人的糾正。著作佐郎侯融「乘間勸其（劉龑）弭兵息民，用安南土，高祖（劉龑）稍稍從之」。〔註15〕因此，南漢初期政治上的清明，是與士人的齊心協力密不可分的。封建史家評論說：「五季（代）時，中原擾攘，獨嶺海承平，民不受兵，（趙）光裔、（楊）洞潛之功居多」；倪曙、何澤等，也聲施百粵，堪稱「名臣」。〔註16〕其中，趙光裔任南漢宰相二十餘年，使國家「府庫充實，政事清明，輯睦四鄰，邊境無恐，當時號稱賢相」。〔註17〕在地方上任職的士人，也有善政可稱，受到當地人民的愛戴。如曾芳爲程鄉（廣東梅縣）令，「政清刑簡，以仁愛聞」；劉博古官潯州（廣西桂平縣）刺史，「有惠政，民多愛之」。〔註18〕

在外交上，士人的貢獻也是巨大的。南漢與閩、南唐、楚、大理（唐時南詔國）及吳朝（今越南）相毗鄰。外交關係，對南漢的興衰存亡有重要影響。劉龑對此有清醒的認識。在士人的協助下，南漢大力推行睦鄰政策，與鄰國建立了密切的外交關係。其中一系列的外交活動，主要是由朝中士人直接擔任的。如何瓚、陳用拙出使吳越；李紓、鍾允章出使楚國；滕紹英、孫惠出使南唐，等。他們在出使各國過程中，均有出色的表現，既弘揚了南漢國威，又充分瞭解了各國形勢，對於南漢國隨機應變、靈活地推行各項政策

〔註13〕《十國春秋》卷62，楊洞潛傳。
〔註14〕《資治通鑒》卷271，後梁紀六。
〔註15〕《十國春秋》卷63，侯融傳。
〔註16〕《十國春秋》卷62，論曰。
〔註17〕《十國春秋》卷62，趙光裔傳。
〔註18〕《十國春秋》卷64，曾芳傳、劉博古傳。

有重要幫助。所有這一切，爲南漢的存在發展創造了一個良好的國際環境。所以，封建史家讚美說：「講信修睦，以通鄰好，端惟使者是賴。凡此諸使，皆翩翩皇華之選也。康陵（劉龑）之時，行李往來，常勤聘問，區區嶺外，晏然小安」。〔註 19〕

在軍事上，南漢國開拓疆土，也得益於不僅具有政治眼光、同時還具有軍事才幹的士人的獻智獻策。早在劉隱割據嶺南時，楊洞潛已「時時爲烈宗畫策，取湖南容管，頗爲楚人所懼，由是顯名」〔註 20〕南漢初，楚國武穆王發兵侵嶺南西道。劉龑「用（楊）洞潛等謀，累戰俱捷，遂盡有五管諸地」。〔註 21〕劉龑取湖南諸州，黃損的策略也發揮了重要作用」。〔註 22〕乾和（943～958）中，南漢向楚求婚未成，雙方產生矛盾。當時，楚國恭孝王起兵武陵，湖南大亂。鍾允章給南漢中宗分析了漢、楚雙方的政治形勢和國力強弱，「具言楚兄弟方爭可取狀」，中宗於是毅然出兵，攻拔賀、昭等州，所至克捷。史稱南漢這些戰績的取得，「實允章一言力也」〔註 23〕。相反，統治者不聽從士人的勸諫，自以爲是，貿然出兵，往往以失敗告終。乾亨（917～925）中，劉龑練兵於潮州，意欲侵閩。劉濬根據對形勢的分析，認爲出師必不利，言於兵部侍郎楊洞潛，力行諫沮。劉龑不聽，引兵侵閩，結果爲閩軍所敗。〔註 24〕這從一個反面說明了士人的軍事見識不凡。楊洞潛死後，劉龑擢劉濬爲中書侍郎、同平章事以代之，也說明劉龑對劉濬的讚賞和倚重。

五代是一個文化凋零衰退的時期。而在南漢，由於社會相對安定，由於統治者對士人的重視重用，文化上卻取得了一定的成就。首先，在楊洞潛的建議下，南漢立學校，開貢舉，設銓選，爲文化教育事業的勃興奠定了基礎；其次，士人們在詩賦、音樂等方面均有建樹。如陳用拙有詩集八卷傳世；尤精通音律，著有《大唐正聲琴籍》十卷，中載琴家論操名及古帝王名士善琴者；又以古調缺徵音，補新徵音譜若干卷。〔註 25〕黃損在朝中，一面從政，一面致力於詩歌藝術的探討研究，與都官員外郎鄭谷、僧齊己等定近體詩諸

〔註 19〕《十國春秋》卷 63，論曰。
〔註 20〕《十國春秋》卷 62，楊洞潛傳。
〔註 21〕《十國春秋》卷 62，楊洞潛傳。
〔註 22〕《十國春秋》卷 62，黃損傳。
〔註 23〕《十國春秋》卷 64，鍾允章傳。
〔註 24〕《十國春秋》卷 62，劉濬傳。
〔註 25〕《十國春秋》卷 62，陳用拙傳。

格，爲湖海騷人所宗，有《桂香集》若干卷、《射法》一卷。〔註26〕

　　但是，士人在南漢歷史舞臺上的表演並沒有維持很長時間。晚年的劉龑，年高志逸，對士人表現出厭棄情緒，拒絕聽從士人的合理意見，排斥士人。劉龑以後，南漢統治者更加昏聵。他們驕奢淫逸，委政於宦官，使南漢出現嚴重的宦官專權的局面，士人被徹底排斥出南漢的政治舞臺，南漢國勢國力也就江河日下，迅速衰敗下去。

　　士人遭到南漢統治者的排斥，原因是多方面的。首先，統治者追求奢侈的生活方式，與士人勵精圖治的志向發生矛盾。劉龑「僭位之後，廣聚南海珠璣，西通黔、蜀，得其珍玩，窮奢極侈，娛僭一方」；「末年起玉堂珠殿，飾以金碧翠羽，嶺北行商，或至其國。皆召而示之，誇其壯麗」。〔註27〕尚書、左僕射黃損極諫，致忤劉龑意。會宰相缺員，群臣多推黃損。劉龑說：「我殊不喜此老狂！」既不能爲統治者所禮用，黃損於是退居永州北滄塘上，詩酒自娛，竟病卒。〔註28〕以後，劉龑對士人「尤猜忌，以士人爲子孫計，故專任閹人，由是國中宦者大盛」。〔註29〕曾在南漢政治舞臺上起過重要作用的楊洞潛，也因多次勸諫劉龑改邪歸正，可劉不聽，而謝病歸鄉，不久氣病而卒。〔註30〕其次，劉龑以後諸主，均素質低劣，既無治國之志，又乏安邦之才。其中，殤帝劉玢是殺父奪位的；中宗劉晟是殺兄稱帝的；後主劉鋹即位時才十六歲。他們在位期間，都毫不例外地放縱野性，奢侈無度，或剛愎自用，左右忤意者輒死；或委政於親近狎昵的宦官小人。尤其在後主當政時，繼承其父祖衣缽，愚昧地認爲「群臣皆有家室，顧子孫，不能盡忠，惟宦者親近可任，遂委其政於宦者龔澄樞、陳延壽，至其群臣有欲用者，皆閹然後用」。〔註31〕正如史家評論所說：士人們「或則謫死外郡，或則族及妻孥，處衰亂之朝，其能免於（戮）者，鮮矣！」。〔註32〕士人僅充員而已，機密事多不參與，實際上已無法再在南漢歷史上發揮作用。

　　我國古代的士人向來奉行著這樣的信條：君有道則現；君無道則隱。從

〔註26〕《十國春秋》卷62，黃損傳。
〔註27〕《舊五代史》卷135，劉陟傳。
〔註28〕《十國春秋》卷62，黃損傳。
〔註29〕《十國春秋》卷58，高祖本紀。
〔註30〕《資治通鑒》卷279，後晉紀八。
〔註31〕《新五代史》卷65，劉鋹傳。
〔註32〕《十國春秋）卷64，論曰。

劉鋹後期起，士人們有的因為遭受歧視和排擠，憤然掛冠辭官；有的觀風駛舵，尸位素餐；有的則進行反叛，投靠北朝，為北朝平南漢出謀劃策。在南漢內部，由於統治者奢靡腐化，宦官專權，導致南漢政治黑暗，經濟萎縮，軍事廢弛，國力嚴重削弱。北宋建立後，只派潘美率軍南下，即勢如破竹，輕而易舉地推翻了南漢黑暗而又極端衰弱的統治。